U0559922

本书承蒙浙江大学历史学院教材建设经费资助出版

浙江大学历史学院院史丛刊

史地文存

治学的理论与方法

张 凯 编

ZHEJIANG UNIVERSITY PRESS
浙江大学出版社
·杭州·

图书在版编目（CIP）数据

史地文存：治学的理论与方法 / 张凯编. —杭州：
浙江大学出版社，2024.5
ISBN 978-7-308-24545-6

Ⅰ．①史… Ⅱ．①张… Ⅲ．①史学－研究方法②历史
地理－研究方法 Ⅳ．①K061②K901.9

中国国家版本馆 CIP 数据核字（2023）第 242767 号

史地文存：治学的理论与方法

SHIDI WENCUN：ZHIXUE DE LILUN YU FANGFA

张 凯 编

责任编辑	吴心怡　蔡　帆
责任校对	吴　庆
责任印制	范洪法
封面设计	周　灵
出版发行	浙江大学出版社
	（杭州市天目山路 148 号　邮政编码 310007）
	（网址：http://www.zjupress.com）
排　　版	杭州好友排版工作室
印　　刷	杭州高腾印务有限公司
开　　本	880mm×1230mm　1/32
印　　张	10
字　　数	251 千
版 印 次	2024 年 5 月第 1 版　2024 年 5 月第 1 次印刷
书　　号	ISBN 978-7-308-24545-6
定　　价	88.00 元

前　言

　　浙江大学历史学院缘起于 1928 年国立浙江大学文理学院创设的史学与政治学系。1936 年,竺可桢校长亲设史地学系,以科学时代的人文主义为宗旨,融贯科学方法、精神与人文关怀,追求"正德、利用、厚生"合一,构筑了近代"新史学"的重要典范。1951 年夏,浙江大学与浙江省文教厅合办浙江师范专科学校,以原浙江大学史地系部分教师为骨干建立历史专科;1952 年院系调整,浙江师范专科学校历史专科并入浙江师范学院,改称历史学系;1958 年,杭州大学与浙江师范学院合并,设杭州大学历史学系。1998 年 9 月,浙江大学、杭州大学、浙江农业大学和浙江医科大学四校合并,组建新的浙江大学,成立浙江大学人文学院历史学系。2021 年,浙江大学筹建历史学院并于 2022 年正式去筹,历史学科进入新的发展阶段。

　　在近百年的发展历程中,众多著名学者先后任教于浙江大学史地学科,张其昀、叶良辅、钱穆、张荫麟、刘节、贺昌群、陈乐素、谭其骧、向达、方豪、夏鼐等先生筚路蓝缕，以启山林，在史学与地学、中国文化与世界文明、敦煌学与丝绸之路等领域取得了杰出的成就。沈炼之、徐规、胡玉堂、王正平、毛昭晰、黄时鉴、仓修良、金普森、丁建弘、楼均信、梁太济、杨树标等学者弘扬求是创新精神，在史学领域继往开来，奠定了浙江大学历史学科在国内外的学术地位。

在浙江大学历史学院95周年院庆之际，为系统梳理历史学院的学术传统，展现前辈学者的人生行迹、为学为师的品格，弘扬先生们的学术精神，历史学院决定编辑出版"历史学院院史丛刊"。该丛刊由三部分组成：一是"史地学记"系列，围绕前辈学人，搜集师友、弟子等对先生们的回忆、纪念与评论文章，通过亲历者生动亲切的记述，鲜活呈现先生们的生平与学术。二是"史地先生学案"系列，参照传统"学案"体裁，辨章学术，考镜源流，传承浙大史地学脉。三是"浙江大学历史学院院史"系列，通过编纂浙江大学历史学院史料文献、大事记与院史，相辅相成，层层递进，系统梳理浙江大学历史学院、史地学科的发展历程与学术特质。

由于选入丛刊的文章发表时间跨度较长，文章的表述、格式、注释方式等不尽相同，本书在尽量保存原文风貌的前提下，对有关表述、格式、注释方式等按照时下的出版规范做了相应调整。文章作者，我们大多已联系到并获得授权，有些作者未能及时联系上，祈请谅解。

序

晚清以降，西学东渐，中国学术进入由内部转化迈向移植西学、会通中西的转型时期。如何处理现代学术分科与中国传统经史之学的关系，成为晚清民国学人会通中西、实现传统学术转型的关键。清末民初，朝野各界移植西学，建立现代学制与学术体系。20 世纪 30 年代，治国学者群趋史学一途，经史易位，几成定局，创新史学成为中西新旧学术传承的枢纽。法国地理学家白吕纳认为史学精神与地学精神的综合是 20 世纪学术上最大的贡献。1936年，竺可桢校长亲设浙江大学史地学系，以科学时代的人文主义为宗旨，融贯科学方法、精神与人文关怀，追求"正德、利用、厚生"合一，构筑了近代"新史学"的重要典范。中国现代史学学科的特质即是以特定时空入手解释社会人群的发展演变。史地学系将时间演变与空间演变相结合，使学生能从史学与地学的分组与综合中获取史学与地学思想和方法的优长。本书选取与浙江大学史地学系有着紧密关系的著名学者，例如竺可桢、张其昀、张荫麟、谭其骧、钱穆、叶良辅、黄秉维等，精选他们讲述学术旨趣、理论、方法的代表作，既展现浙大悠久的史地传统，又为后学指示治学的理念与方法。

竺可桢历来主张自然与人文、精神与物质、民族主义与世界和平的融会贯通，其地学一元观与民族主义相结合，逐步形成"史地合一"的观念，并以此指导张其昀、陈训慈等南高后劲。[①]浙江大学文理学院起初设有史学与政治学系，后因师资与经费问题停办。1935年，郭任远聘请史地兼通的顾毂宜执教浙大，为浙江大学发展史地学科埋下伏笔。随后，陈训慈发起成立浙江中华史地学会，"研究史地，阐扬民族精神"，"希望以此推进本省学术研究之风气，以与建设事业同其迈进"[②]。1936年，竺可桢执掌浙大后，网罗南高史地学人，结合浙大既有师资组建史地学系。张其昀提出浙大史地学系创立的宗旨在于以分工的方法，实现综合的目的，"专精与通识得其平衡"，"造就史学与地学之完全人才"。史地学系贯通时间的演变与空间的分布，"方足以明时空之真谛，识造化之本原"[③]。

史地学系分为史学与地学两组，学生一年级时不分组，研修中国通史、西洋通史、中西近世史、地理概论、世界地理等必修学程。自二年级起学生须认定一组，各组必修课程与其他大学史学系、地学系之课程相仿，以期稳固专门研究的根基。抗战初期，在评议教育部颁大学历史学系必修、选修课程时，浙大史地学系认为历史课程按照时间的先后，有沿流与溯流两种方法。前者由古及今，后者

---

① 参见何方昱：《知识、权力与学科的合分：以浙大史地学系为中心（1936—1949）》，《学术月刊》2012第5期。

② 《浙江中华史地学会举行成立大会》，《图书展望》1936年第1卷第4期。

③ 张其昀：《我与浙大史地系》，《天涯赤子情：港台和海外学人忆浙大》，浙江人民出版社1987年版，第5页。

由近及远,二法各有优点。因学生需要在课外阅读相当名著,以及研究古史需要一定文字学素养与比较成熟的见解,建议"一年级先读近世史,逐年上溯,或更有教育上之意义"。史学系课程不宜过于零碎,地理学须有三年之持续研习。"此项意见目前并不期望各大学完全采纳,但不必限制一部分大学采取此项意见。时间与空间的范畴原系相得而益彰,大学研究欲求其精微而切实,非于中国地理有相当之造诣不可。"①此后,浙大史地学系参照教育部颁课程表,对课程有所修订,史学组"课程完全依照部颁标准,惟国别史、专门史部定必修四—六学分,本系规定至少读三学分,而加读中国文化史与西洋文化史各六学分";地理组"大体遵照部颁标准,其稍有不同之处在本系颇注重地质学之根基,因此将测量学与分洲地理学分酌量减少,地理实察归纳于地形学、地质学实习中。气象学部定六学分,本组则分为气象学与世界气候亦分为六学分。人生地理六学分,本组分为欧洲地理及历史地理教授之共七学分,中国地理总论加一学分,中国区域地理减二学分"。② 史地学系自四年级依照学生兴趣与能力,传授进修门径,史学组分中国史、西洋史两门,地学组分人文地理、自然地理、气象三门,各门设选修课程若干种。史学组贯通国史与世界史,强调比较研究的优势;地学组融合地形、地质学、气象学与人文地理,注重科学研究的综合能力。

全面抗战时期,浙江大学确立"求是"校训。求是精神从德性修养、科学方法、民族文化未来与建国宏规各层面,既保证理论内核的纯洁和深化,又不断地提高功能的实用性。求是精神以科学

---

① 《国立浙江大学史地系对于"部颁大学文学院历史学系必修选修科目表及审查意见"之意见》,浙江大学档案馆藏"国立浙江大学"档案,档案号:L053-001-1074。

② 《各系报部科目表》(1942年1月),浙江大学档案馆藏"国立浙江大学"档案,档案号:L053-001-3775。

方法与精神为基础,以德性养成为前提,并积极回应时代主题,进而彰显中华民族的文化使命。史地学系志在创新史学,回应国难,"一方面为培植从事学术专门人才,一方面亦在培养对于现代问题具有通识之人才,期其毕业以后从事上述各种实际问题之研究(国防研究、国际关系研究、地方建设研究、新闻学研究),以为世用,二者固可相得而益彰"①。景昌极期许史地学系师生应有高尚纯洁的人格,与特立独行的远见卓识,为社会的先觉。史学与地学相结合有助于浙大史地学系回应时代与现实政治需求,而政治与学术相资为用也促进抗战时期史地学系的跨越式发展。西迁途中,史地学系师生所至各地,便研讨当地历史文化,宣扬民族精神,鼓舞士气。1938年8月,浙江大学成立师范学院史地学系,培养史地两科的中学师资人才。1939年7月,教育部批准浙江大学成立文科研究所史地学部,招收研究生。同年9月,教育部委托浙江大学成立史地教育研究室,"特重于史地科挂图之编制,与《史地教育丛刊》之编辑,以谋斯科教材设备之充实与改进"②。太平洋战争爆发后,史地学系举办了太平洋战争座谈会,《史地杂志》出版《太平洋战争讨论集》专辑,讨论太平洋战争的新战略、太平洋战争的地理基础、太平洋问题的回顾与前瞻等问题。史地学系一度拟添设国际学门,围绕学生从史地背景研究国际关系,性质介于史地二组之间。

　　1930年代,中国史学界群雄并起,百家争异,旗帜鲜明、自成一派的学会组织与刊物,层出不穷,其中不乏史学后劲推波助澜,史学界呈现出前所未有的"繁荣"景象,但"史料"与"史观"之争辩弥烈,"作考据者常诋史观为浮夸,谈史观者亦讥考据为琐碎"。浙

---

　　① 张其昀:《史地学系之回顾与前瞻》,《国立浙江大学日刊》1948年复刊新5号。
　　② 《民国三十年度国立浙江大学文科研究所史地学部简报》,台北"中研院"近史所档案馆藏朱家骅档案,档案号:301-01-09-148。

大史地系同仁则联合西南史学精英成立中国史学会,贯通历史科学与历史哲学,认为如今治史"必将以科学方法整理之,以哲学方法观察之,为之作综合之解释与系统之叙述,使过去一切活动咸得重现于前,指归可识"①。国难之际,民族主义史学成为学界主流,学术论争渐趋平静,壁垒森严的派分有所弥缝。然而,在史料与史观、通史与断代,以及传统文化转化的方式等方面,各派学人立场仍有差异。

浙大史地学系的特点就是史地合系,与中央大学、西南联大等史地分系不同,其优点正如张其昀所指出,旨在体现史学精神与地学精神相综合,时间演变与空间演变相结合,使学生能从两方面的综合或结合中取思想和方法之长。顾毂宜认为史地学在民族和国家危急时具有重要关系,且认为史地已属科学之列。② 张其昀希望浙江大学史地学系弘扬南高学风,以继承中国学统,发扬中国文化为己任,颇有延续南高与北大对峙的意味。

编修新系统的通史,弘扬中国文化精神,成为国难之际创新史学的要义,浙江大学史地学系成为战时"新史学"的重镇之一。1930 年代初,国民政府要求大学开设中国通史的必修课程,以傅斯年为主导的北大史学系认为"通史非急速可讲,须各家治断代史、专门史稍有成绩,乃可会合成通史"③。顾毂宜主张治史学先从通史着手,然后详细分别探讨各国历史,最后再回到近代史的研究,把分支的散乱的历史综合为一体。李源澄批评新文化派研究国学满足于考证古史,或"必以西洋汉学家治吾国学问为师"④。

---

① 顾颉刚:《〈史学季刊〉发刊词》,《史学季刊》1940 年第 1 期。
② 《史地系谈话会纪盛》,《国立浙江大学日刊》1936 年第 39 期。
③ 钱穆:《八十忆双亲 师友杂忆》,生活·读书·新知三联书店 1998 年版,第 171 页。
④ 李源澄:《汉学宋学之异同》,《论学》1937 第 8 期。

他在浙大讲授中国文化史，"以问题为主，如政治、经济、学术、礼俗、艺术、宗教诸方面及其相互之关系，而尤重在说明其蝉变之迹与其得失，其与中国文化之受外来影响，与中国文化之向外传播，亦注意焉"。谭其骧讲授中国通史课程，"以时代为经，问题为纬，注重各时代之时代精神及各种史实之相互关系，俾学者明了吾民族之物质基础与精神遗产，以焕发建国之新精神"[1]。

竺可桢曾一度邀约钱穆留校，继张其昀为史地学系主任。而在钱穆心目中，张荫麟是新史学家的理想人选，"博通中西文哲诸科，学既博洽，而复关怀时事，不甘仅仅为记注考订而止"。"今日吾国人所需之新史学"，"其人必于天界物界人界诸凡世间诸事相各科学智识有相当晓瞭者"，"其人必具哲学头脑，能融会贯通而抽得时空诸事态相互间之经纬条理者"，理想的范型，正是张荫麟。[2]张其昀叹息张荫麟英年早逝，实为史学界莫大的损失。张荫麟与张其昀的友谊渊源于史地关系的结合，集合众人之力编纂通史是二人共同的平生志业。张其昀晚年仍撰写《中华五千年史》，阐释中华文化的一脉相承与历久弥新，批评新文化运动"把史学狭窄化，甚至只成为一种史料学"[3]。战时浙大史地学系师资频繁流动，胡玉堂认为虽有所损失，但"无碍于系的发展与传统"，"十年之中，曾有三十余位学术上有地位的教授前后执教的盛景，在太平之世是稀见的"[4]。时人曾将迁到西天目的史地学系师生称为"天目

---

① 《国立浙江大学史地学系二十八年度学程说明书》，浙江大学档案馆藏"国立浙江大学"档案，档案号：L053-001-4143。

② 钱穆：《中国今日所需要之新史学与新史学家：本文敬悼故友张荫麟先生》，《思想与时代》1943 第 18 期。

③ 张其昀：《中华五千年史·自序（一）》，《张其昀先生文集》第 20 册，中国文化大学出版社 1991 年版，第 10837—10838 页。

④ 胡玉堂：《回忆断片》，《史地通讯》1946 年第 2 期。

学派"，黄盛璋追忆史地学系"实代表一种哲学思潮、学风和学派"①。

随着自然地理学的发展，史学和地学的分科，已然成为现代学术的趋势与主流，史地学系研究自然地理的师生多主张史地分系。不过，地学组的师生后来纷纷追忆，史地合系将时间演变与空间演变相结合，使学生能从史学与地学的分组与综合中获取史学与地学思想和方法的优长，这成为史地学系人才辈出的重要因素。张其昀回顾与前瞻史地学系发展方针，指出史地学系创建之后，努力培养有志于研究"史学与地学"、"中学史地教育"、"现代问题"等通专结合的人才。史地合一的教育一方面以专才教育造就对史学与地学有志深造的人才，一方面融贯史地，结合时空，以培养对现代问题具有通识的人才。1948 年，史地学系举行中外史地、新疆史地、浙江史地等三次史地教材展览会，"搜集尚丰，颇予观众以明显之印象"。张其昀一再强调史地合一，通过分组与合系，培养史地兼通的通才教育，"美国哈佛大学出版《自由主义中通才教育》，为讨论战后教育措施之巨著，其论中等教育所谓史地二科之关系至为密切。历史与地理能联系学习最为有益，近代世界史之地理因素当加充分说明，欲了解二十世纪之重大问题，必须有经济地理与政治地理之智识，方能明其底蕴"②。此时，浙江大学文学院旨在"综合过去中西文化中最优美的思想，加以熔铸，使成为新的文化"；对于旧的，"不取鲁莽灭裂的手段"；对于新的，"不取深拒固拒的态度"。经义与治事二者并重，考据、义理、词章不能偏废。换言之，"通才教育与专才教育应该兼重，纯粹研究与社会效用亦不容

---

① 黄盛璋：《李春芬老师引导我走上历史地理的研究道路》，《李春芬生平和学术思想》，自印本 1990 年，第 44 页。

② 张其昀：《史地学系之回顾与前瞻》，《国立浙江大学日刊》1948 年复刊新 7 号。

偏废，不偏不倚，不激不随"①。

　　源自西方的现代学术为我们理解并参与现代生活世界提供了不可或缺的知识系统，但现代学术在分科的学术体制中标举实证主义，逐步演变为纯粹的实证知识之学，难免以现代意识的价值标准去审视、评判历史文化，丧失了在传统、现代与未来之间建立有机关联性的能力，既无法整体回应时代的困局，又难以为文化重建与文明走向提供有效的路径。如何基于现代学术，又超越分科之学，在科学与人文、义理与史事之间建立能动关联，是走出困境的有效方式。呈现浙江大学史地合一的理念，以及史学与地学研究的多元路径，会通诸家学说，或能为当下提供有效的知识与思想资源。

---

　　① 《文学院第十九次院务会议记录》，《国立浙江大学日刊》1948 年复刊新 4 号。

目　录

1

竺可桢

竺可桢(1890—1974),气象学家、地理学家、教育家,中国科学院院士。字藕舫,浙江上虞(今绍兴)人。1910 年公费留美,入伊利诺伊大学农学院学习。1913 年夏毕业后转入哈佛大学专攻气象学,1918 年获得博士学位。先后执教于武昌高等师范学校、东南大学和中央大学。1928 年,任中央研究院气象研究所所长。1933 年,与翁文灏、张其昀共同发起成立中国地理学会。1936—1949 年,任浙江大学校长,亲设史地学系。新中国成立后,历任中国科学院副院长,中国科学技术协会副主席,中国气象学会理事长、名誉理事长,中国地理学会理事长等职。代表作有《二十八宿起源之时代与地点》《我国五千年气候变迁的初步研究》《物候学》等。

王阳明先生与大学生的典范

(1938 年 11 月 1 日)

本校以时局之影响,奉令西迁,自赣来桂,今日得在宜山正式开课,旧学生皆已到齐,新生人数骤增。在此外侮严重、国步艰危之际,本校犹得如常进行,实为幸事。而迁校中备承广西省政府及宜山县政军当局协助,尤可感谢。当此抗战形势日紧,前方牺牲惨重的今日,国家犹费巨款而维持若干大学,一般社会已有责备非难之声。此虽由一般人不明高等教育作育培本之重,然我们反躬自省,正应借此种批评,以增进其责任的自觉,共作加倍的自策。必如何而后能培植真正之学问技术,将来贡献国家,无负国家作育之至意，与社会期望之深厚，正是每一个大学生所应深省力行者。而在今日艰苦流离之中，将欲增进自觉自奋，尤觉应回溯古来先哲志士之嘉言懿行、丰功伟绩，以资吾人之矜式。因地思人，我觉得王阳明先生正是今日国难中大学生最好的典范。

阳明先生生于余姚（生明宪宗成化八年，卒世宗嘉靖七年，即西历 1472—1528 年），在浙江本省讲学之外，其一生事业在江西、广西两省为最大，又谪居贵州两年，也去广西不远。浙江大学原址在浙江，学生不少浙人，先生是我们乡贤；本校迁江西半载，今又来广西，这二省又正是与阳明先生关系最多之地。先生十七岁即来江西，贵州龙场谪居以后，三十九岁做一任庐陵（今吉安）知府；吉安青原山，尚有他讲学的遗迹。自四十六岁至五十岁凡四年余，继续在江西服官，剿匪平乱。他巡抚南赣及汀漳（在福建）等处，先后平漳寇和江西境之横水桶冈大帽浰头诸匪寇。其间江西中部发生宁王宸濠之变，又全赖先生奏平乱之功。在用兵布政之中，又兴学校，举讲会，四方从学最盛。因此论者称"姚江之学，惟江右为得其传"。至今吉安一带，民间独有流行所谓"阳明饭"者，其流风之久而广可见。自江西来桂之水路，可经由赣州入粤而行，其间必道出大庾。赣州是先生常到之地，而大庾（古南安）正是他病逝所在。其次说到广西，嘉靖初年，先生以功蒙特召及退籍讲学数年以后，因朝臣妒功害能，以广西艰难的官缺与平乱之责任加到他的身上。先生受命不辞，高年跋涉，经江西广东而到广西的梧州（那时奉命以都察使兼巡抚两广），又进驻南宁，亲自深入督战，不两月而平思恩（今武鸣县属之北部旧治，在郁江支流象江之源；非今柳江流域之思恩）与田州（今桂西百色、恩隆、恩阳三县地，府治在百色东，当时乱民与其东思恩相结）流贼之乱。值桂西之八寨（今上林县北）、断藤峡（今桂平县北），诸蛮贼亦叛，又用官兵与投降贼目卢苏王受之众以平定之。因其恩威并施，所至奏功。观其兴学于南宁，抚辑柳庆诸瑶（庆即庆远，宜山旧即庆远府治），则知宜山土民也曾沐先生德泽。所以今日广西省的境域，多是先生遗惠所在之邦。今浙大以时局影响三迁而入广西，正是蹑着先生的遗踪而来；这并不是偶然的事，我们正不应随便放过，而宜景慕前型，接受他那艰危中立身报国的伟大的精神。

通常学者往往有一种误解，以为理学是一种不可理解的东西，又或以为理学家是迂阔不切实际的。岂知学术本无畛界，以理学知名的学者，往往有他的应世的学识和彪炳的事功，他所讲的学问，又很多为无论科学专家或事业家所都应体验实行的。真正的理学不但不迂阔，并且有许多话是切合人生实用的。专家专其所学，果能再来诵习体会古人立身处世之微言大义，最是有益于为学与做人之道。而阳明先生才高学博，无论在学问、道德、事业，与其负责报国的精神，都有崇高的造就；在此国家蒙难学府播迁之中，他那一段艰苦卓绝穷而益奋的精神，更是我们最好的典范。我们在迁校以后，起居生活当然不能如平时的舒适，又因家人离散与经济的困难，心理上不免生一种不安的现象。然这次民族战争是一个艰苦的长征，来日也许更要艰苦，我们不能不作更耐苦的准备。孟子所谓"天之将降大任于是人也，必先苦其心志，劳其筋骨，饿其体肤，空乏其身，行拂乱其所为，所以动心忍性，增益其所不能"。阳明先生平桂乱与谪贵州，正是赖非常的艰苦来成全他，结果果然动心忍性，增长他的学问，造成他的伟大。现在又届孟子这话之严重的试验了！有志气的人就可从此艰苦中锻炼出更伟大的前途，没出息的人就不免因此没落。诸君都受高等教育，是国家优秀的分子，也是国民中幸运的人，当然都要抱定以艰苦的环境"增益其不能"为目标，而准备来担当国家许多"大任"。这就不能苟且因循，而应以阳明先生的精神为精神了。

现在想从阳明先生一生事迹和学说的精义，采其尤可为青年体验取法者，分为四层来说。先说他对于"致知"的见解，以次说他内省的工夫，艰苦卓绝和效忠国家的精神。这些都是希望诸君深刻体验，随时随地切实力行，幸勿仅仅当一场话说才是。

（一）先从做学问方面来说，我们要注意他那致知力学的精神。阳明先生学说的精粹是"心即理"、"知行合一"和"致良知"三要点。在哲学上他是宋儒传统的说法之修正者，所以有人称他集心学之大成，这层姑置不说。所谓知行合一，他的意思是"行之明觉精察处，便是知。知之真切笃实处，便是行。若行而不能明觉精察，便是冥行，便是学而不思则罔。所以必须说个知。知而不能真切笃实，便是妄想，便是思而不学则殆。所以必须说个行。原来只是一个工夫"。故"未有知而不行。知而不行，只是未知"。所以说"知是行的主意，行是知的工夫，知是行之始，行是知之成"。把知行打成一片，不容学者稍存苟且偷惰之心。其鞭辟近里，极有功于后学。先生五十岁在江西以后，始明白揭出"致良知"之教，正是前说之扩大。其所谓"致"，要义是"致吾心良知于事事物物，则事事物物皆得其理"。这意义绝不玄虚，而很切实际。从近代科学的立场讲，这样的知，在一方面正是真知灼见的"知"，另一方面又是可以验诸行事的"知"。我们做学问，理论上重在求真工夫，实用上则求在能行；正合先生之教。又有一事：后世朱和陆王之辩，闹得纷纭不堪，实则阳明为真理之故，于朱子学说固曾多发异议，但仍然尊重朱子，而又非偏狭的曲从象山之教。他答学者之问，尝有一段很有意义的话说："君子之学，岂有心乎同异，惟其是而已。吾于象山之学，其同者非是苟同，其异者自不掩其为异；吾于晦庵之论，有异者非是求异，其同者自不害其为同也。"所谓无心同异，惟求其是，正是阳明的博大不立门户精神，后之以攻朱为张陆王之学者，决非先生之所取。本校推原历史的渊承（本校前身是前清的求是书院），深维治学的精义，特定"求是"二字为校训，阳明先生这样的话,正是"求是"二字的最好注释,我们治学做人之最好指示。因为我们治学行己固要有宗旨,决不要立门户。目前一般智识分子往往只顾利害,不顾是非,这完全与阳明先生的"致知"和本校校训"求是"的精神相背谬的。

(二)次说内省力行的工夫。阳明"心即理"之说,本于陆象山之教而光大之。他尝说"心外无理,心外无事",又以为不能"外吾心而求物理",亦不能"遗物理而求吾心",这可看作他的智识论,也就可见他的重视反己内省的工夫。他以为知行所以有不能合一之时,就因为有私欲隔了;所以"克制私欲"是"致良知"的前提,也是"知行合一"的第一步。其吃重处尤在一"致"字。良知即天理,致即行,知此理即行此理,故曰知行合一。若使私欲梗住,便不能致良知,更何能知行合一。至若行之不力,便是知之不彻,此尤先生吃紧为人处。先生又常说到"立诚"、"诚意",视为格物致知之本,其极则即以内心之"诚",为一切学行事业之始基。现在大学教育,注重各种专门智识之传授,而忽略品性德行之陶冶,积重难返,流弊甚深。社会道德与政治风气之败坏,此为要因。教育部有鉴于此,决定于中学大学尽力推行导师制,本校早已实行,本学期更要加以推进。惟导师只处于辅导启示的地位,而修养毕竟须用自己的工夫。大学生理性已很发达,不久出而应世,尤必须及时注意内心的修养。如多读记述先哲嘉言懿行的书,固为有助,而更要体会先儒的工夫,深思力行;祛私欲而发良知,励志节而慎行检,明是非而负责任。而先生所示的教训,和其受害不慑、遇险不畏的精神(此种精神之根本全在修养工夫),都是我们最好的规范。

(三)复次,我们再来看先生的艰苦卓绝的精神。阳明先生一生的学说,是渐渐递嬗而光大的,故至晚年学问始底于大成。我们知道他在远谪与征蛮之中,所以能履险如夷,固赖其修养工夫之湛深;而其良知学说之醇化与大成,又莫非从难苦生活中体验出来。

他因直言被谪为龙场驿丞，实际可说是一个小小公路站长。在这贵州西部（今贵阳北修文县境）万山丛棘的小镇之中，当时更是地荒人鲜；先生住在破庙中，生活之艰苦，非我们所能想象，而他竟能安之若素者二年，且从此创造出来此后的新学说与新生活。他尝自问："倘使圣人处此，更有何法？"沉思之余，忽然中夜大悟，呼跃而起，从此发明他的知行合一的学说。此后十年，他在江西先后奏平匪靖乱的功绩，但正因功高遭忌，朝臣张忠、许泰等多方诬陷，这可说是他一生第二次的挫折。论者以为自经此变，他益信"良知真足以忘患难，出生死"，而此后他的学说才自立宗旨，卓然成一家言。我们设想当时情形，宸濠交通内外，称兵犯上，先生竟能迅速加以平定，而朝臣忌功妒能，诬他谋反，武宗又是昏昧之主，几乎听信而加以不测，他又能处之夷然，卒以至诚感格而免祸。后来在广西平乱，又由于当时廷臣桂萼阻公起用，致以五十六岁之高年，深入当时蛮荒之域，而督战抚辑，具著功绩，初不畏难而退。他在那时，真是与叛乱匪盗斗，与瘴疠疾病斗，又对着权臣小人与种种不良环境之阻挠来奋斗，以一介文人而敢于蹈险至此，非具有修养过人之大无畏精神者，何克臻此！

当先生在龙场时，见有远方吏胥父子与仆三人同毙道旁，既加掩埋，特作"瘗旅文"以告之。此主仆三人，实即同时死于瘴气。当时尚不知瘴气为何物，即在西洋所谓"马拉里亚"（Malaria）的病，其原意亦为恶气。至近代之科学的医学研究，始证明瘴气即恶性疟疾，在桂黔二省甚多，本校同学近亦有罹此病者。可见当时此疾在西南甚流行。阳明先生畏暑热，其在桂之得病以至不起，亦因气候不宜以及过于劳顿而牺牲。今日许多大学先后迁地西南，虽没有以前校舍之宽适，但校舍经修建以后，都还有相当的设备，更有师生的相聚相助；同时西南各省，比明代已大见开辟与进步。先生当年谪黔居桂，才是孤身深入荒僻之地，以我们今日比他的当年，已是十分舒服。而今日中国所临大难之严重，则远过当时之内叛与匪乱。我们溯往处今，如何可不加倍刻苦奋励？假使偶有横逆拂意之事，便当设想先生当年之胸襟，唤发他那强矫无畏的精神，自然能处变若定。更进一层说：诸君将来出以应世，不知要遇到社会上多少教育不一、性情不一的人，当然免不了种种困难与磨折。若能体验先生的精神，在学生时代时先有一番切实的精神准备，那么将来必然能克服困阻，成就我们的学问和事业。

（四）处现在外侮深入、国步艰危的时候，阳明先生的伟大处，更应为学者所取法者，尤在他那公忠报国的精神。先生生当衰明，朝政废弛，武宗之时，内则阉宦窃柄，直士遇祸，外则官贪吏污，民怨思乱。他在三十五岁时，以御史戴锐斥权宦刘瑾遇祸，抗疏营救，武宗竟用阉言，罚他下诏狱，廷杖四十，绝而复苏，就因此被谪贵州。其后在江西与广西之平乱事业，慷慨赴难，不辞劳瘁，主要都由于忠君报国一念而来。有此信心，就能发挥他意外的力量。赣匪与广西之乱，多由以往驻兵官吏处置不当，他主张剿抚并施，临以至诚，故巨贼往往一遇兵威，旋即投诚，因此收事半功倍之效。宸濠之变，虽是宗室争君位的一种内乱，但在那时代是犯上大逆的行为。宸濠蓄谋已久，阴结内应，而且兵力颇强，故各方观望不敢动。先生正赴闽途中，此事本非其职责所在，独奋励勤王，先后只四十六天，便奏靖难之功，以此被权奸诬陷，亦所不顾。当时有一位黎龙称此事不难于成功，而难于倡议，而尤难于处变。原他所以能如此，只是一腔忠诚，扶国济民之心。晚年受命赴桂，疏辞而中枢不许，竟以高年投荒而不惧，尤可见其鞠躬尽瘁死而后已之精神。现在我们的国家，所遇不是内变，而是外侮，且是空前严酷危急万状的外祸。要救此巨大的劫难，必须无数赤诚忠义之士之共奋共力。我们要自省：敌寇如此深入无已，将士与战区同胞如此捐躯牺牲，为什么我们还受国家的优遇，有安定读书的余地？这决不是我们有较高的智识，就没有卫国的义务。只说明我们要本其所学，准备更大更多的卫国的义务。王阳明先生受出征广西之命，上疏有言："君命之召，当不俟驾而行，矧兹军旅，何敢言辞？"学高望重卓然成家的大儒，当国家需要他的时候，亦得冒险远征而不辞，甚至隔了一年而积劳丧身！我们今日虽认大学生自有其更大的任务，但亦不阻止智识分子之从戎杀敌，至于力学尽瘁甚至舍身为国的精神，更是国家所切迫期望于大学生的。须知在这样危急的时代求学，除出准备贡献国家为当前和将后抗敌兴国之一个大目标外，更有何理由可说？记得有人统计世界上战争之年远过于和平，就是一百年中没有国与国的战事之年（内战不计），只有十五年。今后国际组织不能即有根本改变，至少在我辈身上看不到世界大同。只有富有实力准备足以御侮之国家，才能免于被侵略，才有资格享受和平。对日抗战，实在是极艰巨的工作；不但最后胜利有待于更大的努力，并且日本始终还是一个大敌，我们殊不能武断以为这次抗战结束，就可一劳永逸。诸君此时正在努力培植自己的学问和技术，尤其要打定主意将这种学问技术，出而对国家作最大的贡献。大学教育的目标，决不仅是造就多少专家如工程师医生之类，而尤在乎养成公忠坚毅，能担当大任，主持风尚，转移国运之人才。阳明先生公忠体国献身平乱的精神，正是我们今日所应继承发扬，而且扩之于对外抗战，与进一步的建国事业。必然在现在埋头刻苦于报国的准备，在将来奋发贡献于雪耻兴国的大业，方才对得起今日前方抗战牺牲的将士，方才对得起父兄家长与师长作育的期待，方才对得起国家社会对于大学生的优待和重视。

综观阳明先生治学、躬行、艰贞负责和公忠报国的精神，莫不足以见其伟大过人的造诣，而尤足为我们今日国难中大学生的典范。学者要自觉觉人，要成己成物，必须取法乎上，而后方能有所成就。当然我们所可取法所应取法的先哲很多，不过这里只举王阳明先生一人之居常处变立身报国的精神,已足够使我们感奋,而且受用不尽了。最后还有一句话:阳明先生在广西贵州各约二年,其流风余韵,至今脍炙人口而不衰。现在浙大迁来广西,同时还有许多大学因战事而迁西南各省,将来当然都要回到原处。如果各大学师生皆能本先生之志,不以艰难而自懈,且更奋发于自淑淑人之道,协助地方,改良社会,开创风气,那么每个大学将在曾到过的地方,同样的留遗了永久不磨的影响,对于内地之文化发展,定可造成伟大的贡献。

(竺可桢:《竺可桢全集》第 2 卷,上海科技教育出版社 2004 年版)

科学之方法与精神[①]

（1941 年 5 月 9 日）

在新近出版英国裴纳（Bernal）著《科学在社会上之功用》一本书里，有一章专讲各国科学发达的现况。讲到中国，他说："在最近几年来，中国在科学上才有独立的贡献。在历史上大多数时候，中国是全球三四个伟大文化中心之一，而且以艺术和政治论，常为这几个文化中心最进步的一个。但何以近代科学和工业革命不首见之于中国，而反见之于西欧呢？这是很饶兴趣的一个问题。"继续他又说："中国文化的背景加以略微的改造，可成为非常良好科学工作的园地。以中国人治学谨严的态度，忍耐的习惯，中庸的德性，可以预期中国将来对于科学的贡献，决不在欧美之下。"[①]这段话好像太恭维中国了。对于历史之事实，裴纳赞扬中国并未超出实在情形，这是吾人当仁不让，居之无愧的。但是近代科学必能在中国有远大的前程吗？要回答这问题，就不能不回溯近代科学在西洋发达的历史，和其精神与方法。

近代科学的起源，在西洋亦不过三百年前的事。在 16 世纪以前，一部《圣经》和亚理士多德的著作，控制了欧洲人的一切行动与思想。这时候欧洲的人生观，以为宇宙内一切乃上帝所创造，人为万物之灵，地球在宇宙之中，日月五星及恒河沙数的星宿，统绕地球而行。凡是怀疑这类人生观，以及违背《圣经》和亚理士多德之

---

① J. D. Bernal，F. R. S. "The Social Functions of Science"，George Routledge and Sons，London，1938，pp. 209-210.

主张者,就是大逆不道。从纪元 2 世纪以迄 16 世纪,"地球为万物中枢说"成了牢不可破的信仰,无人敢置一词。直到 16 世纪初,波兰人哥白尼(1473—1543)始创了"日为中枢"说。当时宗教和神权势力弥漫全欧,哥白尼《天体的运动》这部书,到他去世才敢出版,但哥白尼并没确实证据可以打破地球为万物中枢的学说,他断定地球绕太阳而行,是一种推想,一种理论。推翻"地球为万物中枢"的学说,掀起欧洲思想界革命,全靠十六、七世纪几位先知先觉的科学家。其中最重要的四位,是开白儿(John Kepler,1571—1630)、倍根(Francis Bacon,1561—1626)、伽列里(G. Galileo,1564—1642)和牛顿(Isaac Newton,1642—1727)。

在叙述上面几位科学先驱的工作以前,不得不一讲近世科学的方法。所谓科学方法,就是科学上推论事物的分类。亚理士多德分推论为三类,就是(一)从个别推论到个别。如说这物有重量,就推想到那物也有重量,这称类推法。(二)从个别推论到普遍。如说这物有重量,那物也有重量,就推论到所有物件统有重量,这称归纳法。(三)从普遍推论到个别。假如我们断定凡物统有重量,就推论到某一物亦必有重量。这称演绎法。这三种推论中,第一种用不着多少理智,而第二、三种却因为有概括的观念,必须用理智。高等动物如猫狗之类,和年幼的小孩,统能类推,但不能演绎或归纳,这其间的分别,19 世纪英国哲学家穆勒(John Stuart Mill)已经指示我们了①。科学方法可说只限于归纳法与演绎法。以大概而论,数学上用的多是演绎法。而实验科学如化学、生理等所用的多是归纳法。二加二等于四,二点之间最短的距离是直线,统是显而易明的原则。从这原则可以推论到个别的事物。亚理士

---

① "Lectures on the Method of Science" Lecture 1. Thomas Case, *Scientific Method as a Mental Operation*, Oxford, 1906, pp. 1-3.

多德和千余年来他的信徒,均应用演绎法以推论一切,这种方法一推论到数目字以外天然复杂现象即有困难。如亚理士多德以为天空星球皆为天使,必能运动不息而循正轨,惟运行于圆周上,始能循环不息。从上两项原则,因得结论所有星辰的轨道必为正圆的圆周。[①] 亚理士多德的信徒断定日月五星等各循一正圆圆周以绕地球,就是从这样演绎法推论得来的。最初主张用归纳法的人,要算法兰司·倍根。他并主张观测以外加以有系统的试验,详尽的记录,梓行出版,以公诸世,此即倍根之所谓《新法》(*Novum Organum*)。倍根虽提倡归纳和试验,但他自身并未实用。首先用归纳法来证明亚理士多德错误的,是开白儿。他的老师泰哥倍来(Tycho Brahe)在丹麦和波兰天文台尽毕生之力,测定星辰的位置。泰哥倍来死后,开白儿继续他老师的工作。从他们师生三十多年所观测火星的位置,决定火星的轨道,决非为正圆而为椭圆。太阳并不在轨道中心,而在椭圆焦点之一。这才使开白儿怀疑亚理士多德权威的不足恃,而成为哥白尼"日为中枢"说的信徒,开白儿的行星运行的三大定律,不久也就成立了。

　　同时在当时科学的发源地意大利,伽列里正用自造的望远镜以视察天体,发现了木星之外有四座卫星和金星之有盈亏朔望,与古代传统学说,全不相符。他在比萨塔上的试验,更是哄动一时的。据亚理士多德的学说,凡事物自空中落下,重大者速,而轻微者缓。伽列里的试验,证明了一磅重的铅球和一百磅重的铅球,从一百七十九呎高的塔顶落下,是同时到达地面的。伽列里的实验不但证明了亚理士多德的错误,而且发现物体下降时之加速度是有一定规例的。这类收获完全是归纳法和应用实验的成效。牛顿

---

　　① "Lectures on the Method of Science" Lecture 1. Thomas Case, *Scientific Method as a Mental Operation*, Oxford, 1906, pp. 8.

更进一步，在1682年将开白儿的行星运行三条定律和伽列里的动力定律综合起来，成立了万有引力的定律。[①] 亚理士多德许多学说之不足信，和地球为万物中枢学说之不能成立，到此已无可疑义了。二千年来传统思想的遗毒，到此应可一扫而空。不过思想革命和政治革命一样，要收效果必得要相当年代。从哥白尼的《天体的运行》一书问世（1543），迄牛顿万有引力定律的成立，中间经过139年。欧洲人的宇宙观可说到此才拨云雾而见青天，近世科学的基础亦于此时奠定了。

近世科学又称归纳科学（inductive science），或实验科学，但是科学家从事工作，演绎法与归纳法必得并用。有许多结果，一定要用演绎法才能得出来。譬如讲到日蚀的预告吧，从归纳法我们可以断定一个不透明的物体，走到一无光体与一有光体之间，则无光体上必将投有黑影。但是几百年以前天文学家就可以算出民国卅年九月廿一中午左右，我国沿海从福建福鼎一直到西北兰州、西宁这一条线上，统可以见到日全蚀，那是要应用演绎法算出来的。又如开白儿何以能知火星轨道非正圆而为椭圆，牛顿何以能从开白儿的三条定律来发现万有引力定律，这都是从演绎法得来的。[②] 相反，数学上有许多简单方程式，如甲加乙等于乙加甲，须得用归纳法来证明的。[③] 从此可以晓得近世科学，须是归纳、演绎二法并用，才能收相得益彰之效。至于有计划的实验，是归纳法最有效的工具，而为我们中国所没有的。实验和单纯的观测法不同。单纯的观测是要靠天然的机缘。譬如日全蚀，我国黄河、长江流域从明嘉靖廿年（西历1541年）以来，到如今没有见过，四百年来，本年是破天荒儿第一遭。若是全靠天然的机遇的话，天文学家要等四百

---

① Harvey-Gibson, 2000 *years of Science*, Black, 1931, pp. 28-32.

② Thomas Case, *Loc. cit*, pp. 14-18.

③ Henri Poincaré, *The Foundation of Science*, p. 40.

年之久，不然就得跑遍全球，但至多也不过隔二三年才见到一次。天文学家往往跋涉数千里以求得几分钟的观测，遇到日全蚀的时候，刚巧阴翳蔽日，废然而返，这是常有的事。自从前数年李侯（B. Loyt）发明了冠层器（coronagraph）后，日全蚀可以用人工制造了。[①] 人为的实验，不特可以将时间次数随意增加，而且整个环境亦可以操诸吾人之手。譬如要证明疟疾是蚊子传带来的，我们一定要控制环境，使我们不但能确定所有生疟疾的人统曾经某一种疟蚊咬过，而且要晓得疟蚊所带的寄生虫，从蚊子身上传到人身血液中的循环、发育的步骤，和对于病人生理上的影响。惟其这样，才能断定病的来源，对症下药。自从 19 世纪中叶魄司徒（Louis Pasteur）、柯息（Robert Koch）几位微菌学专家把几种重要的传染病祸根弄清以后，接着李斯德发明消毒方法，以及近三四十年来人造药品的发现，欧美人口的死亡率大为减退。美国人在华盛顿时代平均寿命 36 岁，1850 年为 40 岁，1900 年 48 岁，到 1940 年便增到 65 岁。英、法、德各国近百余年来平均寿命亦有同样的增进。若是我们相信寿长是一种幸福的事，那这就是实验科学对于人类幸福最显著效果之一了。

但是提倡科学，不但要晓得科学的方法，而尤贵乎在认清近代科学的目标。近代科学的目标是什么？就是探求真理。科学方法可以随时随地而改换，这科学目标，蕲求真理，也就是科学的精神，是永远不改变的。[②] 了解得科学精神是在蕲求真理，吾人也可悬揣科学家应该取的态度了。据吾人的理想，科学家应取的态度应该是：（一）不盲从，不附和，一以理智为依归。如遇横逆之境遇，则

---

① Harlow Shapley, *New Tools and New Researches*, Proceedings of the Associated Harvard Clubs, 1940, p. 171.

② "Lectures on the Method of Science" Lecture 2. F. Gotch, *On Some Aspects of Scientific Method*, Oxford, 1906, p. 27.

不屈不挠,不畏强御,只问是非,不计利害。(二)虚怀若谷,不武断,不蛮横。(三)专心一致,实事求是,不作无病之呻吟,严谨整饬,毫不苟且。这三种态度,我们又可用几位科学先进的立身行己来证明的。

在十六、七世纪地球为万物中枢学说之被推翻,是经过一番激烈的论战,牺牲了多少志士仁人,才能成功的。西历 1600 年勃鲁纳(Bruno)因为公然承认哥白尼太阳为中枢的学说,而被烧死于十字架上,即其一例。伽列里为了撰著《两种宇宙观的论战》一书偏袒了哥白尼学说,而被罗马教皇囚禁于福禄林,卒以古稀之年,失明而死。[1] 开白儿相信太阳为中枢之说,终身贫乏,死无立锥之地。这是近代科学先驱探求真理的代价。这种只问是非不计利害的精神,和我们孙中山先生的革命精神很相类似。认定了革命对象以后,百折不挠,虽赴汤蹈火,在所不辞。这种求真的精神,明代王阳明先生亦曾剀切言之。他说道:"学贵得之于心。求之于心而非也,虽其言之出于孔子,不敢以为是也,而况其未及孔子者乎?求之于心而是也,虽其言之出于庸常,不敢以为非,而况其出于孔子者乎?"[2]他与陆元静的信里,又曾说道:"昔之君子,盖有举世非之而不顾,千百世非之而不顾者,亦求其是而已,岂以一时之毁誉而动其心哉。"此即凡事以理智为依归之精神也。但阳明先生既有此种科学精神,而何以对于近世科学无一贡献呢?这是因为他把致知格物的办法,完全弄错了。换言之,就是他没有懂得科学方法。他曾说:"众人只说格物依晦翁,何曾把他的说用去。我着实曾用过工夫。初年与钱友同论作圣贤,要格天下之物,如今安得这等大的力量。因指亭前竹子去格看。钱子早夜去穷格竹子的道

---

[1]　Harvey-Gibson, *Loc. cit.* p. 32.

[2]　见阳明先生《答罗整庵书》。

理,竭其心力至于三日,便致劳成疾。当初说是他精力不足,某因自去穷格,早夜不得其理,七日亦以劳致疾。遂相与叹圣贤是做不得的。无他大力量去格物了。"① 从现在看来,不懂实验科学的技巧,专凭空想是格不出物来的。但是科学方法与科学精神比,则方法易于传受,而精神则不可易得。阳明先生若生于今世,则岂独能格竹子之物而已。

科学家的态度一方面是不畏强御,不受传统思想的束缚,但同时也不武断,不凭主观,一无成见,所以有虚怀若谷的模样。世称为化学鼻祖的濮尔(Robert Boyle)说他真确能知道的东西,可说是绝无仅有。② 有人问牛顿,他在科学上的发明哪一件最有价值。他答道在自然界中,他好像是一个小孩,在海滨偶然拾得一块晶莹好看的石片,在他自己固欣赏不释手,在大自然界,不过是沧海的一粟而已。但是有若干科学家的态度,并不是那么虚心。19世纪末叶英国物理学家的权威凯尔文(Lord Kelvin)就是一个例。在那时凯尔文与其侪辈以为物理学上重要的理论与事实统已大体发现了,以后物理学家的工作,不过是做点搜残补缺而已。他自认为生平杰作《地球年龄》③这篇论文里,他以太阳辐射的力量,来估计太阳和地球的年龄,若是太阳里面发热的力量和煤一样强,地球的年龄至多也不得过四千万年。当时地质学家以海水所含的盐分和地面上水成岩的厚度来估计,生物学家以动植物进化的缓速作估计,统以为地球年龄非数万万年不为功。凯尔文很武断地把他们的论断加以蔑视。到了1895年仑德勤(Rontgen)发现了X光线,1898年居里夫人(Madame Curie)发现了镭,不久物理学上大放光明,新发明之事实迄今不绝。据近来物理学家的估计,原子的能

---

① 见阳明先生《黄以方录问答》。

② F. Gotch, *Loc. cit.*

③ J. J. Thomson, *Recollections and Reflections*, Cambridge 1936.

力,若能利用的话,要比同量的煤大五百万倍。所以地球的年龄可以尽量地延长,而凯尔文的估计不得不认为错误了。

妄自尊大的心理,在科学未昌明时代,那是为各民族所同具的。我们自称为中华,而把四邻的民族,称为南蛮、北狄、东夷、西戎,从虫从犬,统是鄙视的意思。欧西罗马人亦有这类轻视傲慢的态度。到如今欧洲民族中尚存有斯拉夫(Slav)、塞比雅(Serbia)等名称,这在古代文化先进的民族藐视后知后觉的民族,夜郎自大,并不足怪。但在人类学已经昌明的今日,竟尚有人埋没了科学的事实,创为优等民族的学说,如德国纳粹领导下所提倡的诺提种学说,而若干科学家尚起而附和之,则是大背科学精神了。

科学家的态度,应该是知之为知之,不知为不知,丝毫不能苟且。近代科学工作,尤贵细密,以期精益求精,与我国向来文人读书不求甚解、无病亦作呻吟的态度却相反。这于我国古代科学之所以不能发达,很有关系的。如以诗而论,诗人之但求字句之工,不求事实之正确,我国向来司空见惯不以为奇。如杜工部《古柏行》"孔明庙前有老柏,柯如青铜根如石。霜皮溜雨四十围,黛色参天二千尺",想来杜甫生平不曾用过量尺。又唐人钱起诗"二月黄莺飞上林",唐代首都在长安,黄莺是一种候鸟,至少要阴历四月底才到长安,这句诗里的景色,无疑是杜撰的。唐诗如此,现代的诗何尝不如此。诗固然要工,但伟大的作品,无论是诗文、音乐或是雕刻,必须真善美三者并具。法国科学家邦开莱(Henri Poincaré)说道"惟有真才是美"。照这样的标准看来,明清两代的八股文没有一篇可称美的。我国八股遗毒害人不浅,到如今地方政府做户口农产的调查,各机关的地图测量,往往是向壁虚造,敷衍法令,犹是明清做八股的态度。这种态度不消灭,近代科学在中国决无生存之理。试看西洋科学家态度何等谨严,开白儿的怀疑亚理士多德,只在火星轨道不为正圆而为椭圆,在中国素来就没有这种分辨。牛顿的万有引力定律，1665年已胸有成竹了。可是因为那时地球经纬度测量的错误，以为每度只有六十英里，因此他估计地球直径只有三千四百三十六哩，而地球吸引月亮之力〔所生的加速度②〕，只有每分钟十三呎九，而非理想上应有的每分钟十六呎，所以他就不敢发表。直等到1682年法国人毕卡（Picard）测定地球上一度的距离为六十九哩一，使牛顿所估计地球吸月亮之力正与其理想相吻合，他才敢把万有引力的定律公诸于世。① 所幸近年来教育注重理工，受了科学训练洗礼的人们，已经慢慢地转移风尚。各大学研究院科学作品固希望其多，而尤希望其能精。因惟有这样，才能消灭我们固有的八股习气；亦惟有这样，才能树立真正的科学精神。

邦开莱在他的《科学之基础》一书里有这样一番话："科学事业之目的在于求真理。只有求真理，才值得科学家的一番努力。当然我们应该拼命去解脱人生的痛苦，但解脱痛苦是消极的，世界若是灭亡，不是我们的痛苦统解脱了么？科学家之所以欲人人衣暖食饱者，无非欲使人人能有闲工夫去审思熟虑，以求真理耳。"②邦开莱于民国初年去世了，迄今三十年，两经欧洲大战，科学的发明，使欧亚两洲不在战线上的人也饱尝了颠沛流离逃避轰炸的痛苦。邦开莱如能复活于今，不知作何感想。香港大学工程教授司密斯氏近在《远东工程杂志》上著文谓"言念将来，中国人爱好和平与崇尚学术之风气不致改变，则在中国科学与工程之发达，不特能惠及一国，亦且大有造于世界"③云云。其所期望于吾人者正与裴纳相似。爱好和平为中国人之特性，而科学愈发达，则战争愈狰狞可

① Harvey-Gibson, *Loc. cit.* pp. 36-37.

② Henri Poincaré, *Loc. cit*, p. 205

③ C. A. M-Smith. "Inventions and Natural Resources of Asia", *Far Eastern Engineer January*, 1941, p. 19.

怕,愈使世界不得不实现和平。如何能使将来的世界,一方面近代科学仍能继续发达,而一方面却又可实现和平,这是目前极严重的一个问题,而亦是我们中国应该有特殊的贡献的一个问题。

编者注:

①本文系在浙江大学训导处与自然科学社遵义分社合办的"科学近况讲演"中的第一讲讲稿(当时拟题为《近代科学之精神》),后刊于《思想时代》1 期(1941 年 8 月 1 日)1—7 页。其节选文以《科学家应取的态度》为题,刊于《科学画报》8 卷 4 期。后又收入《科学概论新篇》(正中书局,1948 年 2 月)及《现代学术文化概论》(华夏图书公司,1948 年 3 月)二书。编者作了参校。演讲时间见于作者当日日记。

②"所生的加速度"几字依据《科学概论新篇》所载补充。

(竺可桢:《竺可桢全集》第 2 卷,上海科技教育出版社 2004年版)

张其昀

张其昀(1901—1985),历史学家、地理学家,1936—1949年任浙江大学史地学系系主任。

求是精神

陆象山曰:"吾人之志当何求哉,惟其是而已。""实事求是"四字,起源于西汉时河间献王(景帝之子名德),事就是事物,是就是真理。朱子所谓"即物穷理",亦即科学家探求真理的精神。

求是精神从何而来?曰起于至诚。作者在《释诚意》一文曾说:"诚乃人之本性,亦即所谓良知。王阳明所谓致良知,只是诚意工夫。"(载于《中国青年月刊》第二卷第一期)良知只是个是非之心,此心廓然大公,是的还他是,非的还他非,并无门户之见,亦无所谓调停。是非二字,通贯于求学、做人以及政治各端,明辨是非,就尽了万事万变。

凡读书论人,当求其实。为吾所最尊之人,或有一失,不必为之掩,为吾所不喜之人,或有一得,不必为之废。盖学问既深,意气自平。古来伟大学者,莫不平心静气,孜孜研究,兼收并蓄,绝无党同伐异之见,故其学问思辨皆切实可据。王阳明曰:"君子之学岂有心乎同异,惟其是而已。吾于象山之学,其同者非为苟同,其异者自不掩其为异。吾于晦庵之论,有异者非是求异,其同者自不害其同也。"所谓无心同异,惟求其是,阳明先生的伟大即在于此。戴南山曰:"若乃骋其私慧小见,支离蔓衍,显无忌惮,而务求胜于古人,是乃所谓叛臣者也。其或读古人之书,而阿谀以曲从,不敢有

20

毫发之别异,是乃所谓佞臣者也。佞之为古人之害与叛等。"雷同附和与挟私立异,均为求学之大蔽,必去此二蔽,方能据事论理,而终得是非之实。

从前江阴南菁书院山长黄以周(定海人)有座右铭曰"实事求是,莫作调人"八字,真理只有一个,此是则彼非,彼是则此非,此无可中立者;若曰两存其是,断无此理。且论学较论人尤须谨严,论人不妨稍留余地,论学必须直穷到底,一着含糊,即是所见不确。真理因辨而愈明,因不辨而晦,甲方之反驳,适足以促成乙方之猛省。故考证是非,反复商量,正所以发明真理也。但求是与存疑似相反而实相成,我们遇到不能切实解决的问题,便应该存疑,若用似是而非的方法来解决宇宙之谜,实在为害不浅。学问无止境,知之为知之,不知为不知,这才是求是精神。

在求是这一点上,文学与科学完全一致。韩昌黎有言曰:"文无难易,惟其是。仆之为文,非务渊雅也,务其是耳。"古来伟大的文学作品,所以能不朽者,全在言之有物。所谓"温故知新,研核是非"(张衡《东京赋》语),又谓"论天下之精微,理万物之是非",都是求是精神的表现。《春秋》一书可称为吾国史学之祖,《春秋》乃是非之书,欲直指人心是非之实以诏于世,恐空谈理论人不解悟,故从历史事迹讲明某是某非。是则天理之公,人心之安;非则人欲之私,人之所恶。史学宗旨,亦不外乎察真求是。昔刘向、扬雄皆以太史公书为实录,实录二字为史家所悬的正鹄。

立身行事最要者在论是非,不论利害,论逆顺不论成败。天下之事,不是则非,而无不是不非之处。故一事之微不加精察,则陷于恶而不自知。凡日常应事接物,须判断得直截分明,对朋友亦宜如此,若信得及,则各尽所怀,力相切磋;若信不及,则在我亦无为人谋而不尽的心。曾文正公与刘孟容书云:"国藩入世已深,厌阅一种宽厚论说,模棱态度,养成不黑不白、不痛不痒之世界,误人家国，已非一日。"这般不顾是非的人，即为古来学者所深斥的乡愿。

孔子深恶乡愿，称之为德之贼，尝曰："过我门而不入，我不憾焉者，其惟乡愿乎。"孟子形容这般人说："生斯世也，善斯可矣，阉然媚于世也者，是乡愿也。"又说："非之无举也，刺之无刺也，同乎流俗，合乎污世，居之似忠信，行之似廉洁，众皆悦之，自以为是。"所以孔子说："恶似而非者，恶莠恐其乱苗也，恶佞恐其乱义也，恶利口恐其乱信也，恶郑声恐其乱乐也，恶紫恐其乱朱也，恶乡愿恐其乱德也。"乡愿一副精神，只在媚世，东也好，西也好，以是为非，指醉为醒，倒置已极，故曰德之贼也。

学者最可宝贵的精神，全在知行合一，分黑白，明是非。阳明有言："三代以下，士之取盛名于时者，不过得乡愿之似而已。我在南都以前尚有乡愿之意，既悟良知，真是真非，信手行去，乃近于狂者之胸次，此非欺世之谈也。"明代东林巨子顾允成有曰："平生左见，怕言中字，以为我辈学问须从狂狷起脚，然后能从中行歇脚。凡近世之好为中行，而每每堕入乡愿窠臼者，只因起脚时便要做歇脚事也。"欲救敝不得不矫枉，他们所以推崇狂狷，正欲由狂狷以求中行。东林学风，以砥砺节操为重，讲习之余，往往评议朝政，批评得失，只问义理的是非，不顾个人的利害。如高攀龙辈竟至以身殉道，慷慨就义，流风所及，如清初顾亭林之耿介，李二曲之坚卓，其人格之光明俊伟，都是我国学者求是精神的代表。

我们可以说，凡是趋向理想标准之行，即可断之为是。凡与理想标准冲突的情绪与冲动，即可斥之为非。凡是实事求是、独立思想的人，有时比保守党还要保守，而比激进党还要激烈。他的品性非常固执，但固执之中又含着忠诚。他与每个团结表示同情，又与每个团结宣布激战。其好善如好好色，其恶恶如恶恶臭。他以为朦胧思想与骑墙态度是人世的大敌，故他只知有是非，不知有利害，且认此为道德上的第一原则。这种精神，英人罗素曾称之为

"思想的宗教"。赖此宗教的火焰，人类得以阐扬真理，揭露错误，保持精粹，扬弃糟粕。例如 17 世纪意大利人伽利略（Galileo Galilei）因其天文学之见解，不肯苟同于教会而致蒙难。但其精神感召，终于能促成哥白尼学说的胜利，并为牛顿万有引力之发现，导其先路。现代科学大放光明，饮水思源，即由于近几百年来多数科学家披荆斩棘，惟真是求的精神。英人拉斯基（H. J. Laski）尝谓虚怀若谷，好纳人言，不以己所是者为全是，此乃人类稀有之美德。故不论任何社会，自由之友，必占少数。又谓自由之为物，决不能限于特殊之境界，故宗教上与自然科学上之自由思想家亦即为政治上之自由思想家之鼻祖。因此苟历史上无伽利略诸人，则同时必无卢骚、福禄特尔之徒（见氏著《现代国家自由论》汉译本，第 154 页）。

古时称国策曰国是，政治的方针全要是非明白。学术为国家之命脉，公论为民族之元气，主张国是者必归于此。孔子曰："政者正也。"政治的根本精神，全在维护正义。"故德必核其真，然后授其位；能必核其真，然后授其事；罪必核其真，然后授其刑；行必核其真，然后贵之；言必核其真，然后信之；物必核其真，然后用之；事必核其真，然后修之。"（荀悦语）为政之道，务宜开诚布公，求当于理，是则从之，非是违之，不用私心，是非自明。社会最大的危机，即执政者蒙于患失之心，肆意禁止反对者之思想与行为，而于对方之理由主张不加问闻，因此无公是公非可言。其所谓是，无非能满足彼等欲望之种种方法而已。国是不定，纲纪废弛，必致公道沦亡，人心败坏，则亡国之祸，岂能幸免？曾文正公有云："自古大乱之世，皆由是非先紊，而后政治颠倒，灾害从之。"屈原之所以愤激沉世而不悔者，亦以当日是非紊乱为至痛，故曰："兰芷变而不芳，荃蕙化而为茅。"故维持是非之公，凡为国民皆有不可辞之责任，顾亭林所谓匹夫与有责焉，即指此类而言。

亡国之大苦，莫甚于善恶是非之相反，被灭者所认为是者，灭人国者则视之为非；被灭者所认为善者，灭人国者则视之为恶。由此引申，所谓国际正义，亦只是非二字。盖全世界人类之利害，合为一体，其行事之是非曲直，应立一国际标准，此国际标准应如何确立与如何执行，实为现在世界上之重大问题。我们目前抵抗日本帝国主义之侵略，其目的在求国际正义之实现，故抗战建国之大业，实际亦为求是精神之发扬。程伊川曰："古人有捐躯殒命者，若不实见得，乌能如此？须能实见得，生不重于义，生不安于死也，故有杀身以成仁者，只是成就一个是而已。"高攀龙曰："纲纪世界，全要是非明白。"实为千古名言。

求是精神，是一切读书做人的根本。对学术当求真是真非，对国事当求公是公非，古来宝贵文化之产生，其原因即在于此。

（原载《浙大学生》1941 年复刊第 2 期）

中国地理修学法・分类地理与方志
——民国二十五年七月中央大学中等 学校教员暑期讲习班演讲稿

这次暑期讲习，鄙人有八小时的演讲。古人说"教学相长"，鄙人的功课拟偏重于教员自身的修学方面，一则因为关于教法已另开学程，二则因为教员自身的进修实在是中学地理教育的根本问题。欲求中学地理教育有新的精神，必赖教员自己对于地理学有兴味、有热诚、有心得。凡对于一种学科有相当造诣的人，他对于教法自然也能随时研究，经验既丰，自能生巧。古人所谓"学然后知不足，教然后知不究"，真是甘苦阅历之谈。

鄙人这次演讲想提出四个题目：（一）分类地理与方志，（二）自然与人文，（三）旧籍与新著，（四）地图与统计。目的是想指出中国地理学的最近趋势，有的是诸君已经熟悉，可供讨论资料，也有为诸君所不甚留意的，或有参考之益。倘使中学地理教员于课余之暇，各人皆能用心进修，以研究生活作为精神上的慰藉，这不但可使中国地学研究增添许多成绩，我相信中学地理教育也必因此而有长足的进步。

第一章　分类地理与方志

地理研究当从两方面着手，一为分类，一为分区。分类研究可称为地理学之经，分区研究可称为地理学之纬，合经纬而言之，方见地理学之全体。分类地理乃就地理事实之某一项，观察其全世界之分布，而抽绎其普通原理，如地形学、气候学、水理学、生物地理学、经济地理学等，莫不以统一之原理，综括万方之现象，故又称为通论地理（General geography）。试举大豆为例，其生长之环境若何？各处之产额若何？用途之分配若何？贸易之情形若何？关于大豆之材料搜集无遗，而作精详之研究，此即经济地理之一支，亦即分类地理之一种。分区地理则相反，就一特定区域，而观察地理事实之各方面，凡本区之内天时、地利、人和种种现象，及其相互关系，一一疏通而证明之，而说明本地风光或地方景色，故又称为区域地理（Regional geography），以吾国固有之名辞称之，即所谓方志学。通论与方志，相得益彰，不可偏废。通论之优点，在对于某一事项彻底明了，但若无方志以为之辅，难免有管窥一得之议。方志之优点，在对于某一地方整个了解，但若无通论为其基础，亦难免有泛滥不精之弊。试以建筑物为喻，通论犹柱石，方志犹栋梁，无柱石则栋梁无所施，有柱石而无栋梁以贯穿而结构之，则此建筑物亦不能视为成功。

我国古来因自然科学不发达，故通论地理之著作绝鲜。自《禹贡》以降，所有地志其性质殆全为方志，即如《山经》《水经》之类，其所述者仍为山脉或河流之分布状况，至山脉或河流之通性与类别及其成因等，则未遑论究。故谓分类地理之兴起，为民国以来地理学之特色，亦不为过。现代之方志学，因有分类地理为基础，其面目遂亦焕然一新。旧方志之缺点，在缺乏基本知识，仅注意于个别之事实，而忽略寓于个别事实中之原理，或仅注意于事实之发生，而昧于凭借而生之重要背景，今则必须矫正之。新方志当以世界眼光观察局部，又以过去事实解释现在。世界一体之观念，为地理学之主要方法，故因小可以喻大，由近可以及远。此方法若善于利用，则方志学之收获常有裨于通论之研究。以此之故，方志与通论其间亦无截然之界限可分。今后地理学家之任务，一面须就分类地理中至少专精一类，一面须就区域地理中至少专精一区，则端绪虽繁，而经纬已举，庶几人有专学，学有专人，今后地理学之趋势当不外乎是。

分类地理学大致可分十门，即地球物理学、地文学、气候学、水理学、海洋学、生物地理、人类地理、经济地理、政治地理、历史地理，每门又可分为若干支学，据拙著《近二十年来中国地理学之进步》，共分为六十支学，例如地文学包含(1)山脉构造，(2)河流发育，(3)海岸变迁，(4)地文演化，(5)地形种类，(6)土壤性质诸项；政治地理学包含(1)人口地理，(2)社会地理，(3)内政地理，(4)外交地理，(5)国防地理，(6)建设地理诸项；其详可读原文，兹不细述。王国维君尝谓今日之时代，可谓之发见时代，自来未能与比者。斯文赫定君亦云："吾辈今日实生于东方探险之时代也，发现新地之期虽已过去，然探险之事尚未有艾。"民国以来，中国地理学尤其是分类地理学实在已有很大的贡献和很多的发见，现在不能详述，只就现代分类地理的主要成绩，分为六点说明如下。

(1)确定名义。例如一年分春夏秋冬四季，在中国各地其长短至不一致，但从前不曾有明确的定义。张宝堃君研究中国四季之分配，以每候(五日为一候)之温度平均在十摄氏度至二十二度(华氏五十度至七一、六度)为春秋二季之标准，二十二度以上为夏季，十度以下为冬季。其结论谓中国四季分配最著之区域，南起永嘉(温州)，北讫滨江(哈尔滨)。大致言之，温州以南无冬，长夏漫漫达八个月之久，滨江以北无夏，严冬亦亘八个月之久。长江下游四季之分配最为均匀，冬夏各四个月，春秋各二个月。又如台与飓同为风暴，而性质迥殊，台源于热带，故称热带风暴，飓源于温带，故称温带风暴，台初自东南趋向东北，入温带后改道由西南趋向西北，飓则概自西向东，或自西南趋东北，或自西北趋东南，鲜有自东趋西者。科学研究，正名极为重要。

（2）显示通性。例如考察河流之通性，是谓水性（Character of river），水性包含水位、流速、流量、含沙量等，水位者河流水面之高低也，因水位之升降，可知流量之增减。流速者河水流行之速度也，比降水者水面之坡度，可称为水坡。河流挟沙于治河尤关重要，黄河含沙量之丰富，为世界各河冠，黄河之难以治导，其主因即在此。考察水性为近年新起之研究。又如人类地理研究体性（Physical Character）方面，如头形、颜面、身高、肤色、眼、鼻、头发等。刘咸君谓吾国人之显著特点，即其体性多居中庸之数，不偏极端。

（3）辨别种类。例如中国地形可大别为平原、丘陵、高原、高山四大类，平原可分为沿海平原与内陆平原，丘陵可分为成熟丘陵与雄伟丘陵，高原可分为完整高原与破碎高原等是。盆地为一种消极地形，无论丘陵、高原或高山地带均有盆地之存在。高原之边缘，因地势突然陷落，自下仰望，觉山势峻峭，高不可攀，及登山巅，则地势坦荡，重见平地，如绥远之大青山，即是蒙古高原之峻坂，并无所谓山脉。又如广西桂林附近之丘陵地，多殊形诡状之崖壁岩洞，风景奇秀，此种地形为石灰岩所成，即所谓喀尔斯特（Karst）。

（4）推究成因。例如王竹泉君研究黄河河道之成因，谓黄河最大湾曲之河套，乃沿贺兰山与阴山脉之断层线，其在潼关附近之折而东流，乃受太华山断层之影响。又黄河在吉县之壶口，及河津县之龙门，沿河生有著名之大瀑布，其成因亦与断层有关。考中国西北部断层之时期，大抵系洪积统，是以黄河之深峡急流，湾曲多端，乃生成于洪积统之时。又如吉林省之镜泊湖，丛山环绕，风景绝佳。据尹赞勋君之考察，其成因由于玄武岩流截断牡丹江河谷，使中流发生障碍，河水停蓄，遂成湖泊，其溢出倾泻而下，成为瀑布，以下复为牡丹江之本流。

（5）追溯演进之迹。欲知地形之分类，必先知地形演化之历史，即所谓地文期是。地文期大别为少、壮、老三个时期，此类研究在华北首先明悉，一为老年地形之见于高山顶上或未破坏之高原，即所谓准平原，二为壮年成熟地形，见之于山岭之高坡或局部之宽谷，即丘陵地，三为少年地形，即岩壁巉深之峡谷。此三者，在静的观点为地形种类之不同，在动的观点则互有递嬗之关系，即由老而壮而少，实代表先后相继之三个时期。

（6）阐明消长之故。华北平原与大江下游，夏季雨泽之多寡，时形背驰之趋势，此因两大流域之雨泽乃取给于一源，挹彼注此，势难兼顾。东南季风强，则长驱直达华北，而不连续面北移（不连续面 Surface of discontinuity，由于冷气流与热气流相遇而成），风暴多出现于黄河流域，华北雨量大增，长江流域患旱。东南季风弱，则一至长江流域，其势已难复振，与东北风相接触，风暴乃连贯而来，长江流域有雨涝之忧，而华北乃成旱荒之象。民国二十年七月，长江流域之水灾，为祸之烈，旷代所无，同年华北颇苦荒旱。反之，民国二十三年夏，长江流域苦旱，为近年最大旱灾之一，而东三省及华北各地均遭洪水，其倚伏消长之故，灼然可见。

为什么近年分类地理学有卓越的进步呢？这完全由于专门研究和科学实验的功效，其中包括地形测量、水文测量、地质调查、土壤调查、气象测候、海洋探测、生物采集、人体测验、考古发掘等事。例如利用气球风筝与飞机以探测高空，于是对于季风有更明确之认识。又如杭州湾经实地勘测之后，对于钱塘江涌潮（或曰怒涛 Bore）发生之原因亦得有正确之解释。近年中国地方性的科学发达甚速，如地质学、气象学、水理学、生物学等，均有多数学者分门专攻，对于中国分类地理学的进步当然有直接关系。考西洋地学发达之历史，地文学随地质学而兴起，气候学随气象学而兴起，我国亦然。现代学术之趋势，崇尚专精，地理学家当然不能兼通分类地理学各部门，但是各门专家事实的发明和学理的结论，必须密切注意。《地理学报》《方志》《地理教育》《禹贡》等，都是地理学界披露新著交换知识的刊物，中学地理教员应随时留心阅览。《地质论评》《气象杂志》《水利》等，虽性质较为专门，也都是地理教员的益友。

方志学在中国起源甚早，但唐以前的方志大都散佚无存。朱士嘉君根据国内外公私立图书馆各丛书各私人搜藏之中国志目编成《中国地方志综录》，所收现存方志，五千八百三十二种，九万三千二百三十七卷，最古者为宋代方志，计二十八种，次元代十一种，明代七百七十种，其余大部分为清代方志及民国新修者。中国方志学至宋代以后大盛，其体例亦至宋代以后而变。其一，宋以前方志多有图经之名，所谓"左图右史"，文字与地图虚实相资，详略互见。后世文辞愈富，图象浸失，驯至口诵其辞，目迷其象。其二，宋以前方志大都为纯粹地理志，以后则增入历史材料，而地理反居次要，诚如《四库全书提要》所云："元明以后，体例相沿，列传侔乎家牒，艺文溢于总集，末大于本，而舆图反为附录，其间假借夸饰以侈风土者，抑又甚焉。"所以旧式方志，为保存地方文献计，当然甚有意义，但已失去地理学的本来面目。鄙人曾谓旧式志书自亦有其实用的价值，今后重修，不如正名为某地之史，同时方志学亦有其自己的园地，此所谓离之则双美，合之则两伤。

现在欲确定方志学的园地，第一须恢复图经的本来面目。自从近年甘肃省敦煌石室发现以后，唐代方志如《沙州图经》等书重见于世，《沙州图经》系写本残卷，其仅存部分为水渠、堤防、驿站、城隍诸门，中有多数记载，类皆世所未详之事。卷中所志年号为开元（713 至 741），此书之作殆在玄宗时，读者得藉以考见唐代地志的大概，至可宝贵。第二我们须为方志学开拓新精神，这种新精神是从近年分类地理学的进步而发生的，就是建筑于通论地理上面的新方志。通论与方志的关系,已经讲过,可不多赘。通论与方志本无截然的界限,在分类地理里面亦含有方志性的工作。譬如研究峨眉山的地形,固然是地文学的工作,同时也是方志学的局部研究。但欲完成峨眉山志,我们必须把峨眉山的地形、气候、生物、民族以及名胜古迹之类,一一加以论述,并说明其相互关系,窥其全豹,穷其脉络,这是方志学的特征。

方志学之研究从小区域入手,由简而繁,逐步综合扩大,故按其范围之广狭,方志可分为下列六类。

(1)游记。遵循一定路线,就观察所及,撰为游记,复利用摄影以示其真相,利用地图以观其大较。世人所发表之游记数量极丰,但足称为地理著作者实甚少见。盖今日野外考察,必须具有分类地理的基本知识,于天时、地利、人和各种现象,皆由科学的观察,而说明相互之关系。如丁文江先生的《漫游散记》(载于《独立评论》),于西南诸省地形、水道、民族、矿业等,择精而语详,可称为新式游记的模范。

(2)县志。纯粹以地理学方法所作的县志,亦尚在发轫时期,最近鄙人所主编的方志出一专号,名曰《拉卜楞专号》,即甘肃省夏河县志概要。拉卜楞寺位于黄河支流大夏河的上游,乃中国西陲一个重要宗教都会,亦为甘肃、青海、四川边境西藏民族的信仰中心,民国十七年始于其地设立县治。这册专号是我们十来个人于民国二十三年在该县实地考察的结果,可以表示方志学的新趋势。

(3)区域志。联合数县的地志,相当于旧日府志,兹名为区域志。据鄙人所见,《呼伦贝尔》一书为一代表的作品。呼伦贝尔高原位于黑龙江省西部,又名巴尔夏(Barga),本为蒙古游牧地。民国九年始于其地设海满道,置四县曰呼伦(即海拉尔)、胪滨(即满洲里)、室韦、奇乾。民国十六年中东铁路经济调查局有派员实地考察之举,所到之处周咨博访,其后就所得材料详加整理,编为《呼伦贝尔》一书，附有地图多幅，灿然可观。

（4）省志。胡焕庸先生所著《江苏图志》一书为以地理学方法编纂省志之发轫，此书仿先进国图集之意而作，内容以地图为主，计有分类图三十余幅，每图略附文字以助说明。中国古时地志一名图经，观于此书方不愧为图经之名。与先进国图集相比，此书稍嫌简略，而尚有充实之余地。但此为方志之正轨，将来详备之分省与全国图当循此法而产生，则可断言。

（5）全国志。理想中全国地志之著作，自尚有待于将来，就目前论，翁文灏先生所著《中国地理》自然环境篇（载于第一回《中国经济年鉴》），发起讨论已示大凡。是书分为六章：（一）地文学大意，（二）境界与面积，（三）地形及山脉，（四）水系及流域，（五）交通，（六）气候与土壤。山脉、河流二章，尤为全书精华所在，于地形种类与人文发展之关系，读之可得不少亲切之了解。

（6）外国志。考亚洲全部及合围岛屿，或已列唐元版图，或列代遣使朝贡，我国历史上关于西域及南洋一带之史地撰述，极为丰富，有不朽的价值。我们仍当秉承先哲的精神，把亚洲地理的研究视为中国地理学家的责任，贯通古今，沟通中西，从事于新方志的撰述。

方志虽可分为上述六类，但是大小相继，有一贯的精神，名为区域精神（Regional spirit）。这种区域精神就是以方志学的新生命所寄托的。地理上最重要的区域是气候区域和地形区域，其他区域如土壤区域、农业区域、交通区域、民族区域等等，均与地形、气候有关。地理学家以地形、气候为二大纲领，并详究各种自然的和人文的现象，疏通证明，而厘定若干地理区域，或称自然区域，每一区域再分为若干副区。每一副区又可分为若干小区域，如此大小相继，这是研究方志学的目的。中学地理教学必须充分接受这种区域精神，方能达科学教育的使命。对于地理现象，不但知其然,而且求知其所以然,不但为纯粹之描写,且进而作因果的解释,不仅会集繁琐的材料,而又组织之成为完密的系统,均需有区域精神为其活动中心。

鄙人从前编辑中学地理教本开始应用自然区域的方法,分全国为二十三个自然区域,"虽草创之业,疏谬尚多,当渐进而愈明,论久而后定"(《本国地理自序》语)。但这是地理教育正确的方针。何谓自然区域?法国白吕纳先生所著《人地学原理》,曾有一界说,鄙人认为很重要,其言曰:"所谓自然区域,一部分固然是地质和气候的结果,但一部分也是人事建设的产儿,它是已成的结果,不是未成的原料;它是人地相应的产物,不是自然地理的单位。所以自然区域应是最能代表自然现象与人类生活相应的关系的。"(见任美锷、李旭旦译本页五四二)近人以为自然区域不应讨论人文现象,实是误解。

近年中国地理学日渐发达,自然区域的研究也渐趋精密,尤以竺可桢先生的八大区域,提纲挈领,常为地学家所依据。如上述中国地理以地形、气候为二大纲领。但地形分布较为复杂,不如气候较有系统,竺先生的分区,以气候为主,同时兼顾地形方面。近年新的研究像土壤区域、植物区域、农业区域等,与竺先生的气候区域相比观,常有相得益彰之妙。鄙人另有《中国自然区域简说》一文(载于《方志》九卷一期),兹不多述,竺先生的八大区域,简括明了,甚得要领,惟每一区域于大同小异之中尚可分成若干副区,如鄙人曾将东北区的气候分为九个副区(见《地理杂志》第四卷第六期《东北之气候》)。以此类推,分之极其详,合之见其大,各级地理教育因程度的深浅,区域的繁简亦随之不同,要之有前后衔接,由浅入深的妙用。

(原载《地理教育》1936 年第 1 卷第 5、7 期)

顾毂宜

顾毂宜(1904—1967),史地学家,1936—1949 年执教于浙江大学史地学系。

经济地理学发凡

顾毂宜先生讲,邓启东记

一、经济地理学的几个基本观念

(一)经济地理是世界性的科学

世界各处均呈现着一种分工的现象,如西欧、美国东北部以工业称盛,而南美、东亚则以农业见著,各地地理环境与文化程度既有不同,生产状况自然难期一致。可是仅有分工而无合作的效能,尚不能演成今日这种错综复杂的经济世界,所以伴此而起的现象就是地方间的合作,如西欧、美国东北部的工业品须与南美、东亚的农产品相交换,就是这种合作的表现。而经济的合作有赖于商品的流动,更属无可疑议。因此,一切的经济活动都是世界的活动,在这种牵一发而动全身的世界经济状况之下,任何国家的经济均不能脱离国际经济的影响的。若仅仅以某个特殊区域内部情形为依据,欲谋当地经济发展前途的确定,那真是一个梦想。一切的经济活动既然是世界的活动,那么,以世界经济现象为研究对象的经济地理学,当然要以世界的眼光作为研究的出发点,然则,经济地理之为世界性的科学可不费辞而解了。

经济地理之为世界性的科学与天文学之为宇宙性的科学,到很有堪资比拟的地方。地球虽云大,在天文学家的眼光里,不过是太阳系中一个较小的行星而已。若拿整个的宇宙着眼,像太阳系这类的玩意儿更不知有多少。以一个国家或某个特殊区域为中心来研究经济地理,犹如以地球为中心来研究天文学一样地令人喷饭。

以上只是理论的抽象讨论,现在再以英国、日本、中国作为实例加以具体说明:

英国自 18 世纪末叶产业革命以来,就执了世界经济的牛耳,至今美国在经济上虽得突飞的进展,但英国在世界经济上的地位仍然没有多大的改变。于此我们须问:英国经济的发达究竟是靠人家的帮助还是凭着自己的力量呢?关于这个问题,只要一观他出入口贸易的情形就会得到一个明确的解答:他的经济发达可说是全部靠着人家的帮助的。英国是一个著名的工业国家,可是他的工业制造品自己消费的仅仅为总数的很少部分,其余大部分须运到其他工业落后的国家销售。而工业的原料品如棉花、羊毛等,亦须来自海外。同时,因为工业发达的关系,大多数的人民来到工厂里做工,加之本国面积的狭小,因此,所产的农产品是远不够自己所需的。只就食物一项而言,就有十分之七须仰给其他农产品过剩的国家。假使断绝英国与其他各国的贸易关系,我想,英国的工业非但无法繁荣,就是全英国的人民,不一年的光景,也势将成为饿殍的。

再看日本,全国面积差不多有三分之二为荒地,可耕的土地仅及三分之一,可是,他不但不以此为病,他的经济进展反呈日新又新的现象,在东亚已没有其他的国家足以同他抗衡的了。像这种的情形,如果仅以日本一个国家着眼,万难得到一个相当的解答,但若以世界的眼光来观察，那就不难迎刃而解且游刃有余了。日本经济发达的原因到底在什么地方呢？我以为最大的有下面两个：

①当太平洋与印度洋之冲，四周环海，交通便利，东西洋贸易最易发达；

②靠近亚洲大陆，而中国、印度及印度支那等处均为原料丰富、人口众多之地，原料获得既易，商品销售亦速。

由此可知日本经济活动与世界经济情形息息相关，而东亚大陆尤为其工业的基础。

中国与国际关系素称稀少，但自从开沿海五口通商以后，昔日闭关自守的政策已不容再存在了。到现在，中国与国际的经济关系几乎有不可瞬息分离之势。设想我们依着两个途径旅行中国各处：一是沿海而走，从哈尔滨或沈阳出发，出山海关，而天津，而青岛，而上海，而宁波，而厦门，而福州，而广州等处。一是由山东出发，经河南、陕西、甘肃等内陆诸省。经过两度的旅行以后，我们必定可以得一个奇怪的感想，就是：中国主要的都市十九集中于沿海各处，"文物精华，全萃于斯"，从前以政治中心而兼文化中心及经济中心的开封、洛阳、长安等灿烂繁华之地，虽然未曾全部变为瓦砾之场，但是他们的荒凉程度已不禁令人兴今昔之感了。像这种经济中心的转移，足以证明中国与国际关系的日趋繁复，因为沿海各处与外国接触最易，而他的优美的地理环境，如良好的海港、便利的河运、富庶的平原等在在足以促成沿海各处的繁华及其与国际关系的密切。又两年来受世界金贵银贱的影响，百物昂贵，生计维艰，致使全国惶恐，不可终日，成为近一二年来中国政府最严重的问题。假使中国经济与国际间不发生连带关系，那么，中国对于这种国际金贵银贱的风潮，也无所用其举国上下一致的惶恐了。金本位的采用虽有种种的困难（如中国产金甚少），只以世界潮流所趋,势在必行。中国经济依赖世界经济的程度,于此也就可以想见一般了。

经济地理的对象仅见端于百年以前,而国际分工的现象尤属最近的事实,何以这种错综复杂的世界经济现象会很快地造成呢?这儿有两个最大的原因在。

①世界交通工具的进步:假使没有航海的大轮船及大帆船以司国际贸易的转运,世界各国的经济就没有联络的可能,经济地理的世界性也就无法成立。

②世界各处生产及消费的增加:假使世界各处均为手工生产,而各人的消费又与黄包车夫无异,我们深信,即使有进步的交通工具,也不致成为世界的经济。自己消费尚虞不足,还有大量的剩余物品运到万里的海外去?同时,自己所消费的物品,项目既是十分的简单,实际上也是无须海外人的帮助的。如此,英国无须加拿大的麦子,也无须美国及印度的棉花了。但近百余年以来,消费与生产的数量,几乎增加百数倍之多,如英国在 1740 年的时候,消费的煤量仅 17350 吨,到 1900 年增到 10000000 吨以上,就是一个显例。至于生产增加是由于机器的发明,而生产增加的结果,使原料随之而增,终至非某小部分的区域所能供给,唯有仰给他人之一法。英国本国所出产的羊毛虽然不少,但以机器的发明及应用,使羊毛的需求大大地增加,而澳洲地旷人稀,羊毛出产条件比英国更为完备,于是,海天相隔的英国与澳洲,就生出连带的经济关系来了。

(二)经济地理是时代性的科学

普通地文地理的对象只是死板板的东西,如泰山之高、黄河之长、北方之冷、南方之暖,大体是很少变动,当然不是说永久不变。可是经济地理的对象就大大不然:差不多是时刻继续不断地在向前进展,他的世界性的成立虽然只有百余年的历史,但他是饱经世故,不晓得变过多少的花样了。这种发展的现象非但过去如是,现在亦然,就是将来也不会二致的。因此,我们说:经济地理是时代性的科学。推究其发展的原因,大概不出两途。

①交通工具的进步:自从华特发明蒸汽机以后,轮船火车相继发明,交通上得了大大的便利。并且,这种交通工具还在不住地改进:轮船由万吨进为五万吨,燃料由煤而改用煤油,从前仅能搭客的飞机,现在更可用以载货,其他交通工具也莫不呈突飞的进展。可是,拿世界眼光看来,像这种最新式交通工具的应用,仅限于西欧、美国东北部及日本等处,其他南美、非洲、澳洲、亚洲(日本除外)四大区域尚未能全部推行。假使这四个区域都发达到今日西欧、美国及日本一样的程度,那么,将来经济地理的对象又将与现在经济地理的对象生出差异来了。

②科学的新发明:科学的新发明与经济地理的发展尤有密切的关系。我们可以断言,百年以后的经济地理必因科学的新发明变色不少。例如,中国与日本为著名的天然丝出产地,自来就握有世界丝业贸易的权威,但近以法兰西、意大利、英、美等国人造丝随科学的发达而兴起,出产数量几乎有驾中日而上之势,致使中日天然丝的固有权威损失不少,苟人造丝发达臻于极境,我们相信中日天然丝将无存在的余地,百年以后,天然丝也许不复为人所顾及,中日两国的人民不复养蚕种桑,而天然丝的名词也不会再见于中日两国的文字中了。南美橡皮事业的隆替,更足以证明科学对于经济发展的影响:数十年以前,南美本为橡皮唯一出产地,近以科学发达,种植改良,南洋群岛的橡皮事业相继而起,致南美在世界橡皮贸易上的地位一落千丈。现在美国政府见于南洋渐次卷入英国势力范围,为谋本国汽车事业的继续繁荣起见,正在设法谋南美橡皮业的复兴。爱迪生在这方面的研究已著有大大的成效。此举果能实现,那么,南洋这把橡皮业的交椅又不能不退还这位南美老

大哥了。南美橡皮事业因科学发达而衰落,又将因科学的新发明而复兴,使经济地理的对象时刻在变化之中。然则,科学发明在这方面所施的力量还容我们有所置疑么?因此,研究经济地理除须注重纯粹的地文要素外,尤须对于这种使经济地理的对象日在改变中的原动力,即科学的发明与交通工具的改良,加以深切的注意。

(三)经济地理是社会性的科学

经济地理是一种社会性的科学,各种事业的开发,除利用纯粹的地理材料——物质外,犹须利用人的知识、人的能力。现在的世界,表面上看来似乎是物质文明的世界,但仔细想来,与其说是物质文明的世界,还不如说是科学知识的世界为当。举凡矿产的开发、商业的进行等无往不有赖于科学知识的利用。没有指南针的发明,试问如何能在浩渺无际的海洋中辨别方向?没有电学的发明,如何会有电的应用(如电车、电线、电话……)?没有伊太学说的发明(活动的波浪),无线电又将何由而生?且也,经济地理非但有赖知识的应用或科学的发明,同时也有赖于人类的组织能力。从表面上看来,经济活动似乎常在紊乱的状态之下,各处金融恐慌、工厂倒闭、工人失业等消息只是纷至沓来。可是,事实并不尽然:一切的经济现象非但不像乱七八糟的一盘散沙似的活动,并且都依着详密的计划,很有秩序地在那里进行。德国工厂所制出的机器,时刻地在顾及购买者的需要,美国棉花的产量及价值,也无往不依照市场的情形来确定其计划。他们丝毫也不乱来,一点一滴均须经过慎重考虑、详细规划。要是这样,他们才得蒙着大利,要是这样,他们的经济活动才得以继续维持而不溃。假使某项经济活动有了些微的差隔,结果必致破产无疑。如近来南洋橡皮事业的衰落,所差者不过数厘的利息而已。但是,我们并不得因南洋橡皮事业的破产就武断地说:世界一切的经济活动都是无意识的冲动，其间没有线索可寻的。譬如我们参观一个医院，里面所住的诚然以病人为多，呻吟苦痛，看来实在有点令人难堪，若据此断言人类都为病者，那就是一个天大的错误。须知医院中所住的病人，在整个人类数量上比较起来，真是微乎其微，其他最大多数的人还是很健康地在熙熙攘攘地生活着。南洋橡皮事业的破产，犹如医院中的病人一样，诚然是不景气的现象，但我们也得知道，南洋经营橡皮事业的商人虽在亏本，堆栈里的成货一天一天地增加，工人是一批一批地相继失业，而世界其他最大的部分仍然是继续不断地在一种严密的秩序之下照常工作。一切经济活动到了某个时期，虽然要为了很小的差隔，致有一时的秩序紊乱，可是这绝不是永久的现象，经过相当的时期，仍有恢复原状的一天，此时又可以继续表演其经济的活动了。至于秩序造成的条件实在不一而足，现在且拣几个重要的分述于下。

①政治组织：世界各国均有其政治组织，组织的花样虽因地因人而殊，而他对于保障经济秩序的效能却无二致。如有人借钱不还，他就须受法律的制裁，其他货币、契约等一样的均受有法律的保障。并且这种保障经济活动的政治组织并不限于国内，就是国际上也是一样。国际公法因限于各国政府间的相互关系，常常免不掉要因国际纠葛而失其效能，而国际私法对于人民的往来及国际经济的活动，却是著有强大的保障力量，不以国际风云而变换的。国际的借款务须按期交还，国家有其发明专利权（Patent），他国不得据为己有，一国的著作权不得转让他国。凡此都是国际私法对于国际经济活动的保障。

②特殊的技能：各种生产事业均有其特殊的技能，此种特殊专门的技能，也足以为经济秩序的保障。如航船驾驶、电力工程、水力工程、纺织技能等均有其专门的技术，绝非普通一般人所能从事的。又各种技能亦有相当的组织，如各种研究会是。

③其他如银行团体等。

以上种种都是维持经济秩序的条件,而这些都是属于社会性的东西,与地文现象可说不生什么关系的。欲想对于经济地理得有明确的了解,这种社会性的研究实为当务之急。所以我们说:经济地理学是社会性的科学。

二、经济地理学的对象及其特质

经济地理学的对象,看来是十分的纷繁,但一经提纲挈领,倒不是怎么复杂的一回事。大概地区分起来,约有以下四端。

(一)自然要素

生产工具、科学技能、社会制度在经济发展过程上均着有强大的势力,但终于免不掉是居于客人的地位,不过是自然要素的附属品罢了。苟无优美的自然基础,经济发展总难遂其繁荣。而这种自然的要素又以气候、土壤、地形、天然交通的便利及矿产的蕴藏量最关重要。

(二)生产工具

中国钢铁之须来自英美,由于生产工具的缺乏,凡是一种经济事业的开发须具有相当的生产工具,这差不多是古今中外一贯的通例。铁矿的出产地非如泉水般的源源涌上,需要优良的机器,以资开采。既然掘出以后,犹需铁厂的提炼,轮船、铁路的转运及工厂的制造。其他金融机关如银行等,也可奏其一部的效能以促成钢铁业的繁荣。举凡开采机器、提炼工厂、交通工具、金融机关等都是大规模的钢铁业所必不可少的生产工具,须相互联贯一气,始克奏效。中国既然缺乏这种生产工具,无怪其在钢铁制造业方面要仰英美各国的鼻息了。可是像这种的情形并不是中国特有的现象,世界上物质生产工具的分配是至为不平的:巴西铁的储藏量虽多,只以自己缺大的铁厂,在经济地理上不能占有重要的位置。日本虽无丰富的原料,但有巨量的资本,工业仍然十分发达。

(三)科学技能

科学技能对于经济发展也着有强大的影响。火柴的制造以瑞典为最好,由于瑞典具有制造火柴的特殊优良技能与机械,这些都不是其他欧美各国所得而有的。英国的纺织品所以得有特殊的成绩,也无非由于技能的优良,不然,澳洲羊毛的产量与品质都远在英国之上,理应为世界毛织业的中心了。同时,瑞士钟表业的特别见长,也是为着同样的原故。其他消费习惯、生产习惯及分配制度等对于经济的发展,均着有强大的影响。

(四)社会上一切制度

制度可以间接影响生产,如国家对于契约的保障即能予生产以诸多的便利。又可分下列数端述之。

①经济制度:国家采取自由竞争制度或集体制度,对于生产状况可起两种绝对不同的影响。俄国在未采取集体制度(或共产制度)以前,德国的货物可以在俄国境内自由竞争,俄国每年在这方面所受的损失,真是不可胜计。可是自经采行集体制度,厉行其保护本国经济的政策以后,德国的货物就失去他的竞争能力了。

②政治制度:政局的稳定与否,对于生产的影响也是十分显著。湖南、江西的地理环境都是十分的优美,但生产事业至不发达,不但企业家不乐于在两省投资,就是两省已有的生产事业,也无法维持现状,资本、人材惟沿海之自趋。这是什么原因呢?一言以蔽之,就是由于政治的不稳定,生产事业得不到保障。而沿海如江苏、浙江诸省,政治比较的稳定,投资也比较的少有危险。中国如是,国际亦然,近来现金之群集巴黎,直接由于巴黎银行存款利息比较伦敦等处要高,间接也是由于法国政治年来保持平稳的

状态。

③税率:税率的高低亦有关于经济的发展。香港的发达由于他是一个自由贸易港,货物通过,无须纳税。而关税对于某项物品的优待,尤足致某项经济呈特殊发展现象。

④对外关系:这里所谓对外关系乃专指有无殖民地而言。英国殖民地遍布全球,原料取给甚易,货物销售亦快,故生产得以迅速发达。

关于经济地理的四个对象,以后当作更为详细的探讨,上面只是略举数例以明他的性质罢了,现在再以流动、改良及分布三个标题,来分析他们各自的特质。

(一)流动

①自然要素是不能流动的,我们固然不能改变高山大川的位置,也不能将热带的植物移植到寒带。非洲地文上最大的缺点是北部庞大沙漠的存在,而这个沙漠,不管人的聪明才力如何,科学的发达怎样,是没有方法改变其性质或移动其位置的。

②生产工具是可以流动的,不过需要相当的经济能力罢了。

③科学技能也是可以流动的,我们如果觉得中国工程师不行,尽可雇佣外国工程师。

③社会上的一切制度虽然是比较的稳定,但并非没有流动的可能。从前为自由贸易的,现在采行保护贸易了。从前为君主专制的,现在采行民主政治了。

生产工具以及科学技能虽然可以流动,但是他们的流动性不及他们的稳定性来得大。政治制度虽然可以流动,但需相当的时日。

(二)改良

①自然要素可以利用人工的方法改良。俄国原无良好的海港,港口淤塞,大轮不能入口,可是利用机器疏浚,足以减少这方面

的阻障。气候寒冷的地方，可以用炉取暖，气候炎热的地方，可以用阿姆尼亚的管子消暑，虽然只限于屋内，也足以证明自然要素并不是绝对不可以人工改良的。可是这种改良是十分迂缓的：现在讲文化史的人，大体承认人类文化进展的途径是为西北向的。古代以埃及为文化的中心，由此西北向，而希腊，而罗马，而西欧法英德诸国，现在更折入于俄。盖当希腊罗马时代，科学不昌，御寒乏术，气候较冷的地方，就没有方法抵抗。后来文化一天一天地进步，人们控制自然的技术也一天一天地高明，从前不能居住的地方现在反成为文化的中心。然而，这种文化中心的转移，为时已达数千年了。但人工对于自然的改良，也不能一概以缓慢视之，苏伊士及巴拿马运河的开辟，各缩短数千里的路程，而运河的开辟不过费时数年或十余年而已，在这短促的时间中，竟使世界经济起了如此巨大的变化，然则自然要素的人工改良，也当以特殊情形来定他缓急的程度了。

②生产工具可以人工改良，更属无可疑议。从前以牛为耕田工具，现在改用机器了，而这种以牛为耕田工具的事实，更是屡经改良的结果。无锡、常州一带近来因为利用电力灌溉，农产收成大增，所需人工反少，地价因此大涨，从百元至三百元不等。这种物质生产工具的改良是普通不过的现象，随处都可以看到，这里不过示其端而已。

③科学技能也是可以人工改良的。乡下农民仅知人粪可做肥料，殊不知人造肥料更为可贵。而种子的改良更有利于生产。据农学家研究的结果，中国麦种的改良能够增加百分之二十的出产（其他条件不变）。无锡、常州一带蚕桑均已采用改良种子，日本、印度茶业的改良，为促进中国茶业衰落的绝大原因。

④制度虽可改良，但需相当时日。

(三)分布

①自然要素分布极不平均。欧洲港湾分布、海岸线之长(与面积相比较),远非他洲可比。气候方面则有寒、温、热三带之分,地下矿产,各处尤不一致。在偌大的地球上只有两个地方具有相当产量的白金。其他贵重金属,同样的仅限于极少数的地方,差不多过半数产自南非一个小小的区域,百分之三十产自北美。锡则大部产自玻利维亚及远东几个小岛。铁的分布虽然比较广些,但蕴藏量与产量之间发生绝大的差异,出产量以美国苏比里亚湖区域、德国西部一小区域、法国北部及英国为最多。铜的分布则限于美日两国。他如铅、锌等矿同样的仅见产于少数地方。至于煤的分布不匀,更属显而易见,在山西矿苗现露地面,几乎触目皆是,而上海每年消费的煤量,全部来自别处。所以自然要素的分布不匀,差不多是彻头彻尾的:气候如是,地面亦然,就是地的下层也是一模一样。

②生产工具的分布比自然要素虽然要平均些,但是不平的程度仍然很高。全球百分之四十的铁路集中在美国,而美国又以东部分布最密。其余有百分之三十五集中在欧洲,尤其是西欧。其他各处所占的不过百分之二十五罢了。如果以数目字表示出来,就是:全世界共有铁路约700000哩,其中美国占261899哩,欧洲占242700哩(上据1926年统计)。中国以四万万三千万的人口,四百三十万方哩的面积,在1924的时候仅有铁路8212哩。印度人口318 000 000,面积达1805300哩,而其铁路也不过38580哩而已,虽经英国长久的经营开发,尚不能与西欧,东美并驾齐驱。南美铁路集中在伯诺亚勒(Buenos Aires)、山多斯(Sartos)、里约热内卢(Rio de Janeiro)三处,共有55500哩(据1926年的统计),占南美铁路总哩数的百分之八十五。在非洲则以南非联邦的铁路为最多,1926年共有12400哩,而在埃及不过1970哩而已。铁路

的缺乏可以说是这些地方开发最大的困难。最不幸的,在世界人口最密的区域(如中国、印度……)也有这种现象的存在。至于轮船分布的不平,与铁路也并无二致:战前集中于英德,战后则集中于英美日。1926 年主要海运国共有轮船 64700000 吨,欧洲各国所占最多,不列颠尤甚,差不多占有总数的百分之三十。说到生产方法的分布,也不能逃出这种不平的现象,以机器生产的人数与世界总人口比较起来,真是微乎其微。在纯粹新式工厂制度下生产的人,最多不过世界人口总额的百分之十五,换句话说,世界总人口的百分之八十五尚以手工为唯一的生产方法。除去极小部分,亚非两洲几乎全部尚停留在手工业时代,虽然那儿的人口是十分的稠密。就是在南美,机器的应用也并不在多数,甚至工业先进的欧洲,还有一部居民需要手工以为简单机器的辅佐。

③科学技能的分布不匀一如前者。各国的生产事业都有其特殊的技能,前面所说的瑞典火柴、瑞士钟表都是很好的例子。就是在同一国内,生产技术往往也是不能趋于平等之途的。北平的景泰蓝工业(即珐琅业),自明景泰以来,差不多就成了北平的特产,他处欲仿造而不可得,至今仅有福州设有分店数处。再如镇江滴醋、南京板鸭较苏省其他各处都佳,也是由于有其特殊制造技能的原故。

④制度的分布亦不平均,如各国关税制度不能一致是。

最后再以简表示明经济地理对象的特性:

(一)自然要素	不能流动	可改良	
(二)生产工具	可流动	可改良	地理分布均不平均
(三)科学技能	可流动	可改良	
(四)制度	可流动(但需时日)	改良甚慢	

三、经济地理学的意义及应用

经济地理的四个对象，在上面已略略地论述过了。关于这四个对象，都有其特殊的科学来研究。这儿所应注意的，只是四者同具了分布不平均的特性。随着这种特性而起的，就是区域间许多不平等的现象，而其中又以生活程度最关重要：许多地方因为具备了四种条件，生活是十分的优裕，许多地方因为四者的一无所有，或有而不全，生活是十分的愁困。生活愁困的人因觊觎而思强夺，生活优裕的人就不得不起而防御，许多无谓的纠纷就此兴起，许多宝贵的精力与财力更在这种无谓的纠纷中做了牺牲品了。这是经济对象自然而然生出的结果。但我们于此须得注意：这些条件具备的地方，他们的经济虽然可以得到相当的发展，人民的生活程度得以相当地提高，可是，这种的发展，绝对不是他最高限度的发展。同时，这些天然及人文的富源，不良的地方，如果不想其他的方法来补救，人民生活的愁困一辈子也莫想有什么大的改进的。在这两重的意识之下，经济地理学也就应运地产生了。

经济地理学的目的在谋经济环境的改良，而他所采取的方法，就是利用那最简便而最易收效的所谓地域间的交换。因为各处地理环境不同，物产的巧妙也就各异，如北冰洋富于兽皮，南非洲富于金刚石，中国以丝茶著名，马来则以橡皮见称，而日本的玩具更是出人一等，欲谋这种不平等现象的打破，单靠生产工具及制度等的改良实力有所难及，唯有互相交换，始得利益均沾。如此，生产条件具备的地方固然可遂其经济上最高限度的发展，就是落后地方的人民生活也得因此改进，在经济上能与世界情形相适合。现在再以两个实例来阐明经济地理学的含义。

　　江浙两省天然及人文的富源，在中国总算是首屈一指的了。但他究不能钟万物于一地，皮货是缺乏异常的。不过欲想出产，倒不是绝对不可能的事，仅须改良羊的种子等即得。可是经济地理学家绝对不作如此想，他谋江浙的对付实际环境与前者并无二致，但他所取的途径却截然不同，因为他能从远处着眼，不为一方所囿。他所采取的方法就是以江浙剩余的棉布，来换取中国西北部的皮毛。西北羊毛有余，棉布不足，与江浙情形完全相反，以其所有，易其所无，使双方均得其利，较之前言以养羊取毛来对付江浙实际环境的办法，其巧拙的程度，真是不可同日而语了。

　　又如阿拉斯加是属于寒带的地方，气候是十分的寒冷，这个足以表示自然现象的不平等。但是这种不平等的现象可以人工的力量改良，此地的居民仍然能够设法以谋生活的适合，如用动物之皮以御寒，造坚固的房屋以避风，这些都足以补救自然方面的缺点。可是这只是一个消极的办法，力之所及，虽然可以改良少许本地自然现象的不利，但他绝不能从世界其他部分得到些儿好处，像这种普通人文地理所能讨论到的办法，经济地理学家看来并不认为满意，经济地理学家不但要设法御寒，并且还要进一步以谋阿拉斯加对于世界经济情形的适合。他的眼光不但射遍阿拉斯加，犹须举目四瞩，环顾周遭：位于阿拉斯加南部的，是加拿大与美国两个富庶的国家，工业的发达是居于世界最前线的。但这里的兽皮却是十分的缺乏，人民视裘如宝。在这种情形之下，就会触动经济地理学家的智慧，想起那以交换来谋与世界情形适合的方法了。用阿拉斯加剩余的皮毛换取加美的白面包以及许多精致的工业品，如此，非但可以御寒，并可取得近代文明生活，使本地的情形大大地改进，那是多么凑巧的一回事呵！不然，仅仅依着普通地理学家的见解，只求御寒，不顾其他，那么，一辈子也莫想有什么大的改进。于此，我们可以知道经济地理的主旨是一面依据实际地理环境，一面利用交换的方法来谋生活的改进。

由上面两个实例的讨论,对于经济地理学的含义当可得到相当的了解,现在为求眉目清醒起见,再来勉强得下一个简单的定义:经济地理学就是以天然的及人文的富源作基础,来说明世界各国经济发展的现状及其相互关系,并确定经济发展前途的一种学问。他的科学的研究含有两个重要的概念:一个是自然现象或自然要素的不平等,一个是人们为谋平等的不断的努力。

当我们对于经济地理学的意义有了明确的观念以后,那么对于他的应用也就不难察及了。我们晓得,地域间不平等的现象,是与人类生活息息相关的,而这种不平等现象的打破,又是人类普遍迫切的要求。可是各种专门学家,对于这种不平等的现象,往往少加注意,甚至漠不关心,他们所着重的只是科学的原理与原则,如生物学家尽管对于生物界的普遍现象研究得如何起劲,而对于地面上与人生关系最密的动植物的分布情形,却不加以充分的注意,以为不关痛痒似的。他如政治学家、经济学家等均然。自然地理学以各种自然地理现象作研究的对象,对于自然地理现象的分布不平等也曾加以切实的探讨,但对于这种不平等现象所给予人生的影响,却从来不谋解决之道。独有经济地理学家以改进经济环境为己任,对于这种不平等的现象,积极利用地域间交换的方法来谋打破,以满足人类普遍迫切的要求,他的实用价值,于此可见。但这个尚不免偏于理论的讨论,具体地说来,经济地理最大的用处是在经济设计,以为一个地方开发的南针。假使一个地方开发的途径还没有确定一个方向,就孟浪地请了各种专门家来计划,那就不免有闭户造车的危险。所以对经济地理学家的需要是在其他专门家以前的。这种开发途径的确定乃是经济地理学家的特有才能。

为使经济地理学的应用更加易于明了起见,再以北满开发为例加以详细地说明。北满主要的富源有二：一个是著名的窝集（即森林），一个是新起的黄豆。然则，北满开发的途径究当如何决定呢？如果仅依地文的条件，森林是天然的物产，不需人工的栽种，即可采伐，而黄豆则需多量的人工与资本，舍黄豆而取森林似乎是无可疑议的了。可是经济地理学家的意见与前者完全相反，他是积极赞成黄豆的大量发展的。他的这种主张并不是凭空而来，非但根据北满地文及人文的条件，并且根据世界经济形势而定的。以北满本部的情形而言：北满的地文条件固然宜于森林的繁茂，尤其宜于黄豆的种植。我们晓得，大豆（即黄豆）所需的地理环境是十分苛刻的，仅能见产于低温（平均摄氏十五度）高燥的平原。土壤以黏土而少含石灰质者为最佳。若土层过深、肥沃有余的地方，那就有徒生茎叶不结豆实之叹了。而北满正中其选！再看北满人文方面的情形：北满的交通事业尚在幼稚时代，无论陆运与水运都不能尽便利之效。而树木乃庞然大物，是非有大量的交通工具不足为功的。至于黄豆，体积小，运输便，并且生长在平原地方，不像森林之见产于万重的山地，已有的交通工具即足以使货畅其流了。这个还不是经济地理学家着重的所在，世界的经济情形才是他用来决定北满开发前途的利器。物以少为贵差不多是经济学上不可易之原理，现在再来看森林与黄豆在世界市场上到底哪个取贵些（就是前面所说的世界经济情形）。森林的所需地理环境并不如黄豆的苛刻，他的分布比较广泛得多了，如果拿世界森林分布图来看，北满的窝集真是至不足道，现在还未开发的且不上算，就是正在从事开发的已有加拿大、美国、瑞典、挪威、俄罗斯等许多的国家，以他们大量的出产及稳定的基础，还容你这幼稚得可怜的北满在世界林业市场上占得一席么？至于说到黄豆，那北满就不免正襟危坐地大摆其架子了。他在世界黄豆市场上的地位，我们无须旁征博引，只就占全世界黄豆总额十分之九一点看来，足可晓然于心了。而他滋养料的丰富更非他物可比。豆腐、豆乳、豆饼、豆油，无往不是从黄豆改制出来的。欧洲各国虽然屡经试栽，终以温度过高没有什么成效。独北满环境最宜，得天赋之利。根据以上种种的情形，经济地理学家就毅然决然地说：北满的开发应谋黄豆的大规模的出产。

由北满开发一例，可知经济地理学家是地方开发的指导者。但这并不是说其他专门学家可以不要。经济地理学家虽然知道北满的开发应当注重黄豆的大量生产，但黄豆种子改良等是有赖于农学家悉心研究的。经济地理学家为什么能负得起这个指导的责任呢？这就是由于经济地理学是一个包罗万象的科学，无论政治、经济、地质等等都要同他发生相当关系的。我们晓得，各种专门学问乃为研究方便勉强而分，实际社会事业是整个的，如总理的实业计划究不知归于哪门的好。若以特殊的专门的科学应用到普通整个的事业上去，实力有所难及，往往免不掉一孔之见，于此就不能不有赖这包罗万象的经济地理学了。普通一般人大抵缺乏融会贯通的力量，学者兼事业家的真是凤毛麟角，经济地理学可说是补救这个缺点的唯一良剂。

（原载《国立中央大学地理杂志》1931 年第 3 期）

景昌极

景昌极(1903—1982),哲学家、佛学家。1936—1937 年任教于浙江大学史地学系。

历史哲学

第一章　总论

1. 何谓历史哲学

吾国史字旧有史官、史书、史事三义。挽近所谓历史,译自西文,仍兼史事、史书而言。兹所谓历史哲学之历史,惟指史事。

所谓史事,或单指人事,或推及于生物而有生物演化史,或推及于无生物而有物质演化史、地质史等。就变化言,皆无不可。兹所谓历史哲学之历史,仍偏重人事,而旁及于他生物及无生物。

所谓哲学,最普通义,为根本问题之研究。兹所谓历史哲学者,谓对于人事变化中根本问题之研究。

2. 历史哲学上之问题

人事变化中之根本问题,为普通人生哲学及分科之宗教、政治、伦理等学所不详者,即一般所谓历史哲学之问题。略析如下。

一、无生物历史与生物历史之异同。(如生命之意义、原委及必然因果律之适用与否等问题。)

二、人类历史与他生物历史之异同。(如本能、智慧、道德、学问之原委等问题。）

三、人事变化中之要素或要因为何及其所以为要者何在。（如世所谓各种史观等问题。）

四、人事变化中之平均趋势或倾向若何。（如进化、退化、轮化以及历史演进之阶段等问题。）

五、人事变化之理想归宿或理应若何。（如竞争、互助、大同、小康等问题。）

3．历史哲学之派别

一曰神学的历史哲学。其特色在以神旨或天心，解释人事变化之要因、趋势及归宿问题，欧洲中世耶教大师奥古斯丁（Augustine）所著《天国》（City of God）一书，可为代表。二曰玄学的或玄想的历史哲学。其特色在误以臆想为事实，或误以合于部分事实之理论为足以概括全部事实。如德之黑格尔（Hegel）以世间变化为一大理性之发展，以及古今中外各哲学家对于历史上根本问题之解释。不该不遍，勇于自信者皆是。三曰科学的或实证的历史哲学。其特色在不以事实迁就臆想，不以臆想遽为定论。今之治社会科学学者，固多努力于此，作者亦窃悬此为鹄。究之，孰为能达此鹄，或较近此鹄，读者可自判之。于兹有宜说明者数事：一者，此三派别视其治学之方法与效果为判，可以同时并存。二者，神学的历史哲学以神旨或天心为主，神旨或天心者实亦臆想之一种，故与他玄想派之方法无根本差别。彼主天心或神旨者，亦未尝不自命为实证。其果为实证与否，读者可自判之。三者，命之曰神学的而不曰宗教的，盖以佛法亦一般人所谓宗教，固未尝以神旨解释历史故。四者，玄想派历史哲学莫不自命为科学、为实证，其理论之一部，亦不无可以实证者。如马克思（Marx）自命其经济史观为科学的史观是。别黑白而一是非，则惟读者共有之经验与理性是赖。

4. 与历史哲学性质相近之学科

一曰狭义之史学，其所重在史书之著述与研究法，当其讨论历史之意义暨料简史事之标准等问题时，则不免涉入历史哲学范围。二曰社会学，或谓即历史哲学（如 Paul Barth 所著 *The Philosophy of History as Sociology*），或谓历史哲学为社会学之先驱，如星运学之于天文，炼金术之于化学。所究问题虽大体相似，而所用玄想与实证之方法判然有异（如 Small 所著 *General Sociology*）。愚谓学问之分野，终当以所究之问题为根据，使哲学而无特殊问题为之对象，而仅以坚持其玄想的方法为个性者，摈一切所谓哲学者于学问之域之外可也。今既以哲学为根本问题之研究，则宜析一般社会学上之问题为二部。其所涉及或未尝详究之问题，而为一般所认为根本的者（如上第二节所举），当以让之历史哲学。其所专究之问题，若世间各种团体之组织、作用、起源、发展等，名之曰历史科学，亦无不可。三曰人生哲学与伦理学。人生哲学虽若以个人为出发点，以究人生之命运价值等问题，与历史哲学之以人类或众生为出发点者有异。然当其讨论个人命运时，不能不联及人类或众生乃至无生物之命运，当其讨论个人之价值或理想时，尤不能不以人类或众生所应有之公共价值或理想为归宿。唯然，历史哲学实可谓为自历史上观察所得之一种人生哲学。古代大思想家，其人生哲学中，每有对于史事之根本见解（如史称道家者流，盖出于史官，历记成败、存亡、祸福、古今之道，然后知秉要执本，可为著例），特不以历史哲学名。至于伦理学一名，易于社会学相混，宜别名道德学。道德问题为人生哲学中之根核问题，稍扩其范围，即与人生哲学无别，其与历史哲学上理想问题之关系，尤深且切。

第二章　无生物历史与生物历史之异同

1. 生物与无生物之区别

物者何？试就吾人所经验者而分析之，盖指若干相似相续之作用之集中点，各人经验中之各集中点。内容位置，大体相似，分合变化，大体相应，遂共认为一自然界中各集中点。而以各个物体目之。易言之，即人各有一空间，以其相似相应故，遂认为一空间，人各有一世界，以其相似相应故，遂认为一世界也。

生物者何？具有生命作用之物体也。生命之现象维何？曰：普通所谓心理作用（知识、感情、意志等）、生理现象（生长、生殖、营养等）与物理作用（分合、变化等）相对者是。世间各物，有心理现象者，必有生理现象，有生理现象者，必有物理现象，此经验所昭示者。虽然，此各物中（即各现象之集中点中），有唯有生理现象而绝无心理现象者否？有唯有物理现象而绝无生理现象与心理现象者否？心理与生理，生理与物理，有划然之区别否？盖有难言者。试取一般所以区别生物、无生物者而谛察之。

一、生物有全体性，而无生物无之。全体性者谓各部分关系密切，对外有一致之作用也。愚谓不然。二轻原子，一养原子，化合而为水。非经电解，不能见其轻养之迹，其关系不可谓非密切。其对外所生之作用，亦为水之作用，而非轻养之作用。他如电子之组成元子，而对外有一致之化学作用。分子结晶而为物体，而对外有一致之物理作用。谓非全体而何？夫个人之结合而为社会，普通所谓心理作用也；细胞之结合而为生物，普通所谓生理作用也；电子、元子之结合，普通所谓物理作用也。其各部分之关系，未知其孰密。其对外有一致之作用又同，其间划然之区别果何在耶？

二、生物有个性，而无生物无之。个性者谓各个体间不能完全相同，必有其特异之性耳。然此亦程度之差，未足以为生物之特色。一类细胞，一类病菌，一类分子、元子，其各个体间，必非绝无差异，而同为吾人感觉力之所不及。即在高等生物，其个性亦有非恒人所能辨者，未足以为异也。

三、生物具有内发力，而无生物无之，是亦不然。观乎阴阳电之同性相拒而异性相吸，其相拒、相吸之力，非自内发而何？

四、生物具有不定性，而无生物则为必然性，故无生物界有必然之定律，而生物界则无之，是亦不然。今科学界公认所谓必然定律者，特盖然性较大之谓。试以心理学上之定律，如思想之发达与文字语言之发达成正比例；生理学之定律，如高等生物之生必假两性之结合之类。与物理学上吸力、压力诸律较之，其盖然之大小，殆可未轩轾。至因果律之非必定，亦非完全不定，而为概然之可定。当于第二节详之。

五、生物有进化性，而无生物则为往复性。如生物之死者不可复生，智者不可复愚，而物质之分合变化，化学家可以意操纵之是。是亦不然。动物食植物，以增殖其细胞，未尝不能化死为生。虽曰化死为生，而前后之生，实为二物。今化学家放射一物之电后，复通电流于其上，前后之电非一，岂可谓为往复。推之，轻养与水，水之与汽，以加电减电，加热减热等作用，相为往复，虽若前后无异，宁可谓为一物？自我观之，化学家之播弄物质，生物家之试验细菌，与大将之调动军队，其方式实无根本差异。复次察天文之岁差，考地质之变异，以及铀钍等之放射电子，植物之吸收水土日光而成细胞等现象，谓物质之绝无进化，谁其信之？

六、生物有生死、生长、生殖等作用，而无生物无之。愚谓生死云云，特显隐之别名。与物理现象之显隐不异，此理当于第三节论生命之源委时详之。磁石之吸铁，金石之结晶，电力之传布，其视单细胞动物之生长、生殖，或亦程度之差耳。

意者，万有有生，殆非谰语。然古之所谓万有有生论者，谓万有有程度不甚悬殊之生命现象，今则谓程度迥异而进化可期，此不可不辨。又莱布尼兹灵子说、赫克尔一元论等，度有可与吾言相印证者，手头无书，未能博考。第就个人思虑所及，一为推征云尔。

2. 生机主义与机械主义

近世自然科学发达之结果，于自然界发见因果律颇多，机械主义遂以大行，谓任何现象皆可以必然之因果律解释。治生物学者如 Driesch 等，反对其说，谓生物具有全体性、不定性、进化性、内发力等，不可以机械力绳之。因创所谓生机主义，谓生物之进化，别有生机力或极素为之因。观于上节所论列，知机械之于生机，亦仅程度之差，必然因果律或命定论之不适用，即在无机界亦然。愚前作《性与命篇》，尝详论其故曰：

> 彼不可知之因果无论矣，即世所称可知之因果，亦惟就其概然者言之，末由确定其如何如何也。一曰因果之单位难以确定，科学上所谓"单位律"者，即于任何因果系统中，必假定一因果之单位是。此在化学上之因果则为原子，在物理学则为分子，在电磁学则为电子，在生理学则为细胞，在社会学则为个人或团体，在心理学则迄今犹未有共认之单位。即已经假定之诸单位，以空时之可分性皆无穷故，科学家亦心知其非真正之单纯者，特为应用上之方便，略去细微之差异，且定为概然之单位而已。抑世间因果，果有一定之单位与否，尚是问题也。（如两手相摩而生电，常人不察，则以两手为生电之单位因。仔细推求，则知此因之单位，非两手之全而为两手相触之部分。两手相触之部分，犹非真正之单位，又可分为若干分子，分子又可分为若干原子，原子又可分为若干电子。电子中所荷之电，科学家始假定为生电之单位因，然此电子中所荷之

电，仍可分与否？内部仍有变化与否？足为单位与否？犹是问题也。因果之单位，未由确定，则因果之关系，亦未由确定。如大国与小国相争，若以国为势力之单位，而测其因果，则大者必胜。然而有时大国内乱，或且败绩，则以国非势力之真正单位，其内部仍可分化故。又如以正月为二月之因，此因之单位，实非正月而为正月之最后一日之最后一时一分一秒一刹那，乃至终不可得。余可类推。）

二曰因果之种类难以确定。科学家假定"同一之因，必生同一之果"，固理之可通者。虽然，因之同一与否，又乌从而确定。自望远镜中视大队人马，其个别之形相体态，固若同一者然。就而观之，乃见其异。自显微镜中视原子、电子，其个别之形相体态，虽若同一，又乌知其果无异耶？今之人畜异于古之人畜，今之日月异于古之日月，今之水火或亦异于古之水火，未可知也。世所称同种同类云云，以空时之不同时，事物之各有个性故，科学家亦心知其非真正之同一者，特为应用上之方便，略去细微之差异，且定为概然之种类而已。抑世间因果，果有一定之种类与否，尚是问题也。

三曰因果之范围难以确定。科学上有所谓"自成一区域之因果范围"者，假定一事物之因或果，限于其他有数若干事物，外乎此者置而勿论。实则此区域此范围之确定界限何在，盖有难言者。有一生物于此，其所从生之父母、之祖父母，而曾而高，以致无始，皆其因也。其生之子女、之孙子女，而曾而玄，以至无终，皆其果也。有一微尘于此，凡大千世界之天体，莫不与之相吸引，即莫不与之互为因果也。科学愈发达，所新发见之因果关系愈不可纪数，因果之范围亦愈无从确定，科学家亦心知其无一定之范围，特为应用上之方便，略去其关系较小者姑定为概然之范围而已。由是可知科学之论因果，皆就其概然者而假定之。概然之在生物者谓之习惯,其在无生物者谓之法则,习惯非一成不变者,法则亦非一成不变者。天体之轨道,地上之江河,昔之所谓天经地义者,科学家乃每见其变动移易之迹,乃至原子之构造、物质之属性、疾病医药之对治等,自有史以来,变化之迹若不甚著者,亦无人能证明其果不变化。命定论者欲以科学之帜自张其军,盖亦难矣。至若不定论之说,谓世事变化。完全不定,显然远悖事实,更无足深辩。世事变化,实有概然,非尽偶然;实有法则,非尽浑沌;实有习惯,非尽疯狂;实有可知者,亦有终不可知者;实有可以意志操纵者,亦有终不可以意志操纵者。此常识所公认,抑亦科学哲学所不得而否认者也。

至于所谓生机力者,认为生理现象之别名或总名。如电之于电气现象,心之于心理现象则可。若认为另一现象,而为生理现象之原因,则犹之以心为心理现象之原因,以电为电气现象之原因,以有吃饭能力为吃饭之原因,以有大小为占空间之原因,以八两为半斤之原因,即不免落玄学圈套。近有朱谦之者,闻生机之说,据以著所谓历史哲学,晓然于"因为生机活泼,所以能够制造工具和言论,这才是人类进化的内部真因"。真所谓知二五而不知一十者。其他悖谬牵强之处,不胜枚举。抑可为玄学的历史哲学之一例证也。

或谓物力有隐显,显则为现象,隐则为能力,如蓄电池中之电,为电之能力是。生机力之于生命现象亦然。应之曰:"诚若是,则一切现象之未现或既现而隐,皆得谓之潜在之能力。物理之未进而为生理,生理之未进而为心理时,亦谓已有生理、心理之能力。特机缘未熟,未能显现耳,不得谓生命之能力为生物所专有也。"

3. 生命之原委

愚前作《评进化论》一文,曾详论生命现象之有隐显而无生减,以及轮回流转说之可信。兹摘录如下。

A. 论生命之起源。最初生命之起源有三说：一谓自陨星中来，然陨星中最初之生命，又从何来，仍是问题。二谓由于半流质之炭素化合物偶经酵素作用而成，此据科学事实，有以知其不然。现今之生命，实无从无机物生者。若谓古代物质偶尔巧合而成生命，今之物质无如是巧合故然，则今一人生死之顷，其物质之分量方位，固未有异，何以生命有存有亡。三谓地球质点中本具有生命，得适当之机缘而出现，此说诚有进乎前矣。然机缘未合，生命未现以前，严格言之，固不得谓为本有。若本有者，尚何待于机缘之合而始现，如火柴中若本有火，则此柴早应自焚，不待与火柴盒相擦，且得养气等助缘而后火出也。故知火柴中所有者，可假设为生命之潜力而非火。物质中所有者，可假设为生命之潜力而非生命。佛法名此潜力曰种子，种子之实现曰现行。复次，种子者，不过理论上之一种假设，非有大小形相之物，不可谓定在何处或某物中。普通所谓在某物中者，谓某物能为缘引生而或熏长而已。……所谓引生之助缘，又可分为二类。一者能引发者与所引发者势不并现，如轻养隐而水现，水隐而冰现，或汽现，以及世间相续不断之精神物质皆是，当于佛法所谓"等无间缘"。二者能引发者与所引发者，势必并现。如能引发之火柴，与所引发之火，以及世间相互影响之精神物质皆是，当于佛法所谓"增上缘"。父母之于子女亦"增上缘"之一种而已，子女固自有子女之种子在也。

B. 论精神非身体或物质之作用。生命者其始惟生长活动之能力耳，其后逐渐进化，乃有显著之心理现象发生。惟求生与自卫之本能，似自始即有之。至其与身体之关系，自唯物论者观之，殆犹利之于刃。利为刃之作用，生命及精神，亦为身体之作用。见为眼神经之作用，闻为耳神经之作用，喜怒哀乐、记忆、思维等，大率为脑神经之作用。北齐范缜著《神灭论》，有言曰："未闻刃没而利存,岂容形亡而神在。"可为代表。此说之中于人心者甚深,请一辨之。假令有水一盆于此,以手插入可,以刃插入可,其为有能插之用一也。又令有豆腐一块于此,以手剖之可,以刃剖之可,其为有能剖之利一也。虽然,以手插水时,舍能插之用外,别有一物生焉,曰寒冷之感觉,而刃则无有焉。以手剖腐时,舍能剖之利外,别有一物生焉,曰柔滑之感觉,而刃则无有焉。彼插与剖之用,离手刃水腐之形相,别无他相可得,而此感觉,则明明自有此相可得,故刃与利,为喻不成。

复次,试更以他喻明之,或以刃擦火柴盒,或以火柴擦火柴盒,其为有能擦之用一也。然以火柴擦火柴盒时,舍有能擦之用外,别有一物生焉,曰火,而刃则无有焉。彼能擦之用,离火柴与刃与盒之形相,别无他相可得,而此火则明明自有其相可得。今谓火柴之于火,犹刃之于擦可乎,感觉亦犹是耳。火非火柴之作用,亦非火柴盒之作用,犹之寒冷柔滑之感觉,非手之作用,亦非水与腐之作用,故刃与利,为喻不成。

复次,能见能闻等作用,实不限于身体以内,其具有此等作用者,仍是精神而非身体,能见之精神曰眼识,而非身体上之眼或眼神经,能闻之精神曰耳识,而非身体上之耳或耳神经。其余鼻识、舌识、身识、意识及心所有法等,亦无一是身体上之作用者,而今利则限于刀内,且为刃之作用,故利与刃,为喻不成。

曷以明夫能见能闻等用,不限于身体以内也。如能见之用,限于身体以内,则应不能远见天上日月,如能割之利限于刃内,不能远割天上日月者然。曷以明夫能见能闻等非眼耳之作用也。如能闻是耳之作用,则人当酣睡时耳与声接,应恒有闻,如刃与物接,则恒有利者然。

复次,试更以他喻明之。眼识之见色,犹灯光之照室,"所照"之处,即是"能照"之灯光之所在。"所见"之处,即是"能见"之眼识之所在。灯与油火空室等凑合，则能发光，而灯非"能照"。眼与明空注意等凑合，则能发识，而眼非"能见"。光不限于灯内，识亦不局于眼中。推之，电能疗病，磁能吸铁，能疗者是电而非电线，能吸者是磁而非磁石，理亦同此。

C.论生命之不增不减不分不合。最初之生命，既自有其种子，而惟以物质为助缘矣。一切生命，岂不皆然。聚诸盲，固不能成见，用一见，又安能令诸盲皆视。聚诸无，固不能成有，用一有，又安能令诸无皆有。然则聚诸无生命或精神之物质，固不能成生命或精神，用一二有生命或精神之物质，又安能无端而成无量同样之生命或精神。何以故？无既不可成有，少即不可以成多故。

若谓生命种子虽曰不增而可减者，则世间生命早应灭尽，今日不应更有生命。所以者何？世间自无始以来，已有无量无边劫数，假定以一劫数灭一生命，已应灭去无量无边生命，而况生命实非无量无边之物乎。而况一劫所死之生命，实不止于一乎。然今世间有生命如故，证知生命必不减灭。

复次，胚胎细胞谓能为生命种子之"缘"或"所依"则可，谓即是生命种子则不可。犹之火柴谓为火之种子之"缘"或"所依"则可，谓即火之种子则不可。已如前说，且所谓为"缘"或"所依"，亦男女构精以后事，非胚胎细胞自无始来即为生命之"缘"或"所依"也。何以知其然也？一者细胞为物，有生有灭、可增可减。如婴儿成长则细胞渐增，人畜老死则细胞俱死是。以暂生暂灭之物，安能永为相续不断之生命种子之"缘"或"所依"。二者若谓细胞在未构精前，已为后来生命之所依，为问其所依者为父之胚胎细胞，抑母之胚胎细胞。若惟依父，应不待母；若惟依母，应不待父；若兼依父母，则是二生命合而为一生命，或一生命分而为二生命。推而上之，父未生前，为依祖父之胚胎细胞，抑依祖母之胚胎细胞。母未生前，为依外祖父之胚胎细胞，抑依外祖母之胚胎细胞。由祖而曾,由曾而高,分合之数愈益无穷。是以无穷生命合而为一生命,或一生命分而为无穷生命也。揆诸前说,岂复可通?

当知世间凡不生者亦必不灭,凡不增者亦必不减,凡不从无而有者亦不从有而无。物质如是,精神亦然。可立量云:"精神或生命不从有而无,(宗)以不从无而有故,(因)如电等。(喻)所谓无者,谓'龟毛兔角'之无。不若是,则虽未现行,而其种子自在。一旦得缘,有相随现,斯亦我所谓有。"如冰中之水,待热之缘而现;水中之冰,待冷之缘而现;两物中之电,待摩擦之缘而现之类。当其未现或既现而复隐,要不得谓之无。生命或精神之不灭,亦犹是耳。即如人当睡醋时,一切精神作用皆隐,醒后乃继续现行。又如人得健忘病,尽忘其病前之经验,病愈乃稍稍忆起,当其睡而忘也。实非由有而无,及其醒而忆也,亦非自无而有。古人以昼夜喻死生,良有由矣。

或又谓眼见物质,虽不生灭,亦不增减而可分合。分而为万殊,合而为一体。用有宇宙之大观,精神生命之为物,亦恶其必不然。且细胞之为生命单位,已为科学家所公认。人体中含有无量细胞,斯有无量生命,人体中之白血球,且恒有与外来之微生虫搏斗之事。胚胎细胞之活动,不亚于白血球,则其为有生命更无可疑。今观于细胞之分合,可见由二生命或无穷生命,合而为一生命,更由此一生命渐次成长,分而为无穷生命,实平易而不足怪。

应之曰:细胞之有生命,亦佛法所主张,佛法细胞曰"尸虫"。经所谓"人生如厕,八万尸虫生死其中"者是,佛法号极大之数曰八万,犹言无量尸虫或细胞也。生死其中者,死者自死,生者又生,生理学所谓细胞之新陈代谢也。

虽然,细胞有生命,亦与微生虫之有生命等耳。人之生命固有超然于诸细胞之生命而仍存者,而非诸细胞之生命总和,则可断言。人之假诸细胞而成身,犹之国王假诸国民而成国。国王之生命，固非国民之生命之总和也。若夫病菌之侵入、蛔虫之寄生，盖犹敌军或侨民之侵入或寄生，不可与本国人民次比也。细胞之新陈代谢，盖犹国民虽日有去来，而国仍无恙也。人死而身坏，盖犹王他去而国不立也。今者男女构精，而别有高等之生命自外来投，亦犹两国合并而别戴一王，或王及后，剖符裂土，而封太子为王耳。岂谓二国民或无量国民，相加而可成一王，或一王而可裂为无数国民哉。

何以知其然也？请即以物质喻。物质之"变化"与"分合"似无二致。然谛观之，"变化"实与"分合"大异，轻气二分遇养气一分在适当之温度压力下而变为水一分，水一分通以电流，或他化学药品，而化为轻气二分、养气一分。冰遇高热而化为水，水遇高热而变为汽，两物相击而有声，相摩而有电，此吾所谓变化也。合十升水而为一斗水，分一斗水而为十升水，合十尺冰而为一丈冰，分一丈冰而为十尺冰，此吾所谓分合也。变化者，其性质前后不同，如轻养之性异于水之性是，而分合则前后相同。如十升水与一斗水之性质相同是。此变化与分合之异一也。变化者又有二种，一者此隐而使彼现，即此为彼之"等无间缘"，可谓之"等无间变化"或"异时因果"。如轻养隐而水现，水隐而冰现。二者此现而使彼现，此为彼之"增上缘"，可谓之"增上变化"或"同时因果"。如两物相击而有声，相摩而有电是。而分合则无彼此因果，亦无先隐而后现者。此变化与分合之异二也。变化者无论其为异时因果抑同时因果，其果之量虽随因而异，或与因之量有一定比例，而不必与因之量相同。如轻养与水之比例，为三分与一分之比例，冰大于水，汽大于冰，以大棒撞钟之声大于以小棒撞钟之声是。而分合则前后之量必仍相同，如一升等于十升是。此变化与分合之异三也。

要之，变化者，所变所化之物，实自有其种子。其现行也，惟以其能变化之物为助缘。而非由无而有，或由少而多。分合者，无别种子亦无别现行,虽分合有异,而其总量无异。亦非由无而有或由少而多,此之谓物质之不生不灭,不增不减。今科学家虽亦知物质不生不灭、不增不减之义,而大昧于分合与变化之别,其于声光诸说,遂多扞格而难通,得吾说而正之,庶乎其不差矣。

今试反观细胞之生命与人畜之生命,变化欤? 应之曰是变化非分合也。曷以知其非分合? 曰:父母细胞二,惟生一子或一女,此不似轻养三而惟生一水乎? 又不似二物相摩而生电乎? 复次,生命精神不可分合,以其恒自持续不与他相犯故。何以谓之恒自持续,不与他相犯? 如吾所读书惟我能忆他人不能忆;吾之痛痒惟吾能觉他人不能觉;我之耳目惟我能用,他人不能用;吾之所以别吾之精神生命于他人之精神者以此。今欲以他人之身体,合于我之身体,未为不可。而欲以他人之精神合于吾之精神,则终不可得。譬如虎豹食人可以吸收人之皮肉,而未由吸收人之精神或生命。精神生命之不可分合,岂不甚明。

复次,凡一物分而为二,其一之分量必较未分之前为减。观于母之怀胎,其身甚重,一旦分娩,则身体之重量,因而减少,然母之精神或生命,则未尝因分娩而有减少之现象。是则子女之所分于父母者为其身体或物质,而非生命或精神,岂不甚明。

精神生命既不可分合,其为变化可知。是知细胞之生命,能为人畜生命之助缘,而不能合为人畜之生命。人畜之生命,亦能为细胞生命之助缘,而不能分为细胞之生命。请更伸前喻云:细胞之生命与人畜之生命犹国民与国王,国民可以别戴一王而合众民不足以成一王,国王可以招徕众民,而分一王不足以成众民,别戴一王者何? 人畜之投胎也。招徕众民者何? 细胞之托生也。投胎托生之说,岂不信哉。

D. 论轮回流转。生命之总数不增不减、不分不合,不从无而为有,不从有而为无,已如前说。然而生生死死,终古不绝,此增而彼减，此聚而彼散。以理推之，非轮回流转而何？天下事固有人皆不能见而以理推之确乎不可易者，譬如月绕地球，东升西没。吾人所见者，惟东升之月与西没之月而已。其西没之后、东升之前。绕地与否，固无人能见之。今日东升之月，果仍是昨日西没之月否，亦无人能征之。然而月绕地球之事，科学家未有谓为无征而不信者。岂不以地球之月之总数只一，不增不减、不分不合，不从无而为有，不从有而为无，因而推知其流转之事哉。

生命之流转亦犹是耳。东升者，托胎更生也；西没者，命尽而死也。西没之后、东升之前，则佛法所谓"中阴"或"中有"也。至若天上地下相去之遥，非"中有"之力所能至，诚不能令人无疑。虽然，无惑也。三界唯心，万法唯识，一切世间，皆如幻梦。天上地下等境，非离众生之心而实有。盖由共业所感，同梦所值，业梦有变，境即随移。譬如有人梦登九天，一刹那间，恍如身临其境。岂必拾级而登，然后可达。古德谓净土不在西方，只在心上。即此寻推，思过半矣。

唯心唯识之学，广博奥衍，其说见他篇，兹不得而详。惟以使读者信轮回之有征故，聊引庄周《齐物论》最后一段，以喻吾意。其言曰："昔者庄周梦为蝴蝶，栩栩然蝴蝶也。自喻适志欤？不知周也。俄然觉，则蘧蘧然周也。不知周之梦为蝴蝶欤？蝴蝶之梦为周欤？周与蝴蝶，则必有分矣。此之谓物化。"此梦虽非轮回，而轮回之道，尽在是矣。当其为蝴蝶，则不知己之为庄周。喻通常之轮回，每尽忘前生之事也。蝴蝶梦周，谓蝴蝶固为梦境，庄周亦是梦境，乃至无往而非梦境也，则必有分者。喻前后经验不相衔接，俨如隔世之二人也。《庄子·养生主篇》复以"薪尽火传"喻老聃之死，即我所谓"一群相似相连之种子继续现行则为生，一朝骤变则为死，更换一群则为托胎更生"是也。

于此有宜注意者，生命之种子云云，非谓一生命仅具一种子也。一生命中，实具无量种子，摄藏此无量种子之识即所谓阿赖耶识。以有阿赖耶识故，一生命之种子虽无量，而不与他生命之种子相杂。前谓"一室之内悬诸灯，虽光光交遍和合似一，而一灯他去，其光随之，不与他灯之光相淆乱"。又谓"吾所读书惟吾能忆，吾之痛痒，惟吾能觉，吾之耳目，惟我能用"，皆足为此说佐证。

至若通常轮回，每尽忘前生之事。虽有蝴蝶不知庄周之喻，读者终不能无疑。虽然，无惑也，通常得精神病者，尚前后俨如两人，而况生死之大故乎？精神病中有所谓双重人格者，俗谓为鬼神附身。自佛法观之，或亦其人之别一群种子，越次而现行耳，与庄周之梦为蝴蝶，而自忘其为庄周不异，岂必蝴蝶之精怪附于庄周之身哉？天下必忘而不能忆之事多有，然而不能径谓之无。譬如吾人处母胎九月，此九月中所作何事，所觉何物，今皆不能自忆，亦将谓此九月中之生命精神不可信乎？入胎之初尚不能忆，而况入胎之前乎？一生之事尚有不能忆而况一生之外乎？

虽然，前生之事通常不能忆，非必不能忆也。天竺之法，六神通中有宿命通者，即通晓前生之谓。以理推之，亦非必不可能之事。吾人一生经验，每有忘之多年而一朝忆起，或病发而忘、病愈而复忆起者，前生之事又乌知其必不知。世俗所谈因果报应之事，其向壁虚造，自欺欺人者，固不能谓为蔑有。然迷信自迷信，真理自真理，二者每不可以相掩。审思而明辨之，则学者之责已。

4. 生物历史与无生物历史之沟通

历史之范围，随人类之知识以俱进。由国别史进而为人类史，由有字后之人类史进而为有文字前之人类史，由人类史进而为生物史。生物史与人类史，自达尔文之演化论出，似已打成一片。惟生物与所谓无生物之间，犹若有不可逾越之鸿沟者然。愚谓今后学者之职责，当兼本演化与轮回二理论，期于经验界中，多得理论以外之佐证，然后可以探生命之奥窔，而完史学之大业。以今日人类之史学论之，似犹是残篇断帙，去此目的甚远也。

第三章　人类历史与其他生物历史之同异

1. 程度之差与种族之差——演化说与发生法

凡事物必考其历史，溯其源流，明其因果，斯曰发生法。自昔史学未昌时代，人类往往误以有史者为无史，以渐化者为不化而归之天赋。（曰天然，曰自然，曰天性，曰天命，曰天理，曰天造地设，曰天经地义，其义一也）物之种，人之性，社会上之制度文物等，皆若一成而不变然。人智既进，史识日精，昔所认为天经地义一成不变者，在在见其递嬗蜕化之迹。于是各科学术，咸气象一新。（如16 世纪以来宗教上之信条，玄学上之先天观念，政治学上之天赋王权，天文学上之地中等说，渐次失势，以及人种、地质等科之渐次发达是）而集其大成，为之枢纽者，则为生物学上之演化说。

演化之义既明，乃知世间所谓种类之差者，几于莫非程度之差，特其所差较大者耳。（演化说继往开来之第一部名著，为 1859 年出版之达尔文《种源》，论种而有源，即失其固定性）前论生物与无生物，或亦程度之差使然，其于今日学术界中犹若未获充分佐证。今兹论人类与他生物，则生物学与比较心理学上之事实，昭昭在人耳目，其为程度之差也无疑。

2. 人类之大同于他生物者——所谓本能之歧义

心理学家对于本能之解释，不一其义，有视为生物固具之机能，能不假外缘或不问外缘如何而径发为行为者。充其说，究行为者乃更不屑于外界环境或过去经验中仔细求因。本能云云，乃与玄学上之灵魂无殊。有以生物之行为，自有生以后，其行为完全为环境所决定，直无本能可言者。诚若是，同一环境中，不应有个性各异之万物。虽在无生物界，犹不可通，已如前章所说。有以本能为心理上复杂之倾向，与生理上之反射相对者，余谓生理上之反射动作，可谓之生理上之本能，乃至矿物之个性或作用，亦可谓之矿物之本能。有以本能为先天固具之倾向，与后天获得之习惯相对者。余谓先天后天，本无确定界限（如高等动物可以出胎以前为先天，亦可以受胎以前为先天）。且虽云固具，亦必待获得相当之环境而后成。虽云获得，亦必本诸固有之倾向而后可。斯则一切行为，咸本于先天，咸成于后天。本能与习惯，亦唯先后之异耳（如生殖本能，下等生物已有，而两性生殖本能，则惟较高之生物有之，以两性生殖之本能与单性生殖之本能较之，则虽谓生殖为生物固具之本能，而两性生殖，则为较高生物获得之习惯可也。余可类推）。又有以本能为不学而能，不虑而得，与知慧学识相对者。余请（谓）人类之知慧学识，亦本于先天而成于后天，与他本能不异，然则虽谓知慧学识为人类特别发达之本能可也。前章谓科学家之于因果，亦惟求其概然。概然之在自然界者，谓之法则，其在生物，则谓之习惯。法则与习惯，皆非一成不变者。此中习惯，又可析为三名，在个人则为品行，在社会则为风俗，在种族则为本能（一名三义，约定俗成则不易，今约未定而俗未成，学者之用名，只需明示其义，前后一贯，斯可矣）。

人类本能之大同于他生物者，以生理言，则有营养生殖等；以知觉言，则有视觉、听觉、嗅觉、触觉、味觉等；以感情言，则有喜怒哀惧等；以行为言，则有逃拒、企求、慈幼、好群、创作、模仿等。然此皆非人类社会所以千变万化、日进无疆之重要原因。

3. 人类之特异于他生物者——意识（或称智慧、思想、理性等）之发达

意识或智慧者，五官感觉而外，各种判断力（包含综合力与分析力）、推理力、记忆力、想像力之总名也。人类由是而有语言文字

（以想象力、判断力为主），由是而有传记历史（以记忆力、推考力为主），由是而有文学艺术（以想象力为主），由是而知推求因果，而有神学、玄学、科学等（以推理力为主，三者之别，可参余所著《玄学初稿》），由是而知利用因果，而有法制、教育、工艺等。乃至道德之发达、罪恶之增加、贤愚治乱之悬殊，亦无往不以智慧为最后之关键。其影响人类社会之重大，诚有非物质环境暨其他各本能所能望其项背者，其详当于下章论之。

4. 智慧之功过

自然主义者（如中国之老庄、法国之卢梭等）见人类罪恶之随智慧以俱进也，遂主绝圣弃智，复归于婴儿野人，乃至禽兽之无知，然后为得。此其不当，可得而言。一曰以生物学上之事实观之，人类亦既以此而灵长万物矣，则其功大罪小可知。二曰以历史上平均之趋势观之，由智返愚，殆为最难能而不自然之事。三曰知智慧之利害者，仍惟智慧；导智慧入于正轨者，仍惟智慧。吾人应以智慧征服智慧之罪恶，而不应径弃智慧。犹之应以生命征服生命之痛苦，而不应径绝生命也。其详当于末章论之。

第四章　历史上之要因——所谓史观问题

1. 因果之种类

学者观察人事之变化，各于纷纭繁复之因果网中析取一类"因"，而说明其重要因，成所谓各种史观。世间因果，本无一定之种类，已如前说。就其概然之同异而类别之，则类别之道，可以万殊。唯然，各种史观之类别因果，大抵不相为谋，欲确较其重轻，且先明其种类。例如神意史观者，是以超自然界的原因与自然界的原因相较，而别其重轻者也。地理史观者，是屏超自然界的原因于不论,而于自然界中别出地理的原因(气候、土壤、山川、物产等)与非地理的原因(心理的、生理的原因等),而较其重轻者也。伟人史观者,是于非地理的原因中别出心理的原因,于心理的原因中复别出伟人心理的原因,以与庸众心理的原因较其重轻者也。经济史观者,是于自然界中别出经济的与非经济的原因,而较其重轻。而所谓经济的原因者,盖兼含地理的、生理的、心理的诸原因者也。

复次,学者既各有其析取要因之道,其要因所对之果亦必随之而异。如神意史观以超自然界之因为要因,则以自然界全体为所对果,地理史观则以非地理的现象为所对果,伟人史观则以伟人而外之现象为所对果,经济史观则以非经济的现象为所对果。

至于所谓综合史观或社会心理的史观者,不认历史上有可以析取之要因。其谓历史现象为社会心理之表现者,非以历史现象为果,而以社会心理为因也。社会心理之因果,实即历史现象之因果,其于政治、经济、学术(社会心理表现之各方面)乃至生理、地理(社会心理以外之各方面)等因果,等量齐观,而莫肯判其重轻,故不得与上言任一史观相对。彼虽曰综合史观,律以析取要因之义,不谓为史观可也。

其余一般列为史观而与析取要因之义相违者,今皆不详论。

2. 因果之重轻

因之所以为因者,以其于果有相当之作用也。就其有相当之作用而谓之重要,则天下盖无不要之因。学者不先定重轻之标准,而各述其所以为要者以相争,则穷年累月,终末由决。如论身体,则头有头之要,足有足之要,脏腑有脏腑之要。论学问,则科学有科学之要,文学有文学之要,哲学有哲学之要。各要其要,何患无辞。

上述各种史观之争,其无意义在此。

然则如所谓综合史观,不别重轻可乎?曰是太违悖常识。常识之于因果,自能别其重轻,且自有其分别重轻之标准。此种分别之不可抹杀,盖与美丑善恶等差别同。学者苟能求得其分别重轻之标准,为常识所共认者,尚何患其重轻之难决,而徒以敷衍为综合耶?

今以一己思虑所及,求得常识所以勘定要因之标准如下。

(1)因之重要与否,随其所对之果而异。如以营养为果,则肠胃重于皮肤;以排泄作用为果,则皮肤重于肠胃。故欲辨因,必先定果。

(2)直接之因为重,间接者为轻。如以死为果,则心脏病之致死,平均较速、较直接,肠胃病之致死,平均较迟、较间接,故心脏病较要。

(3)因之不普遍,或不恒有,或易变化者为要。如普通言生活要素,衣食住重于空气,空气重于空间是。

(4)因之质与量与果之质与量,有相当之比例,而可以相互推知者为要。如以留声机所发之声为果,则唱片重于发条,发条重于开机之键。又如欲觇一国化学工业之程度,可视其使用硫磺之精粗多少,斯硫磺为化学工业之要因。

(5)因之能有意操纵者为要。如傀儡戏牵线者为要因,而傀儡非要因。

若夫果之重轻,可以同理判别,今姑不详论。

3. 论各种史观

(1)论神意史观、天道史观以及神学、玄学上各种史观等。神学、玄学之派别各殊,而其欲于现象界外求其所谓神或本体之类以为总因,则大体无异。总因之说,于事无征,于理不足据。说详余所著《玄学初稿》,兹不赘。

(2)论地理史观、经济史观等。若以地理的现象为因,而以一切非地理的现象为果,则地理的原因无所谓重要与否,以无可与比较故。

若以非地理的现象一部分为果,而较其非地理的原因与地理的原因,律以上述标准,则非地理的原因平均必较重要。以其较直接(如民国十八年之政治影响十九年之政治者,必较民国十八年地理之影响为要;欧洲政治之影响中国政治者,必较欧洲之地理为直接是),较易变化(地理现象之变化,不若人事之显著而复杂),较有相当之质量比例(如一国学术与一国宗教之关系,必密于其与地理之关系),较能为有意的操纵故。

若以地理的现象之影响非地理的现象,与非地理的现象之影响地理的现象相较,则律以第一准则(即因果皆异,不可相较)。实无所谓孰重孰轻,即勉较其重轻,亦当以非地理的现象为要因,以其较易变化,且较能为有意的操纵故。

反之,若以一部分地理现象为果,而较其地理的原因与非地理的原因,则据二、四两准则(即较直接而有相当之质量比例),当以地理的原因为重。据三、五两准则(即较易变化,而能为有意的操纵),又当以非地理的(或人事的)原因为重。孰重孰轻,未易遽判。以过去之历史观之,人事之影响地理者,似愈后而愈重要。吾意将来研究地理者,或有创为人类历史的地理观之一日(尔时人文地理当较自然地理为要),其所持理由,或且较今日之地理的人类历史观为充分也。

同理,经济史观或以一切经济的现象为果,或以一部分非经济的现象为果,或以经济之影响非经济与非经济之影响经济者相较,终末由说明经济的原因之特要。

主经济史观者曰:我以经济与政治学术之相互影响者相较,而知经济为社会下层建筑,为人事变化要因。生产方法变,则经济制度变;经济制度变,则政治学术随之而变。一种大体相似之经济制度,必有一种大体相似之政治学术与之相应。虽谓政治学术为经济制度之反映可也。

应之曰：所谓人类经济的行为者，且假定为衣食住行四者之消费、生产、分配的行为（如学术之事、男女之事等，非无生产、分配、消费等，但普通不谓之经济的，如亦谓之经济的，则一切人事皆可谓之经济的，经济史观即失其意义，而为人事的人事观，或史的史观），而视其果足为人事变化之要因与否。夫衣食住行为人类得以生活之要素，人类必先得生活，然后可以为政治的、学术的活动。喻如崇楼杰阁之下层基础，不为无当。虽然，崇楼杰阁之形式万殊，其中之陈设暨所居之人，千变万化，未始有极，而其基础则比较的单简而不甚悬殊。今欲根据基础之单简样式，谓足决定上层之一切，不其颠乎！

复次，非独衣食住行之生产、分配为人类生活之下层也。男女亦然，男女与饮食，并称人之大欲，为家族、民族等制度之所根据。其影响于上层生活者亦不可谓少，使有倡男女史观者，苟能自圆其说，必不下于经济史观。

复次，男女与经济犹非人类生活之最下层也。未有人类之先，必先有地球，故地球史观（即上言地理史观之变相）实较经济史观为彻底。推之未有地球以前，或已先有星云。夫然，以最下层论，则星云史观为理所必至，夫岂史观之本义哉？

复次，"庶而后富，富而后教"，"仓廪实而后知礼节，衣食足而后知荣辱"之义，为人类共有之常识，不待经济史观而明。

是故经济影响社会最大之时，惟在一社会上大多数人咸感财富不足、分配不均之际。然即此最大之影响亦惟限于消极方面（即使学术文艺等之于大多数人成为不可能与不必要），一旦财富既足，分配既均，其于人生之关系，将如日月空气之不足珍惜。其无关于学术文艺等，亦与日月空气同。尝戏谓社会主义成功之日，即经济史观破产之时。马克思兼主二者，而又谓社会主义决定成功，斯不啻谓经济史观决定破产也(其斗争的进步说与其社会主义之理想相冲突,亦然)。

主经济史观、地理史观者惯用之理论,曰同一人也,处此环境则如此,处彼环境则如彼,是非为环境所决定乎? 人亦可以其说反质曰:同一环境也,此人处之则如此,彼人处之则如彼,禽兽处之则如禽兽,是非各为其个性所决定乎? 彼又曰:个性者,为过去之环境所已经决定者也。人亦可以其说反质曰:环境者,为过去之个性所已经决定者也,实则人之与人、与生物,乃至与所谓无生物,皆互为环境。各有个性,皆可以相互为概然之影响,而不可以相互为必然之决定(所谓天定胜人,人定亦可胜天;时势造英雄,英雄亦可以造时势)。个性之势力,随生物之进化以俱进,极端之定命论与自由论,皆不根事理之谈,已如第二章所说。

余若主经济史观者本身意义之含糊,反映云云之牵强,分割时代之粗疏,附会史事之失实,预料将来之无当。自命为科学的而实不合乎科学上不武断、不抹杀异说的精神,自命为时代潮流,而不合于现代人渴望调和平等与自由、社会与个性的心理。世俗论之者详,兹不更赘。

(3)论伟人史观、精神史观、政治史观、法律史观与宗教史观、科学史观等。以上各种史观之名,大抵为近人仿经济史观之名而附加于前人者。前人之论史,虽各侧重其一方面,鲜有如经济史观之标明主义,抹杀其余者。此如牙医重牙、眼医重眼,各要其要,无取相非。今必欲于众要之中抉择其最要者,则以上诸史观,咸不足当意,以其意义多不清(如所对之果为何、所以为最要者何在、伟人精神等之界说若何),且可以斥地理史观、经济史观者转而斥之。至其所持理由,亦有与我所主张"人类史上之智慧史观""世界史上之唯识史观"相通者。读者但辨智慧史观与唯识史观二者之是非,其余可以迎刃而解也。

（4）论社会学史观、人类学史观、社会心理史观或综合史观等。以上各史观，大抵指调和综合，根本上不采析取要因之态度者，不认有要因之违悖常识，已如前说。抑普通所谓史观，本兼有"析取要因"与"求得共相"二义，以求得共相言，则一切历史皆社会心理所表现，斯社会心理所表现为一切历史之共相，谓为社会心理史观可也。推之一切历史，为事变所造成，斯事变所造成亦一切历史之共相，谓为事变史观可也。玄学上或有谓一切历史虚幻不实者，谓为虚幻史观可也。神然家或有以一切历史为神之表现者，谓为唯神史观可也。吾下所言唯识史观，亦指历史共相言，抑亦扩大的社会心理史观也。

4. 人类史上之智慧史观

以智慧为要因，以人类特有之史事为果，以与非智慧的原因相较，以见智慧之最要，斯我所谓智慧史观（智慧谓一般人之智慧或理性，而非海格尔之神秘的客观的大理性）。试以上列五准则言之：（一）人类特有之历史，为他生物与所谓无生物所不具者，非观察历史者所应解释之事乎。主经济史观者欲以经济现象解释一切，然复杂之经济现象为人类所独有，而他生物无之，其本身独不须解释乎。人类之独有复杂的政治、宗教等，其自身盖有其要因在，理亦同此。（二）智慧之致人类进步，不较非智慧的原因为较直接乎？（三）又智慧非变化最不可测者乎。（四）智慧之高下，出版物之内容，非代表一社会各方面之唯一标识乎。（五）智慧非唯一能有意的操纵环境者乎。"人为万物之灵""人为理性的动物"实为最普遍之常识。我岂故为异说哉？亦取人类之常识、天下之公言而整齐之。以与邪说诐辞相角，以期厘然有当夫人之心而已耳！

5. 世界史上之唯识史观

我所谓唯识，仅取佛法唯识中之根本义，支节不尽同也。根本义云何？一切境各不离其识，故曰唯识。一切识亦各不离其境，亦可谓唯境。就识之刹那生灭言,可谓之唯现象或唯变。就一切作用皆识之作用言,可谓之唯作用或唯生。就识言,可谓之唯心。就境言,亦可谓之唯物(心也物也,久成玄学上意义不定之空洞名词,如上所言地理史观、经济史观等,世称唯物史观;伟人史观、精神史观等,世称唯心史观。试叩之以心物之区别何在,必有瞠目而不能答者)。说详我所著《知识哲学初稿》中,以与本章所谓要因问题者不类,姑止于此。

第五章　史事变化之法则、阶段与趋势

1. 时间与变化

现象之前后相异,谓之变化(此指变化之广义,兼分合而言)。惟其相异,故有前后可言。假令人心内外所感,前后一轨,前后云云,即于此人失其意义。是故千古而无变化,千古是一刹那;刹那而有变化,刹那可为千古,时间生于变化,而变化不生于时间。

现象上假定之单位,以空间分者曰物件,以时间分者曰事件。物件由比较而有大小,斯各有其空间,谓之感觉的、经验的或有限的空间,序列其方位,想像其边际,因的构成所谓概念的、意识的或无限的空间。事件因比较而有久暂,斯各有其时间,谓之感觉的、经验的或有限的时间,序列其前后,想像其始终,因以构成所谓概念的、意识的或无限的时间。

前已言之,人各有一空间(意识上之空间),以其相似相应,故遂认为一空间,此空间非他,科学上之空间也。今更当知人亦各有一时间(意识上之时间),以其相似相应,故遂认为一时间,此时间非他,历史上之时间也。

2. 变化之法则——论所谓辩证法

变化者，历史之本质。或史之所以为史，并非历史之法则。学者欲观所谓历史上之法则，以为人类事业之南针，当于变化之样式中求之。

变化之有其概然之法则，固也。虽然，以现世人类知虑所及，其概然之法则，唯限于各类或一部分之事件，如心理学所究心理变化之法则，天文学所究天体变化之法则等皆是。若夫以全部世界史，或人类史，或一切变化为对象，而求其概然之法则，以愚观之，殆不可能，而亦不必要。试以所谓辩证法者例之。

海格尔（Hegel）视宇宙万化为一大理性之发展，故以理性发展之法则，所谓辩证法者（即由正而反，由反而合，合复为正，由正复反，以至无穷），为一切变化之法则。实则一切变化，不外前后相异，有渐异者，有顿异者，异中又必有同。就其渐异不甚显著者，世俗遂谓之正；就其顿异较然可见者，世俗遂谓之反；就其异中仍其与前大致相似者，世俗遂谓之合。就其前后相异言，无时不可谓反；就其异中有同言，无时不可谓合。其所谓正之时间，亦无一定之界限，其所说明，实为变化之自相，而非变化之法则（正、反、合非变化之法则，犹之前后或因果非变化之法则）。以之衡量过去孰正、孰反、孰合，可以人各一说，以之预测将来，更属毫无是处。

且即以理性或思想之发展例之。以古代思想为正，中世思想为反；近世思想为合，可也。以古代、中世之过渡期间为反，以中世为合，亦可也。以古代之末期为反，以过渡期为合，亦可也。以个人之一生例之，以少年为正，壮为反，老为合，可也。以少壮之间为反，以壮为合，亦可也。或以一生为正，以死为反，以将来再生或竟不生而化为异物为合，亦可也。反皆可以为合，合皆可以为反；连于正则为正，分于正则为反。其所说明者，舍前后相异之自相外，无他意义可言。若夫今之各种政党或宗教，莫不自以其党纲或教义为最后或最近之合,因以为有实现之必然。此与专制君主之自命为天子,因天子以主王权神圣;玄学家自命其上帝为真有,因真有以证上帝之存在,奚以异哉?

3. 变化之阶段

历史上之分期与地理上之分区,略可相拟。历史上之兴亡大事,似地理上之名山大川;历史上之朝代,似地理上之国界。其余经济、文化等之分期与分区,其原则亦无二致。

分期与分区之法,随各人所注重之点而异。其间实无一定之标准,各种分法,未必咸可相配合(如同一政治区域、政治时代中,各种经济制度皆有,或同一经济区域、经济时代中,各种政体皆有是)。前后两期,或彼此两区,亦未必划然有异。且各期之分区不尽同(如今日之纽约为经济中心,古代则非),各区之分期亦不尽同(如中国本部今日由农业、手工业渐入机械工业时代,蒙古则由畜牧业渐入机械工业时代是)。学者欲一以概之,辄不免侻侗武断之弊。

史地上之分期与分区,最为今人所乐道者,曰孔德(Comte)之神学的、玄学的、科学的三时代,曰马克思派社会主义者之部落、奴隶、封建、资本、社会主义五时代,曰东方、西方与印度之三支文化。昧者不察,取以与一切学问、道德、艺术等相配合,猥以玄学的、封建的、东方文化的等名相加。如古代玄学家之以四大、五行配合一切者然,甚无谓也。(三分辩证法与邹衍之五德终始说,周莲溪之动静互根说,可谓一邱之貉。)

4. 变化之趋势——退化、进化与轮化

进化、退化,就价值之进退言,轮化就变化之周而复始言。价值为众生心之所感,抑亦众生心之所造,其进其退,众生实操其柄,而以智慧灵长众生之人心,尤有举足轻重之势。此外别无必然之命运限之。近代人多信进化,古代人多信退化,以事实论,两皆无

当；以理想论，进化实人类应有之鹄。至于何者乃为进化，如何乃可进化，当于下章详之。

绝对轮化之说，于事无征。若夫文质相剂，治乱相仍，分合相因，正复为奇，善复为妖，神奇化为臭腐，臭腐复化为神奇，则有之矣。此实缘于众生自身之笃旧与好奇、遗传与变异、静极思动与动极思静，诸性之迭用而代兴，与夫环境之盈虚消长，有以致之。然众生心性与其环境变化之样式，皆非一成不变者。奚有于绝对之轮化？

5. 造化与幻化

昔人每以天志、天道或天理为造化之主宰。自我观之，能化者，众生之心；所化者，众生之境。心不离境，与境俱化，心心相续，互为能所。列子所谓"生生者不生，化化者不化"，殆呓语也。

所谓幻化者，又有数义。一者幻对常言，化即是幻。此如佛法空宗言："色即是空，非色灭空"，"因缘所生法，我说即是空"。诚若无可厚非。二者幻对真言，谓生灭变化。非万法之真相，万法别有其不生不化之真相。希腊巴门尼德（Parmenides）、芝诺（Zeno）等之非多非动，可为代表。其所恃以推翻感觉之理由，以今日人类之理性衡之，多似是而实非。佛法中百论等，其不善巧处，颇类彼说，亦有不可掩者。三者幻对庄严、清净、自在、解脱言，盖有烦恼义。此则系于众生之业力，众生即菩提为烦恼，菩萨可即烦恼为菩提。要之生灭不可灭，变化不可极。历史之各部有终始，而全部则无终始，似已为今日一般学者之所公认而无复置疑。

第六章　史事变化之理想或当然问题

1. 必然与当然

必然与当然，不两立者也。如人必不能改变过去，必不能使三角形三角之和不等于二直角，则亦无所谓当与不当。然而人事因果之由已然、今然，以推将然者，实为概然而无必然（上举两例，为抽象的或论理的必然非由已然、今然而推将然者）。以已然、今然、将然，诸事物中皆有偶然，皆不可尽知故。如人必死，盛极必衰之类，皆概然之大者，而非真正之必然。以故人类无往而不有当然、不当然之努力，其愈近必然者，则当与不当之裁判愈失其意义。道德之裁判不施于无知之物，法律之裁判不施于婴儿及有神经病者，职是之故。其详可参愚《人生哲学》中《性与命》《论心与论事》二篇。

2. 自然与文化

世有以消灭文化复归自然为人生之归宿者，即前所谓自然主义是。"自然"之义多歧，任执一义，其说皆难以自圆。如以必然或不得不然者为自然，既曰不得不然，则无所用其倡导，既曰必然，则无所谓当然，已如前说。如以纵情任性出于自愿者为自然，则飞蛾扑火，自焚其身，出于自愿者，不尽为当，彰彰甚明。如以不假智慧、未有文化时为自然，则智慧文化之于人，盖犹爪牙之于禽兽，可以为善，亦可以为恶，不别其善恶而归咎于文化智慧之自身，是亦因噎废食之类也。

3. 斗争与进步

自马尔萨斯人口论、达尔文物竞天择说问世以来，人类及生物间之斗争，几成必然之事实。复有妄人，昧于必然、当然之不两立，假进步之美名，为倡斗争之文饰（如个人主义之提倡、无限制的自由竞争、社会主义之末流以阶级斗争为究竟者皆是），于是人类及生物间之斗争，更成当然之至理。实则斗争之事实，可以人力增减。既可人力增减，即非必然。至于斗争之为当，则唯以不得已之斗争为方法，以共存共荣为究竟时则然。若以斗争为究竟，以片面之进步为理由，实为不当之尤。愚前作《评进化论》文中尝设为佛法与所谓进化论者展转驳诘之辞以明其理。兹摘录如下。

主斗争者曰："莽莽乾坤，一战场耳。弱肉强食，优胜劣败，势之必至，理所当然，如是而有文化，如是而有进步。"

应之曰："势则至矣，而非必至，理则然矣，而非当然。如是而有之文化，非吾所谓文化。如是而有之进步，非吾所谓进步。"

主斗争者曰："旷观古今，种与种争，国与国争，党与党争，人与人争，有肉搏之争，有经济之争，有地位、名誉之争，斗争非事实乎？"

应之曰："斗争则诚事实也，吾非谓世间无有此事实也。虽然，'有''无有'是一问题，'当''不当'又是一问题，世间多有是事实而不当于理者。昔者专制政府尝为普遍之事实矣，然世之学者不以其为普遍之事实而遂谓之当。斗争之为事实，将毋同。"

《佛本行经》载："太子出游，看诸耕人，赤体辛勤，被日炙背，尘土坌身，喘呬汗流。牛麋犁端，时时锤掣，犁桷研领，鞅绳勒咽，血出下流，伤破皮肉。犁场土拨之下，皆有虫出。人犁过后，诸鸟雀竞飞，吞啄取食。太子见已，生大忧愁，思念诸生等有如是事，语诸左右，悉各远离。我欲私行，即行到一阎浮树下，于草上跏趺而坐，谛心思惟，便入禅定。"

由是观之，君所见之事实，亦吾所见之事实也。事实不异而态度悬殊，吾则谓之不当，思所以易而去之。君则谓之当，更从而为之辞。吾与君之争在是，敢问斗争何以谓之当也。

主斗争者曰:"君之所谓不当,谓不当于世俗之所谓道德耳。虽然,世俗之所谓道德,非吾所谓道德也。自吾言之,适于生存之谓道德,道德所以为生存,生存非所以为道德,斗争而适于生存,斗争即道德也。"

应之曰:"既云凡适于生存者即当于道德矣。今假设有父母兄弟四人于此,而不幸食物仅足三人,必死其一而后可,于是为生存斗争计,其弟乃谋杀其兄,其兄亦谋杀其弟。或不幸而食物仅足一人,必死其三而后可,于是为生存斗争计,乃兼谋杀其父母。或幸而食物可足二人,死其二而可,于是为生存斗争计,其中之二人乃互相团结,而谋杀其他二人。如是则当乎否乎?"

主斗争者曰:"谋杀父母兄弟之不道德,固夫人而知之。虽然,未足以破斗争之说也。今有病人于此,微生物千万繁殖于其肺中,药而杀之,当乎否乎? 蚊蚋噆肤,荆棘塞途,除而去之,当乎否乎? 此其为当,亦夫人而知之。君以谋杀父母兄弟之不当,推知谋杀微生物之不当,人亦曷尝不可以谋杀微生物之当,推知谋杀父母兄弟之亦当。当与不当,固未可以一概论也。"

应之曰:"同一杀他而自利也,而一当一不当,是必有说而后可。吾固谓虽微生物亦不当无故谋杀者,不以世俗之谓当,遂亦谓之当也。孟子曰:'春秋无义战。彼善于此则有之矣。'吾于一切生存斗争亦云,终不以此不当之聊善于彼不当,而遂谓此不当为当也。当与不当,盖犹冰之与炭,绝不相容,非若长短大小之相待而然也。君既谓生存斗争为当,又谓为生存斗争而谋杀父母兄弟为不当,是必有说而后可。"

主斗争者曰:"所谓生存斗争者,匪谓争一己之存也,又必争其种类之存焉。争一己之存,于是有私德;争种类之存,于是有公德。牺牲自己,协助同类,所以履公德而存种类也。父母兄弟于我类也,微生物于我非类也,类与非类。乌可以一概论?"

应之曰："所谓种类者，非有一定之分限也。以此家与彼家对，家类也。以此国与彼国对，国亦类也。以人类与他生物对，人亦类也。以生物与无生物对，生物亦类也。知爱小类为合于道德，而不知爱更大之类为更合于道德，爱最大之类为最合于道德，此之谓不知类。"

是故充道德之极，则异类皆同类也。充不道德之极，则同类皆异类也。孟子曰："推恩足以保四海，不推恩无以保妻子。"又曰："仁者以其所爱及其所不爱，不仁者以其所不爱及其所爱。"旨哉言乎？

墨子曰："杀一人者谓之不义，必有一死罪矣。以此说往，杀十人，十重不义，必有十死罪矣。杀百人，百重不义，必有百死罪矣。今有人于此，少见黑曰黑，多见黑曰白，则此人不知黑白之辨矣。今小为非则知非之，大为非攻国，则不知非。从而誉之，此可谓知义与不义之辨乎？"试更以此扩而充之，则无故而杀微生物者，亦岂得谓为无罪？

主斗争者曰："吾谓牺牲自己以存种类之为当者，非谓一切皆存而后当也。必也存其优者，去其劣者，汰其弱者，留其强者。数传而优者益优，强者日强，世界乃日益进步，夫然后谓之当。诚以物竞天择，正造化之匠心妙用，心灵由是而日闢，文化由是而日盛，人群组织由是而日坚。博爱之心、协助之事，由是而日益发达。凡兹数者，皆有机体之所以适应环境，以求自立于生存斗争之场也。不若是，则优劣俱存，优劣俱存，则世界末由进步。夫是之谓不当，世之高言仁义道德者，徒以弱劣者失败落伍之私，不自怨其弱劣，而归于天行之不当，而孰知天行之至当而不易乎？尼采谓仁慈为弱者护身之符，世界进步之障，可谓知言。不观夫人类文化，大抵直接间接由战争鼓铸而成乎，战争又何可以厚非。"

应之曰："世间固无有匠心独运之造化，所谓天行、天演、天运者,自然而然,莫之为而为。其在佛法,则曰'法尔如是'。此科学上所公认,不烦言而辨者。是故以生存故而有斗争,以斗争故而弱者受淘汰。此淘汰者之责,无论为当与否,皆由强者负之。委其责于天行,天行不任受也。"

然则为世界进步计而淘汰弱者,果当乎否乎？应之曰:否。君之所谓进步,特强暴之徒涂饰己私之美称,非真进步。譬如虎豹出山林而入市朝,纵横啖噬,无不如志。自彼观之,宁非进步,而自被啖噬之人观之,则退步之尤者矣。今君之所谓进步,由淘汰弱者而得,自受淘汰之弱者观之,其何以异于是。复次,君谓进化,不过震于文化之繁荣而然。然文化者,本所以利乐众生。若文化愈进而众生滋苦,或且因此而受淘汰以亡,则亦何取乎有此文化。譬如体育器械,本所以强身,必械愈精而身愈强,然后可谓之进步。若惟敝精劳神,外惊于器械之精,内忘其身之日弱,以至于亡,虽曰进步,吾必谓之退步矣。今使世间文化发达至极,图书如云,机械如栉,美术满街衢,危楼插霄汉,而世间人类坐是覆没,了无孑遗,如是则谓之进步否乎？又使有一人一族于此,擅奇技淫巧,深谋远虑,尽取天下良懦愿直之人之族而屠之,惟馀一人一族为天下雄,如是则谓之进步否乎？且文化之进,亦奚待于战争。总览史乘,思想文艺最盛之时,孰非较称承平之世。中国之乱而至于五胡乱华,欧洲之乱而至于蛮族南下,印度之乱而至于戒日王之死,其所以促进文化者焉在？即曰历代战争,非无可以促进文化、沟通文化之处,然若以之与破坏文化之处相较,已不啻百害而一利。矧受此利之害者千百,而利此利者又仅一二乎？至若学问技艺之日新月胜,发扬蹈厉,则利己而利人,非利己而损人。虽曰战争,而不得与生存斗争次比。

吾得为之说曰:世间真恃斗争而进步者,曰武力;真恃协助而进步者,曰文化。旨在害人,谓之武力;旨在利人,谓之文化(此与上言广义之文化不同）。倡武力者，虽亦讲协助，而其协助之目的，则为斗争。倡文化者，虽亦讲竞争，而其竞争之目的，则为协助。若以斗争为是欤，则应弃文化而言武力。举凡专事学问技艺、美术道德之士，皆当退就劣败之列，惟孔武有力之兵士、阴谋百出之政客，得为生物学上优胜分子。若以协助为是欤，则应弃武力而言文化。举凡生物间互相贼杀之事，皆在所摈斥。不出于此，必出于彼。苟非自安于矛盾，必有所择于斯二者。

又得为之说曰：武力之进步，非真进步，以其于少数强者为进步，而于多数弱者为退步故。文化之进步，乃真进步，以其于一切强者、弱者皆有利而无害故。《墨子·非攻篇》曰："计之所得，反不如所丧者之多。……虽四五国则得利焉，犹谓之非行道也。譬如医之药人之有病者然，今有医于此，和合其祝药之于天下有病者而药之，万人食此，若医四五人得利焉，犹谓之非行药也。"其言亦甚矣。虽然，墨子之兼爱，犹限于人类，人犹可以其说反质。吾佛则遍及一切众生，以度众生故而出家，其动机之纯正，胸襟之广阔，感情之恳挚，凡有心人所当同声赞叹者非欤？吾佛以调御丈夫自居，其真墨子之所谓行药者欤？

主斗争者曰："吾非谓优者必胜而劣者必败也，亦非谓凡斗争皆足以致进步也，特谓优者当胜，劣者当败。惟能致优胜劣败者为当斗争耳。"

盖生物斗争之中，诚有自身本非优胜，而徒以地位、机遇之佳，岿然而存者，而人类社会中为尤甚。有若财产承袭、贵族专权等事，在在足以破坏天然淘汰、优胜劣败之公例。今社会中遭逢际会，骤臻富贵之人，不必为生物学上适于生存之人，亦不必为社会中优良分子。诸如是者，皆不公平之竞争，主进化者所反对也。然则如之何而后可，曰必使人人知竞争之方法，有平等竞争之机会而后可。斯则普及教育、平民政治、财产承袭制之废除等事，所以为要也。

复次，匪惟个人与个人间有生存竞争也，群与群间亦然。内部团结相爱助者，恒为优胜；内部涣散相贼害者，恒致劣败。如是数传而优者益优，团结日固，其终能阅历天然淘汰而不败者，必其内部最能相爱相助者也。今一旦而有操戈入室之兵士、害群败类之政客，为一群之生存竞争计，群策群力，除而去之，不亦宜乎？

若谓合天下之群为一大群，以爱小群之心而爱此一大群，岂不甚善。然此不特为事所不能，抑亦理所不许。盖生物之协助，以斗争故，无协助，则斗争之道无大进步，固矣。然若无斗争，则协助之道无大进步。"兄弟阋于墙，外御其侮"，以言有斗争而后能协助也。"无敌国外患者恒亡"，以言无斗争则不能协助也。故曰群与群间偏重斗争，一群之内偏重协助，并行而不悖，相反而相成，其斗争与协助之谓乎？

应之曰：既曰斗争，尚安有所谓公平。岂惟以地位、机遇胜人者，不得谓之公平。即以腕力与智力胜人者，其公平亦安在？使贫者与富者争，贱者与贵者争，主斗争者咸觉其不平。然使幼童与壮士争，使乡愚与市侩争，残疾者与魁梧者争，使一人与啸聚千百之盗贼争，宁非不平之尤甚者，且惟其不平，故有胜负可言。若使腕力、地位、机遇一切平等而仍相争，势非两败俱伤不可。两败俱伤者，岂斗争之初旨哉？由是可知果公平，则无须斗争，果斗争，则不论公平。

复次，果以生存斗争为是矣，则不复能责人之害群。何以故？彼亦为其生存斗争而害群故。两军相交，生死俄顷，降敌则生，力战则死，则其为生存而降敌，亦何可厚非者。且力战而死之士，大率为国中优秀分子，彼以其优秀之才，自当较诸庸常国人，更有生存权利。今乃以维持庸常国人生存之故，诱以虚荣，动以大义，迫而使之力战而死，事之不平，孰有逾于此者？

　　且君谓同类相爱，起于共敌异类。一旦异类既灭，同类又必裂为数类。相与为异类而相争，如外侮既御，而兄弟复阋于墙。敌国外患既无，而内部复交哄以至于亡。如是则今之为同类者，将来皆可为异类。为个人计，亦何取乎？牺牲自己以殉此暂合之类，本为生存而协助，乃因协助以丧生，人非至愚，其孰为之。充斯说也，则古今来为子孙作牛马之父母，为斯民丧生命之圣贤，一切杀身成仁、舍生取义之豪英，其愚乃诚不可及矣。道德之设，乃所以欺愚者，使牺牲自己以利他人者矣。是故以主斗争者而倡爱群、爱国、爱种族之说，非欺人，即自欺，二者必居一于是矣。

　　且即事而论。生存斗争，亦恶足以尽生物界中之现象哉？人类日常生活中，惟一小部分为斗争生活，亦惟一小部分人专从事于斗争生活。其大部分协助之事、协助之心，多有与斗争了不相涉者。孟子曰："孩提之童，无不知爱其亲者，及其长也，无不知敬其兄者。"又曰："今人乍见孺子将入于井，皆有怵惕恻隐之心，非所以内交于孺子之父母也，非所以要誉于乡党朋友也，非恶其声而然也。"《庄子·徐无鬼篇》有曰："子不闻乎越之流人乎？去国数日，见其所知而喜；去国旬日，见所尝见于国中者喜；及期年也，见似人者而喜矣。不亦去人滋久，思人滋深乎？夫逃虚空者，藜藋柱乎鼪鼬之径，良位其空，闻人足音跫然而喜矣。而况乎兄弟亲戚之謦欬其侧者乎？"《荀子·礼论篇》曰："凡生乎天地之间者，有血气之属必有知，有知之属，莫不爱其类。今夫大鸟兽则失亡其群匹，越月逾时，则必反沿。过故乡，则必徘徊焉，鸣号焉，蹢躅焉，踟蹰焉，然后能去之也。小者是燕雀，犹有啁噍之顷焉。"凡此云云，皆不期然而然，无所为而为者。（参看克鲁泡特金《互助论》）

　　彼禽兽、野人、幼儿，固不知协助利于斗争之义。纵令天下无公敌，无斗争，亦岂因此而废其相爱相助之事。由是观之，协助之不尽为斗争，亦犹斗争之不尽为协助耳。区而别之，其要有四：

（一）有为斗争而斗争者，如虎豹之争食是。（二）有为协助而斗争者，如执干戈以卫祖国是。（三）有为斗争而协助者，如商人之组织公司以谋垄断专利是。（四）有为协助而协助者，如父母之爱子、圣人之爱民是。

主斗争者曰：斗争之不如无斗争，则诚如君所云矣。虽然，吾岂好倡为斗争哉，抑亦不得已耳。好生恶死，生物之情。而生物之繁殖，子体又多于母体，虫鱼之类，动辄产卵数十百万头者无论矣。即以生产力最弱之象论，牝牡二象，寿约百年。百年之中，可生六子，子又生孙，孙又生子，如是繁衍，则七百五十年后，可得象一千九百万头。人亦如是，二十五年可增一倍，故任何民族如能任意繁殖，不久皆可充塞地球，其不能并存也甚明。既不能并存，其势必出于争存。如君之言，必使牺牲自己以存他人，毋亦责望太苛而非人之情耶？

君独不闻马尔萨斯（Malthus）之人口论乎？其言曰，人口按等比级数递进（谓递乘而进，如由一而三而九而二十七是也），而食物则按等差级数递进（谓递加而进，如由一而四而七而十而十三是）。初虽食浮于人，人必孳生繁殖。至于人浮于食而后止，人既浮于食，不能并存。则虽不出于肉搏，亦必有经济之争，务使劣者败亡，人食相称而后止。贫窭、疫疠、罪犯、战争等事，皆天之所以淘汰人口之道。及淘汰既过，暂告太平，食物才足，而人口又增。循环反复，遂成一治一乱之象。今谓斗争为不当，不当则不当，然奈其不得已何？

应之曰："君乃今知进步云云，不足为提倡斗争之理由，而诿之于不得已，说已进于前矣。虽然，如所谓不得已者，果不得已否？果足为斗争诿责之地否？愿更谛观之，旷观古今杀人流血之大劫，出于贪嗔之野心者，盖十之九。迫于生活而起者，惟阛阓之盗寇为然耳。春秋战国之际，各国多患人少（其证甚多。如《孟子·梁惠王篇》：'邻国之民不加少，寡人之民不加多。何也？'又'耕者皆欲耕于王之野，商贾皆欲藏于王之市'。《墨子·公输篇》：'荆国有余地，不足于民，杀所不足而争所有余，不可谓智。'《商君书·徕民篇》：'吾欲徕三晋之民。有道乎？'皆地广人稀，惟恐其民之不众者也）。然而争战侵寻，迄无已时，致孟子有'争地以战杀人盈野，争城以战杀人盈城，此所谓率土地而食人肉，罪不容于死'之叹，此非野心之为咎而谁咎也？彼欧美诸邦一年饿死者几，欧战中数年战费，用以赡民衣食，岂尚不足。然而流血之惨，卓绝古今者，岂非高倡弱肉强食、优胜劣败之帝国主义阶之厉耶？如是战争，当乎否乎？苟非丧心病狂，必有能辨之者。然而彼主战者曷尝不可曰：'不当则不当，奈我野心勃勃之不得已何。'人之烹猪而宰羊也，非不烹不宰即不能生存也。然而彼何尝不可曰：'不当则不当，奈我贪欲嗜味之不得已何。'富人之兼并贫民，贵族之压制奴隶，非不兼并、不压制即不能生存也，然而彼何尝不可曰：'不当则不当，奈我好货逐势之不得已何。'此不得已三字，可为彼辈诿罪之地否？吾知无论何人皆将曰是恶乎可，不得已三字，未始不足为诿罪之地。如疯人之犯罪而不科以罚是，而今则不能者，以其非真不得已也。非真不得已也者，以其非力之不能、智之不及，而为意之所不愿也。力能之，智及之，而意不愿，是得已而不已也。得已而不已，其责当由不已者负之。彰彰明甚，由是当知不为生存之斗争，固无所诿罪。即真为生存之斗争，其无所诿罪也如故。何以故？以其为力之所能，智之所及，而为意之所不愿故。惟其若是，禽兽之杀生，若犹可恕。人之杀生，乃真无所逃于良心之罪责。必曰不得已，斯亦自侪于禽兽而已。"

主斗争者曰："以理言之，君说诚若可信；以事言之，终恐窒碍而难行。前云：'今有病人于此，微生物千万繁殖于其肺中，药而杀之，当乎否乎？蚊蚋嘬肤，荆棘塞途，除而去之，当乎否乎？'盖谓此也。束手待毙,高则高矣。虽户说以眇喻,岂能复化。马尔萨斯辈以孳生繁殖为大乱之源,而动植物等又无限制生产之知识,意者世间其终于争杀之惨剧而无太平之日乎?"

应之曰:"马尔萨斯之说,不足为据,以众生之总数有定,非能孳生至于无穷故,其理已如上说。生物愈进,其体中所含之细胞愈众,生殖力亦愈弱薄,此生物学上彰明较著之事。且高等生物资下等生物(细胞)以成身,下等生物又资所谓无生物(矿物)以成身,相资以生,岂必相杀,此中理趣,前已略明。若偶见生物孳生繁殖之速,遽谓世间永无太平之日,以理推征,实无是处。"

若夫一时不能并存而不免于冲突,则诚有之,此由历劫冤业使然,无所逃命。信道笃而悲愿深,宁自杀而不杀他,甚者且如佛经所称割肉喂虎之类,上也。虽犯杀戒,而以悲心出之,如诸葛孔明挥泪斩马谡之类,次也。其或杀少以救多,锄强以扶弱,忍痛一时以图后世之利,抵抗外侮,以保阖族之生。较利害于轻重得失之间,判从违于远近亲疏之别,理趣万端,方便无量,固未可以一概论。要当推其不忍之心,勉求两利之致,且就良知所及,身体而力行之,以求至乎其极而已。高山仰止,景行行止。虽不能至,心向往之。向往则日近一日,其胜于背道而驰者,不亦远乎?

4. 和平渐进与革命

分工合作之谓谐和,非率天下人而尽趋于一途,然后为和也。权利、义务相当之谓公平,非强天下人使化为一式,然后为平也(庄子所谓齐其不齐,其齐也不齐)。惟合作乃有所谓公平,与超公平之积极的道德(如美洲之工人与中国之地主,虎豹之于异类,无所谓合作,即无所谓公平关系与道德关系,超公平的道德谓自动的牺牲),亦惟公平,且互具自动的牺牲精神,乃能有永久之合作(如今印度人感英人不平之待遇,以不合作运动为号召是)。

进步之要素,在终和且平,在共存共荣。其方法则应以渐进为经，以革命为权，由小康而趋于大同。吾非欲故为不彻底之论，实缘史事变化，其底本不可骤彻，或且终于无底可彻，未可知也。

且以今日之人类言之，其亟待渐进的方法而进步者，亦多端矣。有若世界历史之创造也，种族偏见之祛除也，语言文字之统一也，公民教育之普及也，同情之培养也，智识之交换也，政治经济之联络也。凡此种种，虑非一朝一夕可以革命手段一蹴而几者。尝谓革命如折旧屋、建新屋时倒柱与立柱，倒柱之前，立柱之后，须有种种缓缓折除与缓缓堆砌手续，而后旧屋不至破坏太甚，新屋不至建设为难。渐进之与革命，革命与和平，实相反而相成。今之各执一是而相非者，皆昧于史事变化之当然者也。

5．组织与自由

生物愈进步，组织愈严密，教育或训练亦随之俱进，此当然之势。顾或者以为与自由或个性不相容为莫大之缺憾者，是亦不可无辨。自由之岐义，略与自然相似。若以本于个性之行动为自由，则世间盖无不自由之行动。如火之烹调与焚屋，水之就下与激而上行，人之杀人与救人，皆本于个性之行动。必若使火解渴，使水焚屋，使人登天，乃为不本于个性之行动，抑亦不可能之行动。若谓必完全本于个性而不假外缘之行动，乃为自由，则天下盖无有自由之行动，以一切行动，莫不假外缘故。即令有之，此种自由，与所谓当然与否，渺不相涉，无俉侗的提倡或俉侗的反对之必要。

若谓行动而伴以自愿之感者为自由，则此人所愿者，他人未必愿。此人一时所愿者，此人他时未必愿（如盗贼之愿害人而被执、婴儿之愿戏火而自焚是）。一人一时之愿欲，不足为人生当然之准则，别详愚所著《人生哲学》中。惟然，此种自由，亦无俉侗的提倡或俉侗的反对之必要。

道德上所应提倡之自由伊何，曰智慧抉择之自由，或有理由之自由是已。智慧愈发达,愈有抉择之自由,亦愈能辨别当然与否之行动。组织与训练而有增进此种智慧的自由之作用。或其所训练之行动出于合理之抉择,能达合理之目的者,斯为可贵,反是则其组织与训练有改革之必要。然而人群终不可以无组织、无训练。恶法胜于无法,盖人类有史以来之经验所诏示者,非食古不化者所得而假借,亦非言大而夸者所得而抹杀也。

6. 社会有机体说

昔人以社会喻有机体,以个人喻有机体中之细胞,以统治机关喻神经,以交通机关喻血脉等,谓之社会有机体说。愚谓以今日人类及各生物间相互贼害之事观之,去"有机体以全体利害为前提"之精神尚远。他日人类或众生进步至极,组织日密,以最进步之科学为全社会之智慧,以最进步之教育培养全社会之道德,以最进步之法制养成全社会之习惯。庶几有机体之喻不为虚语,谓为史事变化之当然,其谁曰不然?

(原载《史学杂志》(南京)1930 年第 2 期、第 3—4 合期)

费巩

费巩(1905—1945),法学家、政治学家,1936—1938 年任教于浙江大学史地学系。

陆宣公之政治思想与政治人格

古之政家,其思想行谊多能于其文集、奏稿中得之,亦吾国治政治学者大好之研究材料也。窃以为自汉以来,名臣中之公忠体国,明白事体,有识见,有风骨者,莫陆宣公赘若。宣公生当唐室藩镇之祸,丁朱泚、李怀光之乱,德宗蒙尘,艰难扈从,启沃谋猷,多所匡扶。乱平返都,旋主中枢,体国经世,献纳益宏。在行在有奏草七卷,在相位有中书奏议七卷,传于世者都共五十四篇,指陈时政得失,无不剀切详明,烛理于微,识深虑远,肫肫其仁,惓惓其忠,时流露于楮墨之间,固素所蕴蓄者然也。《唐书》称其论谏数十百篇,皆本仁义,炳如丹青。宋儒称其学问纯粹,至有号其奏议为仁义百篇唐孟子者。司马温公作《资治通鉴》,采其奏疏至三十九篇之多。苏东坡亦誉为三代以还,一人而已。宣公在中国政治史、学术史上之地位,于此可见。惜厄于群小,未获大用。然千载之下,读其奏稿,于致治之道、驭世之规,犹足资为楷模,为守官敷政之具。综宣公之生平,忠以事君,正以守己,有伟大之政治人格,精邃之政治思想。兹篇之作,即欲就其遗文,知其学术思想之概要,并以见其风节器识焉。

一

宣公纯臣也，奏疏所陈，多规德宗之失。宋《进呈宣公奏议札子》中称其"上以格君心之非，下以通天下之志。但其不幸，仕不遇时。德宗以苛刻为能，而贽谏之以忠厚。德宗以猜疑为术，而贽劝之以推诚。德宗好用兵，而贽以消兵为先。德宗好聚财，而贽以散财为急。至于用人听言之法，治边驭将之方，罪己以收人心，改过以应天道，去小人以除民患，惜名器以待有功，如此之流，未易悉数"。可谓能扼宣公学术思想之要。宣公政治学说，择其荦荦大者，约可归为三端：论理民，则重舆情，而薄赋税；论听言，则戒刻察，而贵纳谏；论操行，则惜名器，而慎刑赏。

宣公之政治思想，以民本主义为出发点。奏稿数十篇，处处以生民为重，力求下通民情，解除民病。德宗姑息，惮于振拔，世乱民贫，归诸天命。宣公则教之以得失在人事，不在天命。当时之患，在上下情隔，宣公则力主疏通下情。当时之弊，在损天下以奉上，宣公则纠之以损上益下之说。朱泚反，德宗尝谓致寇之因，由于天命，非关人事。宣公上疏，引据六经，为非命之论曰："《书》曰'天视自我人视，天听自我人听'。又曰'德惟一，动罔不吉，德二三，动罔不凶，惟吉凶不僭在人，惟天降灾祥在德'。又曰'天难忱，命靡常，常厥德，保厥位，厥德靡常，九有以亡'。此则天所视听，皆因于人，天降灾祥，皆考其德，非于人事之外，别有天命也。"又曰："夫《易》之为书，穷变知化，其于性命，可谓研精，及乎论天人祐助之由，辩安危理乱之故，必本于履行得失，而吉凶之象报焉。此乃天命由人，其义明矣。……圣哲之意，六经会通，皆为祸福由人，不言盛衰有命。盖人事著于下，而天命降于上，是以事有得失，而命有吉凶，天人之间，影响相准。……人事理而天命降乱者，未之有也。人事乱而天命降康者，亦未之有也。"①因劝德宗修德以求福，"勿谓时钟厄运而自疑，勿谓事不由人而自解"。宣公此论，最足以表现吾国先哲思想之积极，亦最足以针砭国人因循退缩之结习。子罕言命，墨子亦非命，有言曰："执有命者之言，是覆天下之义，说百姓之诔也。"谋国者而言命，必安于境遇，不修人事，亦终为境遇所压耳。

　　天命既不可恃，则惟有以人心之向背，为理乱之本。故宣公曰："理乱之本，系于人心，……人之所归则植，人之所去则倾。"教德宗以审察群情，同其欲恶。群情之所甚欲者，先行之；群情之所甚恶者，先去之。②盖"立国之本，在乎得众；得众之要，在乎见情。……君得人之情乃固，失则危，是以古圣王之居人上也，必以其心从天下之心，而不敢以天下之人从其欲"③。所谓以天下之心为心者，即以百姓之心为心也。故公又曰："有天下而子百姓者，以天下之欲为欲，以百姓之心为心，固当遂其所怀，去其所畏，给其所求，使家家自宁，人人自遂。家苟宁矣，国亦固焉；人苟遂矣，君亦泰焉。是则好生以及物者，乃自生之方；施安以及物者，乃自安之术。"④孟子有言："所欲与之聚之，所恶勿施尔也。"宣公所言，殆即发挥斯义，盖得天下有道，得其民；得其民有道，得其心；得其心有道，在能同其好恶而已。管子亦言："政之所行，在顺民心。政之所废，在逆民心。民恶忧劳，吾佚乐之。民恶贫贱，我富贵之。民恶危坠，我存安之。民恶灭绝，吾生育之。能佚乐之，则民为之忧劳。能富贵之，则民为之贫贱。能存安之，则民为之危坠。能生育之，则民为之灭绝。"⑤亦即宣公所谓"好生以及物者，乃自生之方，施

---

①　陆贽：《论叙迁幸之由状》。
②　陆贽：《奉天论奏当今所切务状》。
③　陆贽：《奉天论前所答奏未施行状》。
④　陆贽：《收河中后请罢兵状》。
⑤　见《管子·牧民篇》。

安以及物者,乃自安之术"之意也。于以见为民即所以为己裕民,即所以裕己,上下之利相同,苟能从民之欲,亦无不能获休者。斯一政理,得宣公而益显。

明乎此理则君人者当能损一身以奉天下,决不肯悉天下以奉一己,是以宣公有损上益下之说,以《易》之别卦取象,阐明此说,论极精辟。其言曰:"时之否泰,事之损益,万化所系,必因人情。情有通塞,故否泰生;情有薄厚,故损益生。通天下之情者,莫智于圣人;尽圣人之心者,莫深于《易》象。其别卦也,乾下坤上则曰泰,坤下乾上则曰否。其取象也,损上益下则曰益,损下益上则为损。乾为天为君,坤为地为臣,天在下而地处上,于位乖矣,而反为之泰者,上下交故也。君在上而臣处下,于义顺矣,而反谓之否者,上下不交故也。气不交则庶物不育,情不交则万邦不和。天气下降,地气上腾,然后岁功成。君泽下流,臣诚上达,然后理道立。损益之义,亦犹是焉。上约己而裕于人,人必悦而奉上矣,岂不谓之益乎。上蔑人而肆诸己,人必怨而叛上矣,岂不谓之损乎。然则上下交而泰,不交而否,自损者人益,自益者人损,情之得失,岂容易哉。"①历代兴亡之机,曷尝不由于此哉。《书》曰:"民为邦本,本固邦宁。"民心向背,存亡所系。吾国向为君主政体,以上治下,不以卑临尊,似于民意,可勿深顾。殊不知不论政体为专制为共和,邦国之基,建于人民,则一也。暴君污吏,虽能虐刘一时,然苟虐政憔悴,民不堪命,人心离散,国祚亦绝,征诸往史,蔑代不然。故古来圣哲,皆知畏民。知民之可畏,始肯谋所以下交于民,泽流于下之道。唐太宗深明此理,常引"可爱非君,可畏惟民。民犹水也,君犹舟也,水所以载舟,亦所以覆舟"之言以自警,故能成贞观之治。王珪对太宗"近代君臣理国何以多劣于前古"之问,亦曰:"古之帝王以百姓

---

① 陆贽:《奉天论前所答奏未施行状》。

之心为心，近代则惟损百姓以适其欲。"①盖人之情，犹物之理，治得人情，即得其理，欲治天下，顺之而已。人情莫不好益而恶损，在上者诚能亏己而利人，则人亦交利之矣。

二

由于民本主义之一思想，宣公因主薄赋税、节国用以抒民困。德宗之时，战乱相循，兵革不休，徭赋繁多，征收迫促，"居者有馈送之苦，行者有锋刃之忧"②，民生凋敝，苦甚倒悬。宣公以为收拾人心，首须省敛息兵，而其财政上之主张，亦一以损上益下为骨干，而可分薄税、散财、节用三子目。第一宣公认清人所重者财，伤其财无异伤其心。有言曰："人者，邦之本也；财者，人之心也；兵者，财之蠹也。其心伤则其本伤，其本伤则枝干颠瘁，而根柢蹶拔矣。"③故欲得人心，息兵而外，亟须轻其征敛。而当时赋税苛重，名目繁多，因请将间架榷酒等税，一切停罢。"冀已输者弭怨，见处者获宁，则人心不摇，而邦本固矣。"④可谓深得救时之要，惜德宗不能用。为政之道首重宽厚，孔子曰"宽则得众"，与民争利尤乖政体。宣公为相，力主宽大。而时裴延龄掌度支，刻下媚上，无所不至。宣公力纠其弊，持勿克下，计较微利，实物折税，悉宜从宽，税期迫促，应谋舒缓。兴元十年，虫食豌豆，议依府司所奏，以大豆替代，而据度支估计钱数折纳。折纳已失体恤，估计复从剥刻。宣公上疏争之曰："求瘼在知其所患，救灾在恤其所无。只如螟蝗为殃，豌豆全损，检覆若非虚谬，地税固合免征。直道而行，大体斯在。府司折纳充数，已为克下从权，度支准估计钱，乃是幸灾规利。所得

----

① 见《贞观政要》。
② 用宣公语，盖当时实情也。
③ 陆贽：《论两河及淮西利害状》。
④ 陆贽：《论关中事宜状》。

无几,其伤实多。伤风得财,非为理道。"①侃侃而言,所见者大,鄙夫不解,益显其小。又同年度支奏税草支用不充,请征一千万束,每束兼车脚与折钱二十五文。宣公以为征收既嫌过多,折价尤属太低,重苦小民,力持不可。奏曰:"一年之间,并征三年税草,计其所加车脚,则又四倍常时。物力有穷,求取无艺,其为骚怨,理在不疑。"又曰:"一束之草,唯计搬运,已当三十有五文。买草本价,又更半之,而度支曾不计量,自我作古,径以胸臆斟酌,限为二十五文。谓之加征,则法度废弛;谓之和市,则名实乖反,傥可其奏,人何以观。"②事虽微琐,所争者大,去刻从宽,旨在恤民。又军兴以还,征收逼促,事平之后,犹循前例,宣公请宽税期,疏奏曰:"非独徭赋繁多,复无蠲贷,至于征收迫促,亦不矜量。蚕事方兴,已输缣税;农功未艾,遽敛谷租。上司之绳责既严,下吏之威暴愈促。有者急卖,而耗其半直;无者求假,而费其倍酬。所系迟速之间,不过月旬之异,一宽税限,岁岁相承,迟无所妨,速不为益,何急敦逼,重伤疲人。"③盖立国所以养人,借不以度,敛不以时,不稍矜恤,国亦不立。

其次,宣公主散财,认定人民为本,财货为末。散财正所以聚人,薄财乃所以厚人。其言曰:"夫理天下者,以义为本,以利为末;以人为本,以财为末。本盛则其末自举,末大则其本必倾。自古及今,德义立而利用不丰,人庶安而财货不给,因以丧邦失位者,亦未之有也。故曰:'不患寡而患不均,不患贫而患不安。''有德必有人,有人必有土,有土必有财。''百姓足,君孰与不足。'盖谓此也。自古及今,德义不立而利用克宣,人庶不安而财货可保,因以兴邦固位者,亦之有焉。故曰'财散则人聚,财聚则人散。''与其有聚敛

---

① 陆贽:《请依京兆所请折纳事状》。

② 陆贽:《论度支令京兆府折税市草事状》。

③ 陆贽:《均节赋税恤百姓第四条》。

之臣,宁有盗臣。'"①夫财者,人之心也,伤其财则失其心,失人心则国本既损,货亦不保,宁如散财以裕民生。故宣公又言:"当今之要,在于厚人而薄财,损上以益下。下苟利矣,上必安焉,则少损者所以招大益。人既厚矣,财必赡焉,则暂薄者所以成永厚也。"②宣公又曾设喻以明此中得失曰:"失人心而聚财贿,亦何异割支体以徇口腹哉。殊不痛支体分披,口安能食;人心离析,财岂能存。"其言剀切,利害透彻。

薄税所以恤民,散财所以裕民。然使国用不节,侈汰不除,亦终成空言,难期实行。是以宣公于主薄税散财而外,尤主节用,其节用之主张,见于议论者,有论不节之患曰:"事逐情生,费从事广,物有剂而用无节,夫安得不乏乎。苟能黜其情,约其用,非但可以布帛为税,虽更减其税亦可也。苟务逞其情,侈其用,非但行今重税之不足,虽更加其税亦不足也。夫地力之生物,有大数;人力之成物,有大限。取之有度,用之有节,则常足;取之无度,用之无节,则常不足。生物之丰败由天,用物之多少由人。……不节则虽盈必竭,能节则虽虚必盈。"③其节用之主张,见诸事实者,一则教德宗以啬用节财,曰:"窒侈欲以荡其贪风,息冗费以纾其厚敛。"再则教德宗以息贪求,以纾疲人,曰:"供御之物,各有典司,任土之宜,各有常贡,过此以往,复何所须。"④不但以此教德宗,抑且躬为之倡,屏绝货贿。宣公居相位,却绝诸道馈遗,德宗谓为清慎太过,讽令不妨酌受鞭靴等细物,公疏曰:"凡上之所为,以导下也;上所不为,以检下也。……若大臣迩臣可以受财,则庶长寀寮孰为不可。朝廷取之于方镇,方镇复取之于州,州取之于县,县取之于乡,乡将

---

① 陆贽:《论裴延龄奸蠹书》。
② 陆贽:《均节赋税恤百姓第三条》。
③ 陆贽:《均节赋税恤百姓第二条》。
④ 陆贽:《均节赋税恤百姓第一条》。

安取哉,是皆出于疲人之肝脑筋髓耳。……作法于凉,其弊犹贪;作法于贪,其弊斯乱。利于小者必害于大,易于始者必悔于终。贿道一开,展转滋甚。鞭靴不已,必及衣裘;衣裘不已,必及币帛;币帛不已,必及车舆;车舆不已,必及金璧。目见可欲,何能自窒于心;已与交私,固难中绝其意。是以涓流不止,溪壑成灾;毫末既差,丘山聚衅。自昔国家败亡多矣,何尝有以约失之者乎。"①不惟防微杜渐,去奢从节,抑欲以此上格君心,下率群僚,以成节约不贪之风,而免困甿重遭过分之扰也。

三

宣公论理民之要,在重舆情,薄赋税;至论接下之方,则在戒刻察,纳谏诤,是即宋《进呈奏议札子》所称"上以格君心之非,下以通天下之志"之谓也。固其情性仁厚,施政论事,一以宽大为本,有以使然。而救当时之弊,矫君上之失,实亦非此莫办。谓之洞晓人情,明白事体,则可;谓为太过忠厚,疏于防检,则不可。建中、兴元之际,叛乱相继,寇患方深,郡邑不宁,朝士离心,群情动摇,人怀顾望。拯危救亡,莫急于虚心接纳,推诚相与,以结人心而安反侧。顾德宗猜疑,好为臆测,其所作为,适相背驰。宣公谓其"独断宸虑,专任睿明。降附者意其窥觎;输诚者谓其游说;论官军挠败者,猜其挟奸毁沮;陈凶党强狡者,疑其为贼张皇;献计者防其漏言;进谏者惮其宣谤"②。针针见血,洞中帝短。必须克去此疾,始足悦近怀远。宣公故再四指陈其失,消极方面,教以戒除刻察;积极方面,劝以听纳谏言。虽对德宗而发,只以匡一时之弊,规当世之利,然百世之后,犹足作君道读,而为接下听言之法。

---

① 陆贽:《谢密旨因论所宣事状》。
② 陆贽:《兴元论续从贼中赴行在官等状》。

德宗刻察、逆诈之事不一端，具体言之，可举数事，因以见宣公如何规谏，及其论刻察之患与克治之道。兴元初，遣萧复宣慰江淮，及其临行，有请留者，疑出萧意。追萧出使，旋李怀光叛，帝幸山南，表请移幸江陵，复疑其张意过甚，别有作用，以问宣公，公皆力保无他，且劝勿过疑惑，宜许辩明，曰："明则罔惑，辩则罔冤。惑莫甚于逆诈而不与明，冤莫痛于见疑而不获辩。"①唐安公主从幸丧亡，帝欲权在山南，造塔安置。宰相姜公辅以为不当，上表谏阻，上以造塔役费微小，非宰臣所论之事，疑姜知帝欲加移改，故指过失，以自取名，公亦为之辩护，劝勿迁怒逆诈曰："当问理之是非，岂论事之大小。若造塔为是，役虽大而作之何伤；若造塔为非，费虽小而言者何罪。"②又曰："言苟助理，何必以人废言，谏苟弼违，何必责意而拒谏。……愿不以憎嫌而遗其片善，不务精察而谓之大明。"③帝在山南，卑官自京城偷路奔赴行在，皆疑非善类，故张贼势，意存窥觎，公复劝以勿亲细务，勿过忌克，宜宽容包涵，以诚感格，曰："以一人之听览而欲穷宇宙之变态，以一人之防虑而欲胜亿兆之奸欺，役智弥精，失道弥远。"曰："虚怀待人，人亦思附；任数御物，物终不亲。"④于解答诸人状及他奏疏中，公数论及刻察之患。以刻察接物，则多猜召惑。尝谓德宗"神断失于太速，睿察伤于太精。断速则寡恕于人，而疑似之间，不容辩也。察精则多猜于物，而臆度之际，未必然也"⑤。以刻察驭下，则上下情隔，尝诫德宗曰，过厉威严，专凭臆度，则臣下惊疑，循至"君臣意乖，上下情隔。君务致理，而下防诛夷，臣将纳忠，而上虑欺诞，故睿诚不布于群

①　陆贽：《奉天论解萧复状》。
②　陆贽：《兴元论解姜公辅状》。
③　陆贽：《又答论姜公辅状》。
④　陆贽：《兴元论续从贼中赴行在官等状》。
⑤　陆贽：《论叙迁幸之由状》。

物,物情不达于睿聪"①。致使"重臣惧祸,反侧之衅易生;群下防嫌,苟且之风渐扇"②。叛乱相继,怨谤并兴,皆此之由。以刻察御民,则阻人归化。曰:"远者惊疑,而阻命逃死之乱作;近者畏慑,而偷容避罪之态生。"③又论自贼中逃归者,疑其为贼张皇,咸使拘留,"由是归化渐稀","徇义之心既阻,胁从之党弥坚"。④ 以此招抚,人谁肯附。刻察之起,由于蓄疑,苟务克治,要能推诚,宣公于此,论之甚详。其诚德宗也,曰:"伏愿广接下之道,开奖善之门,宏纳谏之怀,励推诚之美。其接下也,待之以礼,煦之以和,虚心以尽其言,端意以详其理。不御人以给,不自眩以明,不以先觉为能,不以臆度为智。"⑤其论推诚也,曰:"领览万畿,必先虚其心;鉴镜群情,必先诚其意。盖以心不虚,则物或见阻;意不诚,则人皆可疑。阻于物者,物亦阻焉;疑于人者,人亦疑焉。"⑥又曰:"圣王知宇宙之大,不可以耳目周,故清其无为之心,而观物之自为也。知亿兆之多,不可以智力胜,故一其至诚之意,而感人之不诚也。"⑦诚能感人,谦能受益,其斯之谓乎。

善夫宣公诚意清心之教也。诚意所以祛刻,虚心乃能纳谏。有天下之责者,当以天下为重,一己为轻。从天下之公意,克一己之私见,舍己从人,乃能得众。宣公有言:"与众同欲靡不兴,违众自用靡不废,从善纳谏靡不固,远贤耻过靡不危。"⑧又曰:"失众必

---

① 陆贽:《奉天论前所答奏未施行状》。
② 陆贽:《论叙迁幸之由状》。
③ 陆贽:《奉天论前所答奏未施行状》。
④ 陆贽:《兴元论续从贼中赴行在官等状》。
⑤ 陆贽:《奉天请数对群臣兼许令论事状》。
⑥ 陆贽:《又答论姜公辅状》。
⑦ 陆贽:《兴元论续从贼中赴行在官等状》。
⑧ 陆贽:《奉天论前所答奏未施行状》。

败，得众必成。"①即欲以此警惕其君，使务虚心听纳。然则在上者又何贵乎察察为明，刻意防检，务求人过，而自溺于偏私哉。故宣公又言："以天下之心为心，而不私其心；以天下之耳目为耳目，而不私其耳目，故能通天下之志，尽天下之情。"②扩一体之义，大无我之公，乃能成其虚公，虚公斯为伟大。顾亭林曰："用天下之私以成一人之公，而天下治。"是为善集天下之情志者也。

虽然，天下之情志亦岂易集也。流俗揣摩上意，多徇谄谀，以利己之心，希至尊之旨，顺旨者多，拂逆者少，上下情隔，民隐不悉，终难得治。宣公谓两情不通，由于九弊不去，"所谓九弊者，上有其六，下有其三。好胜人，耻闻过，骋辩给，眩聪明，厉威严，恣强愎，此六者，君上之弊也。谄谀，顾望，畏慑，此三者，臣下之弊也。上好胜必甘于佞辞，上耻过必忌于直谏，如是则下之谄谀者顺旨，而忠实之语不闻矣。上骋辩必剿说而折人以言，上眩明必臆度而虞人以诈，如是则下之顾望者自便，而切磨之辞不尽矣。上厉威必不能降情以接物，上恣愎必不能引咎以受规，如是则下之畏慑者避辜，而情理之说不申矣"③。不但泛论听言者之通病，抑亦隐指德宗之阙矣。故复诚以勿"师心自用，遂非拒谏"④，而应"广咨访之路，开谏诤之门，通壅郁之情，宏采拔之道"⑤。听言所以闻过，闻过贵能改之。宣公一再以改过勖德宗，一则曰"唯以改过为能，不以无过为贵"，再则曰"谏而能从，过而能改，帝王之美，莫大于斯"。如云谏官论事，多好矜炫，归过于上，以自取直，则宣公以为"若纳谏不违，则传之适足增美；若违谏不纳，又安能禁之勿传"，故纳谏

---

① 陆贽：《奉天论前所答奏未施行状》。
② 陆贽：《论裴延龄奸蠹书》。
③ 陆贽：《奉天请数对群臣兼许令论事状》。
④ 陆贽：《奉天请数对群臣兼许令论事状》。
⑤ 陆贽：《奉天论前所答奏未施行状》。

之道当"以补过为心,以求过为急,以能改其过为善,以得闻其过为明。故谏者多,表我之能好;谏者直,示我之能贤;谏者之狂诬,明我之能恕;谏者之漏泄,彰我之能从。有一于斯,皆为盛德"。①皆阐明纳谏之有益,与改过之为贵。而为君人者所当身体力行者也。

四

宣公仁厚,存心恒恻,发之于言,见之于事,莫不皆然。御民以仁,驭下以厚,至于刑赏,亦从斯旨。刑赏者君之大柄,操之以罚有罪劝有功者也。公之于斯二柄也,于赏,则主惜名器,勿因喜而滥,宜力求其平;于罚,则主存矜恕,勿伤恩薄厚,宜体察人情。李怀光之乱,德宗从幸梁州,道乞食,民有献瓜果者,帝欲官之,公谏曰:"爵位者,天下之公器,而国之大柄也。唯功勋才德,所宜处之,非此二途,不在赏典,恒宜慎惜,理不可轻。若轻用之,则是坏其公器,而失其大柄也。器坏则人将不重,柄失则国无所持。"②又曰:"非功而获爵,则爵轻;非罪而肆刑,则刑亵。……当今所病,方在爵轻,设法贵之,犹恐不重,若又自弃,将何劝人。"③唯名与器不可以假人,爵禄恩赏,岂能轻施。献纳微物,遽获名位,则彼出死力冒锋镝者,将谓躯命同于瓜果,视人如草木,谁复肯为国用哉。公之谏阻,不唯慎惜名器,抑亦惧失士心也。抑名器不仅不可以轻予人,行赏之际,尤宜斟酌轻重,审度厚薄,各如其分,不可示人以偏私。德宗初到梁州,已颁诏命,扈从将吏一例并加两阶,旋乃翰林之中,独予改转,不及其他。宣公以为"行赏不类,命官以私",曰:"夫行罚先贵近而后卑远,则令不犯;行赏先卑远而后贵近,则功不

---

① 以上所引皆见陆贽:《奉天请数对群臣兼许令论事状》。
② 陆贽:《驾幸梁州论进献瓜果人拟官状》。
③ 陆贽:《又论进瓜果人拟官状》。

遗。"①因请先录大劳，次遍群品，然后以例均被，庶得其平。帝又欲加内外从官，普号定难功臣。公奏言，宫官具僚恪居奔走，劳则有之，何功之有；难则当之，何定之有。今乃与奋命者齿，恐沮战士之心，结勋臣之愤，"所悦者寡，所悭者多，所与者虚名，所失者实事"②。亦戒滥戒偏与赏先卑远之旨也。

至于行罚，则当矜情宥迹，以明恕出之。公论明恕之道，曰："听讼辩谗，贵于明恕。明者在验之以迹，恕者在求之以情。迹可责而情可矜，圣王惧疑似之陷非辜，不之责也。情可责而迹可宥，圣王惧逆诈之滥无罪，不之责也。惟情见迹具，词服理穷者，然后加刑罚焉。是以下无冤人，上无谬听，苟慝不作，教化以兴。"③以吾真诚之心，体其委曲之情，辨明冤枉，惟恐滥醋，仁者之用心也。即情真迹具，不得已而加罚矣，亦宜力求从轻，不事苛求。窦参得罪，帝欲杀之，公素与有隙，而力加营救，谓诛大臣，不可无名，典刑之施，不可有滥，乃贬参远处。帝又欲理其亲党，籍其家资，皆以公切谏而止。公于株连窦参亲党，以为法有首从，首当居重，从合差轻，从既流配，其余一切，更无复问；于籍没窦参家资，则执国家典法，唯奸赃逆产，没收入官，参罪尚不至此，籍没于法不合，不当以财伤义，皆罚宜从轻，爱人恤刑之旨也。

宣公有言："罚宜从轻，赦宜从重。"又曰："法当舒迟，体宜疾速。"盖施惠务速，施恩务重，公之此言，为贬官而发。因郊祀降赦，许谪者量移，而恩未沾润。公拟三状以进，请不拘常例，令所司勘具贬官名衔，径报中书门下，不须更待州府申请，俾据报拟进，早获赦移，此施惠务速也。又所拟量移，蒙赦各官，各移近一道，郡邑稍优于旧任，官资序进于本衔。德宗猜刻，以为超越常例，事非稳便，

---

① 陆贽：《奉天论拟与翰林学士改转状》。

② 陆贽：《兴元论中官及朝官赐名定难功臣状》。

③ 陆贽：《谢密旨因论所宣事状》。

令更商量，公执奏不改，务使左降不绝于归还，量移渐离于僻远，此施恩务重也。公为量移贬官，三上疏争之，委宛陈词，体贴入微，不图他日，公以谗潛亦遭贬逐，窜谪遐僻，十余年以殁，未闻有人一为援手，哀哉。

自宣公遗文，不仅见其学术思想，亦足见其风骨行谊，其思想固足为施政之南针，其行谊尤足为立身之圭范。公事君以忠，故务责善，能拂逆，持大体，嫉奸佞。持己以正，故大公无私，廉洁耿介。待下以仁，故矜恤爱护，陈生民疾苦，为疲氓请命。操守坚固，议论端实，千古之下，犹足令人向往。

公之教德宗也，劝其修德励行，曰："资理兴邦之业，在陛下克励而谨修之。"曰："诚宜深自惩励，以收揽群心；痛自贬损，以答谢灵谴。"曰："动人以言者，其感不深；动人以行者，其应必速。"曰："愿陛下企思危固国如不及，惩忘乱丧国如探汤。"劝其推诚改过，曰："诚信之道不可斯须去身。"曰："知过非难，改过为难；言善非难，行善为难。"孟子所谓责善于君，耻君不如尧舜者，非耶。德宗侈大，欲加尊号，公以为不如贬之，谓与其增美称而失人心，不若黜旧号以祗天戒。德宗贪欲，欲增税敛，公以为不如减之，请率计减数多少，以为考课等差。德宗好货，于行宫设琼林、大盈二库，别贮贡物，公言："天子与天同德，以四海为家，何必挠废公方，藏聚私货，效匹夫之藏，以诱奸聚怨。"因请废之，出二库货贿，尽赐有功。德宗好色，京师初平，即欲遣使访求奉天所失内人，公谓"大难甫平，疲瘵之民、疮痍之卒尚未拊循，而首访妇人，非所以副维新人之望"，拒不草诏。不将顺以为美，不阿谀以为容，公之行谊，大率类此。虽然，公岂好为拂逆哉，事有先后，义有重轻，主持大体，不得不尔。事有先于货玩者，军赏是也，故请罢二库；义有重于声色者，宗庙是也，故谏访妇人。因谏访妇人事，公谓京师既复，首宜遣大臣驰传，迎复神主，修饰郊邱，展禋祀之礼，申告谢之仪，恤死义，犒有功,崇进忠直,复问耆老。至于散失内人,何必复问。他如请勿官献瓜果者,请勿靳淮西水灾不恤,或为爱惜名器,或为示人至公,皆所以持大体也。淮西水灾,帝因供税有阙,令勿与他道并恤。公争之曰:职贡废阙,责当有归,责帅及人,殊失公允,诸道灾患既同,朝廷吊恤岂能独异,君临天下当使德泽均被,怀柔万邦,唯德与义,施惠不均,示人不广。公耿直,知无不言;公仁恕,物无不容。独于小人,排除惟恐不力,非有意儳而沮之也,"诚以其蔽主之明,害时之理,致祸之源博,伤善之衅深,所以有国有家者不得不去耳"①。当时佞臣首推裴延龄,公谓其"僻戾而好动,躁妄而多言,遂非不悛,坚伪无耻","其性邪,其行险,其口利,其志凶",数上疏劾奏之。帝欲以裴判度支,公言延龄诞妄小人,切不可用,弗听。俄而延龄奸蠹,天下嫉怨。公复上书苦谏,请加斥逐,帝终不纳,公反以此获谴,被谗贬谪,几罹不测。信而见疑,忠而被谤,君子道消,小人道长,可为长叹。

事君忠者,持己必正,公之守己也,公而忘私,严正耿介。略举数事,可以概见。公与窦参有隙,及参得罪,以为罪不至死,亦不至株连戚党,籍没家资,执奏再三,皆从末减,前已言之矣。公与赵憬等同相,帝独于公任信有加,尝密谕之曰自今要重之事,勿对赵憬陈论,可密封手疏以闻。公奏言,是于心膂之内,尚有形迹之拘,职同事殊,鲜克以济。因请更思裁处,不肯遽奉诏命。是公之至公无私也。公于诸道馈遗,一皆拒绝。帝令通权,酌受细物,公不愿遂开货贿之端,执论以为不可,前亦提及之矣。田绪以马绢等物贻公,请为其父承嗣撰碑文,且先有帝命,公不愿违心谀墓,赞彼凶德,一概却还,曰:爵位有侥幸而致,名称非诈力可求。是公之严正耿介也。

---

① 陆贽:《论裴延龄奸蠹书》。

　　仁者爱人，公以不忍人之心，行不忍人之政，念念在民，到处流露。当时人民苦苛政久矣，外则师旅亟兴，饥馑荐臻，内则重税急征，略不矜量。公以悲悯仁厚之心，专务恤人恤灾之政。其教德宗之言也，则曰："约己以裕于人，违欲以从于众。"曰："与天下同利，以公共为心。"曰："以人为本，以财为末。"曰："以得人为资，以蓄义为富。"其言民病之当恤也，则曰："货贿上行，贪求下布，皆出于疲人之肝脑筋髓。"曰："物力有穷，求取无艺，其为骚怨，理在不疑。"其道人民之苦于兵役也，则曰："征师四方，无远不暨，父子诀别，夫妻分离，一人征行，十室资奉。聚兵日众，供费日多，常赋不充，乃令促限；促限才毕，复命加征；加征既殚，又使别配；别配不足，于是権算之科设，率贷之法兴。禁防滋章，条目纤碎，吏不堪命，人无聊生，农桑废于征呼，膏血竭于笞捶，市井愁苦，室家怨咨。"其叙人民之困于荒歉也，则曰官府支计，一取于民，虽遇凶荒，不遑赈救。"人小乏则求取息利，人大乏则卖鬻田庐。幸逢有年，才偿逋债，敛获始毕，糇粮已空，执契担囊，行复贷假，重重计息，食每不充。倘遇荐饥，遂至颠沛，室家相弃，骨肉分离，乞为奴仆，犹莫之售。"垂涕而道，其言怛恻。此为公之仁爱见于言论者。其见诸行事者，于恤灾，则请遣使宣慰诸道遭水州县，不容延缓时日，不容吝惜财费。请于淮西管内遭水处，同诸道遣使宣慰，不当罪帅及人，因供赋有阙，遂独不予救恤。请令江淮宣慰使萧复还报巡视所见民间疾苦，俾议优蠲，不当因有憎嫌，遽调远藩，下情不达，遂失民望。若此者，皆是也。于恤人，则谋均节赋税，以舒民困。初拜相命，即上《均节赋税恤百姓状》六条，请革两税之弊，除兼并之害，减低税额，宽展税期，量人之力以取供，储税之余以备灾。事虽皆未果行，而公谋国之忠，爱民之切，故昭昭焉。

　　综观宣公政事德行，议论端实，明体达用，竭忠尽以筹划机宜，本仁义以讥陈时病，性行醇厚，学术纯正，苏子瞻谓其智如子房而文则过，辩如贾谊而术不疏①。朱高安称其刚直如魏徵而性行较醇，方正如宋璟而谋略更优。② 惜以群邪沮谋，直道不胜，所抱负者甚巨，而展布者有限。昏佞胶漆，正直不容，自古已然，于今为烈，岂独宣公一人之遭际，不幸已哉。此所以理世少而乱日多也，虽然，论人观其学术规模之大小，不以事功成败为高下。若宣公者，固可以不朽矣。

（原载《国立浙江大学文学院集刊》1942 年第 2 集）

---

① 见宋《进呈奏议札子》。
② 见清朱高安、蔡闻之所撰《历代名臣传》。

陈训慈

陈训慈(1901—1991),历史学家、图书馆学家,1936—1940年任教于浙江大学史地学系。

浙江学风与浙江大学

国立浙江大学,将以七月初旬举行毕业典礼。浙江大学为本省唯一之大学,本馆则为本省公共之书库;大学为陶铸学者之重心,图书馆则为供应学者研究之所。而昌明学术,发扬文化,则固同其旨归。职是之故,吾人于浙大毕业诸君,不期发生无限之敬意与期望,更愿阐述此意,以期之于浙江大学全体之师生。

时人论中国大学之沿革,于成立之早,大抵推称北大。对于浙江大学,则辄谓其正式成立于民国十七年文理学院之增设。实则略一回溯,即知浙江之有大学,可与北京大学相媲美,或更过之。李端棻之疏请设大学于京师(1896年,即光绪二十二年),虽先于浙抚廖寿丰之奏设中西求是书院(1897年,即光绪二十三年七月,据陆懋勋文中所云,则廖之定计亦在二十二年),然求是书院(实为新式学堂,惟用书院之名以缓和笃旧者之异议)当即开办,而京师大学则于其次年方拟具章程,甫开学而以庚子之乱停顿二年。辛丑和约之后一年(1902年,即光绪二十八年)冬,北大方再行招生。而吾浙江之求是书院则不惟弦歌未辍,且于二十七年十月改名浙省求是大学堂,实在北大恢复招生之前一年。二十八年,复改称为浙江大学堂,是即遵奏定章程而改之浙江高等学堂(二十九年)之前身也①。循是以言，浙江之成立大学，实较"京师大学堂"为早，而"浙江大学"名称之由来，至今固已有三十年之历史（就工学院言，浙江高等工业成立于光绪三十二年，至今已二十六年，报国寺中工则始于宣统三年。农学院则农业专校成立较迟，惟横河桥之中等农校在宣统二年成立，至今亦二十二年）。至其后浙江高等学堂之规模与程度，亦视今之大学无逊色，则浙大由来之渊源可知。又当求是书院成立后二年，即选诸生之秀拔者赴日本游学，是为我国留学日本之始（见宣统《杭州府志》卷十七），浙省又可谓开风气之先矣。

　　梁任公氏考求近代学风之地理的分布，于所举二十省学者四六一人中，浙省凡九十人，仅次于江苏。② 丁文江氏统计历代人物与地理之关系（据二十四史列传），南宋与明皆首推浙江。③ 清代科举人物，浙人约占四分之一。"进士及第"者总数三四二人中，浙江占八十一人，亦近四分之一。（皆次于江苏）④最近朱君毅氏统计清代人物之地理的分布（据《国朝耆献类征》一书），宰辅、词臣、谏臣、儒行、经学、文艺乃至隐逸、疆臣各类，浙江皆居第二。据《清史》列传计之，清代"儒林"亦以浙江居第二。⑤ 而民国教育人物，浙江亦列第二位。更就中国年鉴以计最近人物，浙江亦常在第一、二位之列。盖浙江自南宋以降，文物日昌，而清代浙江之学风，尤彪炳史册。仅就上述统计，已足为之证明者也。

　　浙江在近世之学者，既蔚然称盛，其在各省之中，兴学渊源又

---

　　① 　参考廖寿丰《请设求是中西书院疏》，陆懋勋《浙江高等学堂缘起记》，参看光绪《东华录》及其他。

　　② 　《清华学报》一卷一期《近代学风之地理的分布》。

　　③ 　《科学杂志》八卷一期《历史人物与地理的关系》。

　　④ 　《心理杂志》四卷一期。

　　⑤ 　《厦门学报》一卷一期。

特早;则继往开来蔚为学术重心之浙江大学,在今日教育界地位之重要可知。浙江大学既扩充新建,对此已往文化上之荣誉,将如何保持之乎?

吾人之所期望于浙江大学毕业诸君者,固不仅在自食其力,为社会添若干普通自守之职业者。瞻彼前修,冥求可追,浙大毕业诸君,要当审察本省学术文化之往业,深思所以自效于本省与吾国。浙江已往之学风,实有卓特之造就。浙江大学之毕业生,乃至浙江大学在校之教师与学生,尤将如何追维已往之学风,深念国家当前之需要,而共谋努力为之发扬乎?

浙江已往学术之特殊造就,与其一般之精神,非兹所能备论。惟吾人略为追寻,觉其尤为著明而应为今后浙人士所共勉者,厥有数端。

一曰博学而返约。章实斋尝言,浙东贵专家,浙西尚博雅,各因其习而习。[①] 曰专曰博,各成其至,然要亦相对而立言,非必谓浙东学者专其一隅,而浙西大儒之博涉无所精也。榷而论之,则浙江大儒大抵皆始于博涉,归于专精。浙西之博雅,仍有其专长,浙东之专家,又皆始以博学。黄梨洲于经史、诸子、天文、历算、释道,靡不究心,而折衷于史,自得于哲理。开山大师,用使清代浙儒多沐其风。此后浙东学者,尤著于史学,浙西则文学、经学并多闻人。乾嘉考证之学,初不盛于浙江,及阮芸台先后督学抚浙,倡导风气,德清俞先生、瑞安孙先生、定海黄先生最著,而其考订群经,亦复特有深造。盖始以博涉,继以专约,"博而不杂,约而不漏"(引章实斋语)几为吾浙硕儒大师共有之精神。今大学分科析系,期以专才,而流弊所屈,往往缺乏通识,甚或基本之训练未备,而广设琐细之学程,学者治其一隅,转有不谙大体者(如分设经济学家学说而习

---

① 《文史通义·浙东学术》。

之乃不习经济通论者）。于中国学术文字之共同训练，中学未能立其基，大学复多忽视。实则大学生之治学，虽必专其一门，然于其辅助科学，首当择要肄习。而荟萃众长，尤当及时广其通识，文字工具之训练，亦宜及时培成。吾浙之学者，默契乡先哲之造诣，尤当守"始以博雅，继以专约"之大道。盖漫漶无归，固不得谓之博，迂曲自封，尤不得谓之专家。真正之专才，未有不始以博学，此吾浙学者所当深勉，亦浙江大学应提倡之学风也。

二曰大公而无门户。博达之儒，为学本无门户，惟浅者乃诡诡于门户之争。吾浙先儒，惟其博学返约，故能广其器识，具豁然大公不立门户之精神[①]。如朱陆之辩，久成为学术界不可解之一公案，清代浅儒，既以陆王与程朱对举，更多互相诋排。浙儒则多能会通朱陆，不失偏曲。清代汉宋门户之争，与时推演，吾浙学者知汉儒穷经，宋儒究理，各成其至，本无偏废，尤能持平汉宋，剖析得失。自梨洲以迄晚清三先生，莫不皆然，而黄玄同先生尤痛乎言之[②]。推此义也，为学持论，将概"无门户可持"。今之学者墨守师说，持论辄失偏曲，而教育上门户之分，隐而渐显，尤卑于朱陆汉宋之争，为识者痛心之事。浙江学者体先哲大公之精神，应打破今日教育界之颟预，而树立公正之学风。昔王阳明谓"君子之学，岂有心乎同异，惟求其是而已"[③]。"求是"为浙大之历史名称，或即有取此义。浙大诸公于此，知必有以发扬光大之也。

三曰力学而务躬行。吾浙自宋以降，大儒蔚起，治性命之学者尤盛。北宋庆历五先生，讲学先于濂洛，永嘉九先生则广程子之教。南渡以后，在宁波有淳熙四先生与同谷三先生，在温州有郑薛

---

① 《鲒埼亭集·梨洲先生神道碑》。

② 参考缪荃孙《黄先生传》、《傲季杂著·南菁书院论学记》等篇。

③ 《王文成公全集·答友人书》（原信问象山晦庵之同异）。

陈叶,在金华有吕唐陈诸先生,①其他各邑儒哲辈出,治学皆笃于践履。学风相沿,入人者深,迄于晚明,而笃生姚江王阳明先生。姚江倡知行合一之教,用使浙省学者益敦践履行谊。黄梨洲承王学之余波,既戒学者"以书明心",尤以躬行开导风气。故清代浙江学者,大抵律己甚严,持躬凛然,清风亮节,蔚为风气。"浙东治史学者,必归宿于人伦德行"②,浙西儒哲(如张杨园、陆稼书),尤卓著践履。盖大师名宿,殆莫不笃于躬行,无经生偏至之失,绝文人纵恣之弊。迄于晚清三先生,莫不皆然。惟自清季迄今,吾浙学风渐衰,躬行之精神亦渐晦。兴学以还,重智识之传授,书院旧制人格感化之义,浸浸益泯,而吾浙亦有不能自外者。深识之士,怒焉忧之。今岁浙大校长程天放先生就职,证引先儒之践履,期期以人格教育诏学者。广理学躬行之义,而倡团结纪律廉洁之风,且期本此学风,进以转移社会之风习。浙大之学者,已饫闻此义,必能追慕乡先哲之清风,附益以近代之道德,既求致力于学,尤将笃其行谊,存危行于乱世,以德操挽世乱。昔万季野至京师,论者谓缘饰儒术相持为市者,知所愧励③。向使浙江大学之毕业生一入社会,而使其地之行为卑污者,皆"知所愧励",斯可谓浙江学风之复兴,浙大教育之成功矣。

四曰考古以知今,穷理而期实用。浙江自两宋以来,理学称著。顾常人好谓治理学为不切实际者,证之吾浙大儒而知不然。昔姚江平濠平苗,事功媲美于学行(宋世学者亦多究治乱有治术,陈同甫尤好言事功),流风所及,久而弥著。清代浙江学者之治学,尤多以经世实用为归。顾亭林以经世之学推重梨洲,方望溪称万

---

① 《鲒埼亭集·庆历五先生书院记》等文。
② 《文史通义·浙东学术》。
③ 冯景:《送季野先生之京师序》。

季野教人皆"有用之学"①。即如邵念鲁世称其理学，亦"有意天下之事"，好言治平之道。② 定海黄氏父子经学大师，而儆居之兵制十策③，玄同之畅论田制④，皆穷研古圣之学，而归之当代之行事。曲园先生颐养湖山，亦好论列时务。盖邦国大计，民生疾苦，未尝不在学者之怀抱。遗著昭彰，无烦具引。方乾嘉之间，吴皖诸儒盛行考证之学，章实斋独以"学术期于经世"之论倡导士林，于博古用今即器明道之旨，尤反复言之⑤。可见地方学风，前后相承，往往自著特色。迄于清季讲求西学，吾省先觉尤能早事研习兵农工商制造实用之学。求是书院之设，其动机即在讲习实用之学。方今国势阽危，甚于清季，经世实用之学风，应为教育之旨归。而细察其实，则学非所用，用非所学，浅尝空论，相习成风。论政治社会者，未尝有济时之术，专科学之一端者，又往往忽于国家之大势。失偏交讦，相互为病。吾浙学者，苟能深体先哲博大核实之精神，则治学可各有所专，而应世救时，要应同具此心。奋力共勉，荡涤浮薄之学风，实事求是，期为国家之器使。勿斤斤于一己一时之得失，而须具远大共济之怀抱。浙大程校长又尝以"技能教育"勖学生，夫学者果有实用报国之志，则河源千万，汇宗于海，固不仅农艺工艺为有造于物质之建设，文学数学之深造，何莫非有裨于时需。穷实学而期于实用，已为吾浙往昔学风之特征者，尤浙大师生所当共同导扬而身行之也。

五曰民族主义舍身救国之精神。有史以来，外族凭陵之抗拒，慷慨死节之义烈，殆无过于满洲之亡明；而其间匡复之力，死难之

---

① 方望溪：《万季野墓表》。
② 邵念鲁有《治平略》十二篇（《思复堂集》）。
③ 施补华：《黄先生传》。
④ 《儆季杂著》"史说略"有"田制"等篇。
⑤ 《文史通义》"浙东学术""天喻""说林""史释"等篇。

多,忠节之昭垂历久而不泯者,殆又无过于浙江。甲申之难,清人入关,南中匡复定都,浙中即起义师。南都既陷,鲁王监国于绍兴,浙东士民奋发,从王如归。自宁绍以至台处,山寨相望,而孙忠襄、钱忠介、张苍水为尤著。其后鲁王既败,四明舟山之士民死节甚众,各处见义授命者相望。大势既去,浙中大儒犹拳拳故国,义不仕清。自黄梨洲以降,如万季野之寄志明史,全谢山之表章忠烈,尤为著称。降至晚清,去明益远,然一介之士,流风未泯,诵谢山表扬先烈之文,未尝不奋发。甲午以后,虽朝野盛谈改革,而浙中才秀闻中山先生之风,在东京及内地歃盟者实众。其研求国故之士,则集合同志,刺举宋明遗老之言行,左右革命。章太炎等之组《苏报》,与《民报》并为革命之动力。① 盖清季革命之策源地在粤,而赞襄其成者,浙人之力实多。以治学倡革命,为革命而治学,殆为当时浙人治学之特色。故自清初以迄今日,浙江学风之民族主义的色彩,渲染特深。即求是书院设立之缘起,固以甲午之役"受东邻侮,士大夫撄心发愤,以求自强之道。……浙人爱国之心,郁勃而不可遏"②。巡抚廖氏之奏请,即在马关约后之二年,奏中亦以讲求实学以备国用为言。为谋救国,故地方官多为清廷养新材,及清政日非,则已沐新思想者自倾向于革命,于是后来之高等学堂,一时几为青年革命活动之中心。此皆已往之事实也。二十年来,国耻未尝稍除,而招侮日以益深。今者暴日深入,固非清人入侵之比;而东北沦陷,淞沪荼毒,又岂仅易代之事?然沪局稍定,社会又习于燕嬉。杭州湖山清美,学生界一度兴奋之后,亦浑然易与国难相忘。因循之习,累卵堪惧。浙江大学学生钟毓浙中义烈山川之灵,又有求是高等之导引前路,则处此危殆万分之局,将如何奋发

---

① 参考《孙文学说》,邹容《革命军》。
② 陆懋勋:《浙江高等学堂缘起记》。

淬励，为民族复兴之共同目标，深植其学力，确立其德行，具大公之识，抱经世之志，为报国之准备。中山先生之倡民族主义，期期以恢复民族精神为言。民族精神之寓于吾浙已往之学风者，既已灿如日星，深如磐石。浙江大学者，固将更推其自觉觉人之旨，既抱尽力于国之决心，尤当发扬我先民之精神的遗绪，对今日流行最广而祸国最深之消沉浮薄之学风，洗刷而摧破之也。

上举数义，意未能尽，然追溯往事，眷怀乡邦，则觉此数者，至少足为清代吾浙学风之特征。为今后学术之进步，国运之复兴，浙江后起之学者，要当共勉以恢复此光荣之学风。浙江大学为吾浙唯一之大学，历史渊远，风习纯美，于此尤应当仁不让，自认为最大之责任。

前浙江高等学堂监督陆懋勋先生有言："浙中山川秀灵，人才钟毓，而学术一新，翘材负异者，蹑屩而入扶桑之域，继且游学欧美，肩项相望。"此言浙江开风气之先也。又曰："迄今成名发业，内而理财经武，培拥国力，外而佐折冲于坛坫之间者，皆震烁人目，则咸溯源于求是教育之验。"①此又言求是大学浙江高等学校教育之成绩也。方今国家多故，而学风窳败，然国事有待人为，则今后理财经武、折冲卫国乃至训农、惠工、通商建设，所需之真才何限。将如何使其达"多溯源于浙大教育之验"乎？固在于浙大当局与学生之共同探究浙江过去之学风，深思民族今日之需要，而发扬健全之学风，为浙学谋昌明，亦即为国家立基业。浙大之光，即浙学之光，亦中国前途之休矣。

（原载《浙江省立图书馆月刊》1932 年第 4 期）

---

① 《文史通义》"浙东学术""天喻""说林""史释"等篇。

贺昌群

贺昌群(1903—1973)，历史学家，1937—1939 年任教于浙江大学史地学系。

历史学的新途径

自有人类以来，也不知经过多少年代，地质学和古生物上的估计，多以万年为单位，现在我们这小小的方寸之间，要驰想到几千万年前榛榛狉狉的生涯，真太渺茫了。前年我到河北房山县去参观周口店——所谓"中国猿人北京种"(Sinanthropus Pekinensis)的发现地，地质调查所的诸君正在那里工作，看见半山里几丈厚的岩石，一层层地用引药炸开之后，下面是很深的黄土层，黄土层里掘出许多动物的残骨。试想，这岩石的构成要经多少万年，而这些动物的残骨，却埋藏在岩石的下面，我们短短几十年的人生，同这些岩石和残骨相比，真像须弥之大和芥子之小了。当夜，宿地质调查所的办事处，在这四野无人的荒山中，闲步屋外，仰视银河，淡淡地横挂长空，群星默默然闪烁着，不觉想到宇宙的构成，又同这岩石和残骨相比，未尝不如须弥之与芥子，这时我自己之身，并不知其如何藐小，已根本忘其存在了。同时转念人类几千年的历史记载，算得什么！

我们中国的历史，从最大的限度说，不过五千多年，在世界史上还不算最古的。这五千多年中有一千多年的历史又在不分明的状态里。所以历史家便把一个民族或一国的历史过程分为三个段落，一是史前时代(Prehistory)，二是半史时代(Semi-history)，三是正史时代。史前时代因为缺乏文字记载，只能凭考古学、古生物学、人类学、地质学的报告，历史家对于这个时期的研究，少有插足的余地，这时期年代的估计，限度极大，同样一种研究，要是相差过几千年也不算很远，普通所谓旧石器时代、新石器时代，都属于史前期。半史期相当于考古学上所谓青铜器时代，如商殷时代，可说是半史期的，这并不是说那时候没有文化，据现在考古学上的成绩，知道商殷的文化程度也很可观，不过我们现在缺乏当时的历史记载，只有从实物（如近来在安阳发掘的龟甲文）与后代的追记相参证，推知那时代的大概情形，因此，历史家对于这个时期的研究，往往捉摸不定，甚或陷于全盘的错误。正史期便有官书记录，如周秦以下便属于正史期，到如今三千多年，历史记载有一贯的线索，年次分明，从来不曾中断。这是我国历史在世界史上可以骄傲的地方，世界上历史比我国古远的国家，如埃及、印度等，都没有一脉相传的史籍。我们这时所谓正史期，便是指的这三千多年的时代。

有了正史之后，才渐渐发生历史学。本文所谓历史学，与狭义的"史学"略有区别。比如，以一个民族或一国的历史为对象，那么，对于那个民族以往精神的和物质的活动，都是我们应当研究的，从事于这种研究，称为历史学。历史学可分为两派，一是批评，一是考证。批评即上所谓狭义的史学，又可分二枝：一是专讲作史的义法和体例的，如唐刘知几，宋吕夏卿、李心传，清章学诚之流；一是专批评史实的，如宋吕祖谦、范祖禹，明张溥，清王夫之之流。考证亦分二枝：一是考证史实，如清钱大昕、洪颐煊等；一是钩稽史实，如赵翼、王鸣盛等。大约史学方面侧重于"识"，考证方面侧重于"学"（才、学、识三者是刘知几《史通》所定为历史家的最高修养），这两派到唐宋以后才发达，魏晋以前，国史的纂修，由政府监领，后来私家撰述渐繁，便演而为这两派。

周代老聃为柱下史，是专门管理国家史料的官。春秋战国各国有各国的史,《孟子》有"晋之《乘》、楚之《梼杌》、鲁之《春秋》"的话。前汉初,修史有太史公的官,故司马迁的《史记》原名《太史公书》,那时修史的官,大约为世家,一代一代传袭。后汉明帝时,修国史的地方叫做兰台,是不公开的国家图书馆,班固曾为兰台令史。章帝、和帝时,国家图籍多移到东观,所以东观又成修国史的地方。私家无法获得史料,即有撰述,亦所不许。魏晋六朝虽设著作郎、秘书郎为修史之官,齐梁更置修史学士,但那时私家撰述渐多,秦汉以来的制度大行变革,如鱼豢的《魏略》,张璠的《后汉纪》,范晔的《后汉书》,皆身不任史职而私撰国书。唐宋之际,宰相监修国史,明清两代虽略有因革,大抵仍沿袭这个系统,然同时私家撰述亦更多了。

据上所述,可知正史的撰纂,历代都由政府设官监领,魏晋以后,私家始有撰作。正史的体裁,不外刘知几所谓六家二体(《尚书》家、《春秋》家、《左传》家、《国语》家、《史记》家、《汉书》家,及编年体、纪传体),换句话说,从前史家的职志,就是如何能将国家所保存的公文官书(所谓档案)的原史料,整理排比而成一部第二手的较成系统的史料,如《尚书》《春秋》等六种史书的体裁一样。但到唐宋以后,历史家对于正史的体裁义法和对于史事的观察,却转了一个新的方向,开始作正面的批评,或抑班而扬马,如郑樵之辈,或抑马而扬班,如刘知几辈。对于史料的选择取舍亦有很大的进步,如司马光之作《资治通鉴》。对于史实的本身,他们能另具一种看法,用那个时代的眼光来作批评,如上举吕夏卿、李心传、范祖禹等之史论。而程颐、朱熹、吕祖谦等对于历史主张须从大处认识其整体,小处着眼于其转变的关键。吕氏标举统体与机括二点,他说:

> 读史先看统体,合一代纪纲、风俗、消长、治乱观之,如秦之暴虐,汉之宽大,皆其统体也。复须识一君之统体,如文帝之宽,宣帝之严之类。统体盖为大纲,如一代统体在宽,虽有

> 一两君稍严,不害其为宽。一君统体在严,虽有一两事觉宽,
> 不害其为严。读史自以意会之可也。至于战国三分之时,既
> 有天下之统体,复有一国之统体,观之亦如前例。大要先识一
> 统体,然后就其中看一国之统体,二者常相关也。既识统体,
> 须看机括,国之所以盛衰,事之所以成败,人之所以邪正,于几
> 微萌芽,察其所以然,是为机括。(《吕东莱先生遗集》卷二十)

这是唐宋以来对于历史认识的一大进步,从前大抵注意史料的安
排,现在他们要把历史放到时代的身上去,与当时的政治社会发生
关系,借着历史评论当时人物事迹的是非。可是,他们的弊病便是
只有议论而无引证,一种理学家的派头,这风气一直到明代,每况
愈下,如朱明镐、唐顺之、李东阳、江用世等之所为。在寥寥数十百
字之间,便敢于下极端的论断,放言高论,做翻案文章,并不细求史
实的客观的因果是怎样,如江用世说:

> 文人铁笔,铮铮于翻案不难,贵乎翻之有理有趣,令人一
> 览而赏心动魄。(崇祯刊本《史评小品序》)

这是明人研究历史的一般习气。以我们看来,历史家研求史事的
正确性,须具谨严的客观态度,还恐其不正确,而他们却要有趣,令
人赏心动魄,寻开心,所以即使其中偶有高明的见解,亦易流为臆
说。故宋明人的历史学,虽能具批评的眼光,较前代进步一层,但
那立场是建筑在沙上的。

到了清代便不同,清代学术一反宋明好尚理学之流弊、论事空
疏的习气,尤其是历史学。本来,历史学是一种文化学科,不能如
自然科学之决定不移,历史学者对于历史因果的推求是相对的,史
事的本身虽具有客观性,但因为时间空间的障碍往往掩蔽其客观
性,而研究者的主观因而便容易发生误会。宋明的历史学多主观
而演绎,清代则多由客观而归纳。所谓归纳,便是从历史记载中搜

集许多同类的例证，如蜂采百花而成蜜，整理排比，委婉曲折地证实那段史事，这就是上所谓考证的一派。乾嘉以后，这一派成了唯一的权威，如钱大昕的《二十一史考异》，赵翼的《廿二史札记》，王鸣盛的《十七史商榷》，他如全祖望、邵晋涵、杭世骏、凌廷堪诸人之作，皆在其次。赵书意主贯串；王书则钩稽抉摘，考辩为多，议论亦颇淹洽；钱书专事校订。清代的历史学，这几部书可以代表他们的精神。他们治经情愿墨守汉人家法，不敢评驳，而对于史，不特裴骃、颜师古一辈要与之分庭抗礼，是正其得失，即司马迁、班固的正文，亦可以箴而砭之，他们的武器就是以谨严的态度，从原史料中搜集证据，来辩正原史料，不剿说，不依傍他人之言，实事求是。这种态度自然讨厌宋明人治史议论空疏的积习。王氏《十七史商榷序》说：

> 大抵史家所记典制，有得有失，不必横生意见，驰骋议论，以明法戒也。但当考其典制之实，俾数千百年建置沿革，了如指掌，而或宜法，或宜戒，待人之自择焉，可矣。其事迹有美有恶，读史者亦不必强立文法，擅加与夺，以为褒贬也。但当考其事迹之实，俾年经事纬，部居州次，纪载之异同，见闻之离合，一一条析无疑，而若者可褒，若者可贬，听之天下之公论焉，可矣。……即使考之已详，而议论褒贬，犹恐未当，况其考之未确者哉！盖学问之道，求于虚，不如求于实，议论褒贬，皆虚文耳。作史者之所记录，读史者之所考核，总期于能得其实焉而已矣，此外又何多求邪？

这种论调可说完全针对宋明以来的史论而发。

然而，清代历史学者实事求是的结果怎样？依我们现在的眼光看他们的成绩果能满意么？他们治史是为穷经，赵翼曾有这样的表示（《廿二史札记序》），章学诚又有六经皆史的话。他们虽把二十四史片断地零碎地整理了一番（钱氏兼及宋辽金元史，而无

《五代》薛史。赵氏并及《明史》。王氏有《旧唐书》《旧五代史》，实十九史，而合旧于新，仍十七史之目，犹赵氏实备廿四史，而仍标廿二史，皆谦执之意），在各方面都不能显示出一部整个的文化史的线索来，这是清代考证派的大缺陷，他们不能如宋人之观其"统体"，有时竟亦不求其"机括"，所以实力有余，挥洒不足。如果和现在相比，他们的方法和态度，我们只有接受的，可是，他们的胸襟和眼界，却不及现代人的大，这自是时代使然。我们现在有许多新史料可以补充廿四史所不详的地方，是他们所见不到的，我们有多种语言工具和各种科学的常识做思想和学识的源泉，因此，我们对于历史有许多新的看法、新的解释，是他们不可同日而语的。我们的方法和态度与他们有相同的地方，也有绝不同的地方，就搜集材料之忠勤，不掩蔽反证以自圆其说，这与他们相同，但我们对于材料的安排和组织，必把那个题目所包含的内容，系统地一层层地全盘显示出来，在文化史上有一贯的描述，有多方面的解释，不菲弃议论，因为我们可以考证充实之，故言之而信；不单凭考证，因为我们可以使考证不至于支离破碎，在文化史上有一个完形的"统体"。这是我们现在与宋明的史论派、清代的考证派绝不相同的地方。

说到应用史料的能力，那我们比清代学者知道的更多了，王氏在《十七史商榷序》中欲表示其博采史料之能事，他说：

> 又搜罗偏霸杂史、稗官野乘、山经地志、谱牒簿录，以暨诸子百家、小说笔记、诗文别集、释老异教，旁及于钟鼎尊彝之款识，山林冢墓、祠庙伽蓝、碑碣断阙之文，尽取以供佐证。

他这个意见，在当时恐怕算先知先觉了。可是，在他的书中，还只是一种悬想，并不曾做到。以我所见，清代历史学家能应用考古学、语言学等为历史学的补助科学的，除了较王氏稍后的钱大昕外，尚少见其人，而现在却大不同了。

大抵一时代有一时代的学风，一番新史料的发现，必有一番新学问的领域,能够站在新学问的领域中利用这番新材料,就是学术上的前驱者,陈寅恪先生称此为"入流",反乎此而不闻不问,自以为坐井可以观天者,谓之"未入流"。但我想入流与不入流,有时亦不在以能获得新材料为目的,近来学术界因为争取发表新材料的优先权,往往令人有玩物丧志之感。所以尤在要明了学术研究的新趋向,然后才知所努力,在思辨上有深彻的眼光,文字上有严密的组织,从习见的材料中提出大家所不注意的问题,所以学术的思考上也有入流与不入流之别。

这里所谓新趋向、新领域,就是说要明白近四十年来历史学上新发现的材料。能应用这些材料,或从这些材料中在中国文化史上提出新问题或新的解释,便是现在所应取的新途径。这四十年来陆续发现的新史料,从史前时代起直至近代止,尽可不用语言文字,单就材料的本身便可表现一部中国文化史。如果我们将这些材料与正史记载互相印证,那可补充正史的地方,真不知多少。这个总账这里不能算,只简单地把这些材料的种类依其时代为次,举出来听凭读者自己去理会吧。

1. 史前时代(地质调查所的报告,大部分是这方面的工作)

2. 甲骨

3. 铜器

4. 玺印

5. 封泥

6. 汉代工艺

7. 汉晋简牍

8. 石经

9. 佛教美术

10. 六朝隋唐墓志

11. 日本现存隋唐遗物及古文书

　　12. 敦煌石室之发现

　　13. 新疆考古的成绩

　　14. 辽金元史料之新发现

　　15. 宋代史料之新发现（西夏文与《宋会要》）

　　16. 南海史之新研究

　　17. 明清史料之新发现（明清《实录》与《内阁大库》）

　　18. 近代史料之新发现（各种清廷档案与太平天国史料）

　　19. 西南语之研究

　　20. 中国文学史料之新发现

　　以上略举二十项，或为四十年来发现的新史料，或为研究的新趋向，前代学者所不得见，而我们生逢着这个"发现时代"，眼前有这么大的一个去处，当如何努力，才不辜负呢。关于上举新史料的说明和研究的成绩，有暇也许可写一部十万字以上的书给中学生诸君课外参考，这里，即使很简单地叙说，恐怕也没有多长的篇幅给我了。

　　　　　　　　（原载《中学生》1936 年第 61 期"研究与体验特辑"）

126

张荫麟

张荫麟（1905—1942），历史学家，1937年、1940—1942年任教于浙江大学史地学系。

关于"历史学家的当前责任"

上星期《日本报》正张载有万福曾一文，题如上所括引。万君读了吴晗君之本年度清华入学试验历史答案的统计，因而致慨于国内中学生的国史知识之劣下；更因而致憾于一般史学专家，"每喜高深，耻言平易，如训练学生之方法，改良课本之编辑，悉之诿之学力较浅，素养未深之中等人才"。我们对于万君的意向深表同情，并且感谢他把这个重要的问题很痛快地重新提出。

我们觉得，学生们国史智识之低，良好的国史课本之缺乏要负很重大的责任。光拿中学来说罢，要使全国的中学都得到理想的历史教师，那是绝对不可能的，无论教育进步到什么程度；但创造一部近于理想的历史课本，供全国的中学采用却比较的容易。而且有了引人入胜的课本，即使没有很好的教师，大部分学生也容易得益。但若没有好的课本，便是很好的中小学教师也要感觉巧妇在无米作炊时所感觉的困难。

故此我们认为改良历史课本乃改良历史教育的先决问题。

但是改良历史课本的责任却不能全完放在历史学专家的肩上。万君似乎以为改良课本的工作（我们所谓改良，并不是就原在的加以修改；我们所需要的简直是重起炉灶的创作），对于历史学家，是比专深的探讨为容易，而他们之未曾从事于此，是耻易希难，

127

避轻就重。依我们看来，却适得其反。大多数历史学家之不从事课本的编撰者是不能也，非不为也。

很明显的，这种工作不仅需要历史智识，并且需要通俗（就其是对于青年的通俗）的文章技巧。而这两种造诣的结合，从来是不多见的。同样明显的，这种工作不仅需要局部的专精，而且需要全部之广涉而深入，需要特殊的别裁和组织的能力。譬如，编撰国史课本的先决问题：什么是人人应知的国史常识？这其间所涉及的标准就只有具上说那种资格的国史家才配去规定。浅人所谓常识只是自划的偏蔽。而具有那种资格的史家也是历来少见的。想到这些情形，便可知理想的国史课本之迟迟未出现，并非由于史家有意躲懒了。

良好的国史课本的编撰是大家公认的急需，而目前似乎没有一个史家敢自信能独力担任此事而愉快。

于此，我们被迫到一个史学史上的旧问题：毕竟理想的国史课本应由一手独修，抑由众力合作？这两方面的利弊昔人论说已详。现在事实恐怕要迫得我们出于合作的一途。那么我们不可不想一个法子，以尽其利而去其弊。我们以为纲目的选择、资料的搜集和文字的商酌，不可不集合众力，但最初的草稿和最后的定稿却不可不由一人负责。

设想一个以友谊和共同兴趣为基础的小团体，内中包涵国史各方面的专家，和一两位有历史兴趣的散文作家，而其中有一些史家比较喜欢作广阔的、鸟瞰的反省，和文章技术上的试验。大家愿意合力做成一部良好的国史教本，却没有一人愿意争居其功。大家推定一人为总纂。首先大家讨论出这部课本所应当包括的项目，拟成一个大纲。这个大纲不妨先发表，征求这个团体以外的史家的意见，然后由总纂作最后的去取。第二步因这小团体的分子各就所专的范围，从大纲中认定自己担任的项目，去广集资料，纂成长编。自然，在分纂的历程中，大家要时常交换意见。长编全部告成后,也可以刊出。总纂根据长编和对它的批评,乃开始作这课本的初稿。由初稿以至定稿,自然要经过大家的讨论和总纂的裁定。千(万)要记着,这个团体是友谊的,而不是仅以兴趣结合的。

这个办法也许近于理想。然舍此,我们实在想不出更好的办法。有志的人们何妨试试看?

以上仅谈到方法上一点根本的意见,因读万君的大作而引起的。此外尚有一些连带的问题,我们愿意以后加以讨论而先提出来供大家考虑的。

(1)现在初中、高中和大学里都有国史的课程,并且有人提议在小学里也添设国史的课程。这四个阶段,如何分配连络?这个不是等闲的问题,以我们所知,从来未曾被人严重考虑过。

(2)课本只占教材的一部分。在历史教育中,图象(包括地图、绘画、模型和遗物)与文字至少有同等重要。课本和图象怎样分配连络?怎样使图象的应用与课本的应用同样地普遍?

(3)怎样使政府尊重专家的开明意见?这似乎与本题无关,其实所关甚大。课本的编纂,是学者的事,但它能否通行,权却在政府。以我们所知,好几年前有一位很适宜于编历史课本的人,编了一部至少在当时比较算是高明的历史课本,但因为其中有些意见和一位未曾读过多少历史,也不大肯运用神经系统的达官不合,那部书便在出版界中忽然绝迹了,而且替它出版的书店也几乎受累。这样的情形是很足以使有志于编纂历史课本的人灰心的。

(〔美〕陈润成、李欣荣编:《张荫麟全集》,清华大学出版社2013年版)

论史实之选择与综合

一、史实的选择标准

历史研究有两种。在一种的历史研究里，我们可以把研究范围以内的史实，细大不捐，应有尽有地收入叙述里；我们自患所知之少，不患所知之多。这种研究也许是范围狭窄，本来所容的史实不多，也许是范围虽广，而见存史料贫乏。在这种研究里，没有史实选择的问题。但在另一种的历史研究里，我们的对象是一个广大的史实的库藏，也许穷个人一生之力亦不能把它的内容完全登记。即使它的内容完全被登记，也没人愿意把这记录一读。即便有人愿意把这记录一读，也苦于目迷五色，茫无头绪。在这种情形之下，史家在叙述里必须把所知道的史实大加省略。他所省略的，也许要比他所采取的多几百千倍。从过去史家的著作看来，这种去取似乎没有什么客观的标准。没有两个史家对于同一历史范围之选择的叙述在题材上会有大致的符合。所谓"笔则笔，削则削，游夏不能赞一词"；所谓"成一家之言"；至少有一部分是表示这事实。无怪佛禄德(Freude，19世纪英国史家)把历史比于西文的缀字片，可以任随人意，拼成他所喜欢的字了。但我们不能以这样情形为满足。我们无法可以使两个以上史家，对于同一历史范围的选择的叙述去取全同，如自一模铸出，除是他们互相抄袭。但我们似乎应当有一种标准，可以判断两种对象相同而去取不同的历史叙述，孰为合当，孰为高下。这标准是什么呢？

读者对于此也许会想到一个现成的答案。韩愈不早就说过"记事者必提其要"吗？最能提要的历史叙述，最能按照史事的重要程度以为详略的历史叙述，就是选材最合当。"笔削"的标准就在史事的重要性。但这答案只把问题藏在习熟的字眼里，并没有真正解决问题。什么是史事的重要性？这问题殊不见得比前一问题更为浅易。须知一事物的重要性或不重要性，并不是一种绝对的情实，摆在该事物的面上，或蕴在该事物的内中，可以仅就该事物的本身检察或分析而知的。一事物的重要性或不重要性，乃相对于一特定的标准而言。什么是判别重要程度的标准呢？

"重要"这一概念，本来不只应用于史事上，但我们现在只谈史事的重要性，只探究判别史事的重要程度的标准。"重要"一词，无论应用于日常生活上，或史事的比较上，都不是"意义单纯"的，有时作一种意义，有时作别一种意义。因为无论在日常生活上，或史事的比较上，我们判别重要程度的标准都不是唯一无二的。我们有时用这标准，有时用那标准，而标准的转换我们并不一定自觉。唯其如此，所以"重要"的意义甚为模糊不清。在史事的比较上，我们用以判别重要程度的，可以有六种不同的标准。这六种标准并不是作者新创出来的，乃是过去一切历史家部分地、不加批判地、甚至不自觉地，却从没有严格地、系统地采用的。现在要把它们列举出来，加以考验。

第一种标准可以叫做"新异性的标准"。每一件历史的事情，都在时间和空间里占一特殊的位置。这可以叫做"时空位置的特殊性"。此外它容有若干品质，或所具若干品质的程度，为其他任何事情所无。这可以叫做"内容的特殊性"。假如一切历史的事情，只有时空位置的特殊性，而无内容的特殊性，或其内容的特殊性微少到可忽略的程度，那么，社会里根本没有"新闻"，历史只是一种或若干种量状的永远持续或循环，我们从任何历史的"横剖面"可以推知其他任何历史的"横剖面"。一个社会的历史假若是如此，则它只能有孔德所谓"社会静力学"，而不能有他所谓"社会动力学"；那么，它根本不需要有写的历史，它的"社会静力学"就可以代替写的历史。现存许多原始民族的历史虽不是完全如此，也近于如此，所以它们的历史没有多少可记。我们之所以需有写的历史，正因为我们的历史绝不是如此，正因为我们的史事富于"内容的特殊性"，换言之，即富于"新异性"。众史事所具"内容的特殊性"的程度不一，换言之，即所具"新异性"的程度不一。我们判断史事的重要性的标准之一即是史事的"新异性"。按照这标准，史事愈新异，则愈重要。这无疑是我们有时自觉地或不自觉地所采用的标准之一。关于这标准有五点须注意。第一，有些史事在当时是富于新异性的，但后来甚相类似的事接叠而生，那么，在后来，这类事便减去新异性，但这类事的始例并不因此就减去新异性。第二，一类的事情若为例甚稀，它的后例仍不失其新异性。虽然后例的新异性程度不及始例。第三，新异性乃是相对于一特殊的历史范围而定。同一事情对于一民族或一地域的历史而言，或对于全人类的历史而言，其新异的程度可以不同。例如 14 世纪欧洲人之应用罗盘针于航海，此事对于人类史而言的新异程度，远不如其对于欧洲而言的新异程度。因为在 12 世纪中国人早已应用罗盘针于航海了。第四，新异性乃是相对我们的历史智识而言。也许有的史事本来新异的程度很低，但它的先例的存在为我们所不知，因而在我们看来，它的新异程度是很高的。所以我们对于史事之新异性的见解，随着我们的历史智识的进步而改变。第五，历史不是一盘散沙，众史事不是分立无连的；我们不仅要注意单件的史事，并且要注意众史事所构成的全体；我们不仅要注意社会之局部的新异,并且要注意社会之全部的新异;我们不仅要注意新异程度的高下,并且要注意新异范围的大小。新异性不仅有"深浓的度量",并且有"广袤的度量"。设如有两项历史的实在,其新异性之"深浓的度量"可相颉颃,而其"广袤的度量"相悬殊,则"广袤的度量"大者,比小者更为重要。

第二种标准可以叫做"决定性的标准"。我们得承认历史里有因果的关系,有甲事决定乙事、丙事、丁事……的事实;姑不论所谓"因果"、所谓"决定"的正确解释如何,按照这标准,史事的决定性愈大,换言之,即其所决定的别些史事所占的时空范围愈大,则愈重要。决定性的大小,也是相对于一特定的历史范围而言,对于某一历史范围是决定性最大的,对于另一更广的历史范围,也许不是决定性最大的。

假如我们的历史兴趣完全是基于对过去的好奇心,那么,"新异性的标准"和"决定性的标准"也就够了。但事实上我们的历史兴趣不仅发自对过去的好奇心,所以我们还有别的标准。

第三种标准可以叫做"实效(Practical Effect)的标准"。这个名词不很妥当,姑暂用之。史事所直接牵涉和间接影响于人群的苦乐者,有大小之不同。按照这标准,史事之直接牵涉和间接影响于人群的苦乐愈大,则愈重要。我们之所以有这标准,因为我们的天性,使得我们不仅关切于现在人群的苦乐,并且关怀于过去人群的苦乐。我们不能设想今后史家会放弃这种标准。

第四种标准可以叫做"文化价值的标准"。所谓文化价值即是真与美的价值。按照这种标准,文化价值愈高的事物愈重要。我们写思想史、文学史或美术史的时候,详于灼见的思想而略于妄诞的思想,详于精粹的作品而略于恶劣的作品(除了用作形式的例示外),至少有大部分理由是依据这标准。假如只用"新异性的标准",则灼见的思想和妄诞的思想,精粹的作品和恶劣的作品,可以有同等的新异性,也即可以有同等的重要性,而史家无理由为之轩轾。但事实并不如此。文化价值的观念,每随时代而改变,故此这标准也每随时代而改变。有些关于文化价值的比较判断(如有些哲学见解的真妄,有些艺术作品的高下),至今还不能有定论,史家于此可有见仁见智之异。

第五种标准可以叫做"训诲功用的标准"。所谓训诲功用有两种意义:一是完善的模范;二是成败得失的鉴戒。按照这标准,训诲功用愈大的史事愈重要。旧日史家大抵以此标准为主要的标准。近代史家的趋势,是在理论上要把这标准放弃。虽然在事实上未必能彻底做到。依作者的意见,这标准在史学里是要被放弃的。所以要放弃它,不是因为历史不能有训诲的功用,也不是因为历史的训诲功用无注意的价值,而是因为学术分工的需要。例如历史中的战事对于战略与战术的教训,可属于军事学的范围。历史人物之成功与失败的教训,可属于应用社会学中的"领袖学"的范围。

第六种标准可以叫做"现状渊源的标准"。我们的历史兴趣之一,是要了解现状,是要追溯现状的由来。众史事和现状之"发生学的关系"有深浅之不同,至少就我们所知是如此。按照这标准,史事和现状的"发生学的关系"愈深,愈有助于现状的解释,则愈重要。大概地说,愈近的历史和现状的"发生学的关系"愈深,故近今史家每以详近略远为旨。然此事亦未可一概而论。历史的线索有沉而复浮的,历史的潮流有隐而复显的,随着社会当前的使命、问题和困难的改变,远古而久被遗忘的史迹,每复活于人们的心中。

以上的六种标准,除了第五种外,皆是今后作选择的历史叙述的人所当自觉地、严格地、系统地采用的。不过它们的应用,远不若它们的列举容易。五面俱顾的轻重的比较,已是一样繁难的事。而且这五种尺度都不是有明显的分寸可以机械地辨别的。再者,要轻重的权衡臻于至当，必须熟习整个历史范围的事实。而就有些历史范围而论，这一点会不是个人一生的力量所能做得到的。所以对于有些历史范围，没一种选择的叙述能说最后的话，所以有些选择的历史叙述的工作，永远是一种冒险。

二、史实的综合

以上论通史之去取详略的标准竟。

其次，我们对于任何通史的对象的知识都是一片段一片段地积累起来的。怎样把先后所得的许多片段构成一个秩序，这是通史家所碰到的第二个大问题。自然这里所谓秩序，不能是我们随意想出的秩序，而必须是历史里本有的秩序。那么历史里本有些什么秩序呢？

最原始的历史秩序乃是时间的秩序。所谓时间的秩序就是史事发生的先后。采用这秩序就是把史事按发生的先后来排列。最原始之综合的历史记载，都是单纯地采用这秩序的，都是编年排月的，都是所谓"春秋"。自然，以时间秩序为纲领的历史记载，不一定要编年排月。第一，因为有些史实的年月日，已不可考。第二，因为有些史实的年月，我们不感兴趣。第三，有些史实的时间位置是不能以年月日来定的，例如典章制度。这种秩序的要素在时间的先后而不在时间的细密的度数。

时间的秩序可分为两种：一、单纯的，二、复合的。复合的时间秩序又可分为两种。第一是以时间为经而以史事之地域的分布为纬的，这可称为分区的时间秩序。第二是以时间为经而以史事的类别为纬的，这可称为分类的时间秩序。采用单纯的时间秩序的历史叙述，可称为纯粹的编年体，例如《春秋》是也。采用分区的时间秩序的历史著述,可称为分区的编年体,例如《三国纪年》是也。采用分类的时间秩序的历史叙述,可称为分类的编年体,例如《通典》《文献通考》及种种"会要"是也。过去的"正史"大体上可说是纯粹编年体和分类编年体的组合,或纯粹编年体、分区编年体和分类编年体的组合。

现在凡作综合的历史叙述的人,都会轻视这些"编年"的体裁而不屑采用了。但编年的体裁虽然是最粗浅的,却是最客观的,因为原始的秩序的认识是最少问题的。初作综合的历史研究的人,对于历史的本质还没有深刻的认识的人,最聪明的办法还是谨守"编年"的体裁,因为这样,他的结果虽不是 final 却可以是conclusive,别人还可以利用他的结果作更进一步的综合。否则会"画虎不成",工夫白费的。即使就艺术的观点论,编年体亦未可厚非。第一流的小说也有用日记体裁写成的。

但是我们毕竟不能以原始的秩序为满足。因为史实不仅有原始的秩序。只认识它们的时间秩序并不能完全了解它们。要完全了解一件事实就是要知道它和别的事实间的一切关系。这也许是不可能的。但我们对于一件事实和别的事实间的关系所知愈多,则对它的了解愈深。

那么除了上说原始的秩序外,历史还有什么秩序呢?

第一是因果的秩序。每逢我们可以说甲件特殊的事致到乙件特殊的事,或甲件特殊的事决定乙件特殊事时,我们也就可以说甲乙之间有因果的关系。我认为因果的关系是简单不可分析的,因此也是不能下定义的;说甲乙两事有因果的关系,逻辑上并不涵蕴着有一条定律,按照它,我们可以从甲的存在而推定乙的存在,或从乙的存在而推断甲的存在,虽然事实上有时也许如此。史事间之有因果的关系是谁也不能否认的。因果的秩序理论上可以有两种方式。一是简单的,即自始至终、一线相承的。二是复杂的,即是无数的因果线索参伍综错而构成的"因果网"。在因果的秩序里，并不是没有偶然的事。就单纯的因果秩序而论，这单纯的因果线索不能是无始的，它的开端就必定是不受决定的，就必定是偶然的。它的开端若受决定，便不是真正的开端，而决定这开端的事才是真正的开端。它若有真正的开端，则必有不受决定的事，即必有偶然的事。就复杂的因果而论，那些始相平行而终纠结的许多因果线索，各有其偶然的开端。有那么多由分而合的因果线索，就有那么多偶然的事。历史里的因果秩序不是简单的，而是复杂的，故历史里可以有许多偶然的事。

任何历史范围不仅包涵有"因果网"，并且它的全部的史实都在"因果网"之内。不仅它的全部史实都在"因果网"之内，并且它的全部史实构成一整个的"因果网"。这三句话意义上大有差别。说一历史范围包涵有"因果网"，并不否认它的史实可以有些落在"因果网"之外；而说它的全部史实都在"因果网"之内，则否认之。说它的全部史实都在"因果网"之内，并不否认它可以包涵有众多各自独立的"因果网"；说它的全部史实构成一整个的"因果网"，则否认之。若一历史范围的全部史实都在因果网之内，则我们说它的因果秩序是完全的，否则说它的因果秩序是不完全的。若一历史范围的全部史实构成一整个的"因果网"，则我们说它的因果秩序是一元的，否则说它的因果秩序是多元的。下文凡说某一种秩序是完全的或不完全的，一元的或多元的，其义准此。

因果的秩序是建筑在单纯的时间秩序之上的，它逻辑上预断（Presupposes）单纯的时间秩序，它可称为历史的第二层秩序。同样可以建筑在单纯的时间秩序之上，逻辑上预断了时间秩序的第二层秩序还有四种：一曰循环的秩序，二曰演化的秩序，三曰矛盾发展的秩序，四曰定向发展的秩序。这四者和因果秩序是并行不悖的。但它们和因果的秩序有这一点重要的不同。因果的秩序是任何历史范围所必具的,并且在任何历史范围里是完全的,并且在任何的历史范围里是一元的。但这四种第二层的秩序则不然。它们中的任何一种不是任何历史范围所必具的;即使为某一历史范围所具,它所具这种秩序也不一定是完全的;即使它所具这种秩序是完全的,也不一定是一元的。

以下分释这四种第二层秩序。

(一)循环的秩序。说历史里有循环的秩序,就是说,我们可以把历史分为若干段落,这些段落都是有一方面或数方面相类似的历程。譬如说:"天下之生久矣,一治一乱。"这就是说历史里有治乱的循环,也就是说我们可以把历史分为若干段落,每一段落都是由治而乱,或由乱而治的历程。这一切段落有一方面相似,即由治而乱,或由乱而治。这种循环,历史里是可以有的。但若说历史里有循环的秩序,就是说我们可以把历史分为若干段落,而这些段落都是完全相似的,这种循环却是历史里所无的。再者历史循环的周期是没有一定的,如像"五百年必有王者兴",或"江山代有才人出,管领风骚二百年"等类的话,严格说来,必定是妄的。

(二)定向发展的秩序。所谓定向的发展,是一种变化的历程,其诸阶段互相适应,每一阶段为其后继的阶段的准备,而诸阶段是循一定的方向,趋一定鹄的者。这鹄的不必是预先存想的目标,也许是被趋赴于不知不觉中的。这鹄的也许不是单纯的,而是复杂的。

(三)演化的秩序。所谓演化,乃是一串连续的变化,其间每次变化所归结的景状或物体中有新异的成分出现,惟这景状或物体仍保存它的前立(谓变化所从起的景状或物体)的主要形构,所以在一演化的历程里,任何变化所从起和所归结的景状或物体,必大体上相类似,吾人总可认出其一为其它的"祖先"。唯一演化历程所从始,与所归结(此始与终皆我们思想所随意界划的)的景状或物体,则可以剧异,我们若不是从历史上追溯,决不能认识它们间的"祖孙"的关系。

(四)矛盾发展的(Dialectical)秩序。所谓矛盾的发展是一变化的历程肇于一不稳定的组织体,其内部包涵矛盾的各个元素;随着组织体的生长,它们间的矛盾深显,最后内部的冲突把这组织体绽破,它转变成一新的组织体,旧时的矛盾的元素消失而被容纳于新的组织体中。

这四种秩序和因果的秩序是任何通史所当兼顾并容的。

对此我们可以解说历史中所谓偶然的意义。凡带有时间性的秩序(包括因果、循环、演化、定向发展和矛盾发展),都不能无所托始,至少就我们知识的限制和叙述的需要而论是如此。它们之所托始,都可以说是偶然的。这是偶然的第一义。(一个"因果网"也许包涵许多因果的线索,各有所始。它们的所始不同时,而皆可说是偶然的。此所谓偶然,亦属第一义。)一个历史范围里的史事,若在某一种带时间的秩序(前说五种之任何一种)里没有地位,即为这种秩序所不受支配,则这件史事,就这范围而论,对于这种秩序而言,是偶然的。这是偶然的第二义。对于因果的秩序而言,第一义的偶然是没有的,因为没有一历史范围不是完全为因果的秩序所支配的。

无论就第一义或第二义而言,凡本来是偶然的事,谓之本体上的偶然。凡本未必为偶然而因为我们的智识不足觉其为偶然者,谓之认识上的偶然。历史家的任务之一是要把历史中认识上的偶然尽量减少。

(〔美〕陈润成,李欣荣编:《张荫麟全集》,清华大学出版社2013年版)

王庸

　　王庸(1900—1956),地理学家,1937—1939 年任教于浙江大学史地学系。

读《春秋·公矢鱼于棠说》略论
治古史及民族学方法

　　《春秋·公矢鱼于棠说》,陈槃氏著,见"中央研究院"《历史语言研究所集刊》第七本第二分,为陈氏所著《左氏春秋例辨》书中之一章;末附傅孟真及顾颉刚先生跋各一。原文主意,盖在考释"矢鱼"为射鱼而非"观鱼";但亦详证渔猎供祭,及亲耕、亲蚕诸典礼。引证瞻博,为中国古礼俗开一新解,不仅补正此一节左传而已也。研究中国古史者可注意焉。

　　《左传》所谓"陈鱼而观"之说,义属废解,自当以"射鱼"之说为近真。陈氏列举前人孙觉、叶梦得、朱熹、俞成、刑凯、黄仲炎、王应麟、毛奇龄、赵翼诸家之说,均以左氏之说为不妥,而多以射鱼释"矢鱼"。至若射鱼之见于古籍者,《易经》"谷井射鲋",《周礼》"矢其鱼鳖而食之",以及《淮南子》所谓"天子亲往射鱼",是其明证。《殷契佚存》"王弜渔"之文,陈氏释为"王射鱼",意亦可通。惟《易经》"贯鱼以宫人宠"一语,则私意以为未必即弓矢射鱼之证。因若解"贯鱼"为以鱼叉穿鱼,未尝不通也。陈氏又考定射鱼之事为祭祀而非嬉戏,与古籍所记田狩供祭同一意义,于是《礼·射义》所谓"习射于泽",与金文所记"司矢学宫""射于大池"诸事,乃得一通顺之解释。盖射之目的如不在鱼而在禽兽,则不必在泽与大池矣。

　　关于"周礼王不亲渔,与殷异者",罗振玉氏已献其疑(《增订殷虚书契考释》)。陈氏谓"周已脱离渔猎时代,进为农业生产;人事日繁,天子亲渔,势不可能,故渐已专官代之"。此仅足以解释周人之不重渔业,而不足以解周之仍重狩猎。傅氏则为之进一解,谓"商起东北,奄有东海,钜野孟诸,在邦畿之内,其祖近于渔乡,其民习于渔业",与"周起西土"之不尚渔者,异其"轨""物"。"鲁为周宗之邦,隐公为西方王族之后,竟于田猎之外,又欲矢鱼于棠,岂非失邦君之礼,从亡国之俗乎,诚无怪乎臧僖伯之大愤也。"傅氏又引辽代诸汗常巡行土河、混同江等处钩鱼捕鱼为旁证;而元清之世,蒙古满洲守旧人士,以国主之汉化为忧,其词气与臧僖伯语相类,此论明达贯通,对于臧僖伯谏观鱼之真意义,可谓洞见底蕴矣。傅氏又以"不轨不物"之"物"为图腾,说亦新颖可喜,惟私意以为尚宜另觅更多之实证。

关于射鱼在民族学上之证据,陈氏仅引凌纯声氏所述(《松花江下游之赫哲族》)叉鱼之业,而谓"射鱼之生活,今不可知"。傅氏亦疑射鱼之法之不利,又言:"今日叉鱼之俗,遍行于美洲东部,亚洲东北部之土人,而射鱼无闻焉。"但据美国人类学家罗维(Robert H. Lowie)氏言,知南美印第安人多以弓矢射鱼,安达曼岛民(Andaman Islanders)亦然。萨摩人(Samoans)虽常以此武器射鸽,但亦用以射近水面之鱼(Lowie: *An Introduction to Cultural Anthropology*, p.15)。可知弓矢射鱼,在现代民族中并不少见,此书所述,虽非原材料,但罗维氏为美国批评派人类学者,其所引证,当较审慎可靠。惜目前无其他书籍可查,不获更详备而直接之例证耳。但弓矢射鱼之法,尚留存于近代民族中,则可为不成问题也。至于叉鱼之法,通行于现代民族间者更多,疑不仅亚美东部,且在旧石器时代之末期,亦已发现鱼叉矣。惟鱼叉未必专用以捕鱼(网兜亦然),犹弓矢之不必专用以射禽兽也。《公孙龙子》言"楚王张繁弱之弓,载忘归之矢,以射兕蛟于云梦之圃",陈氏引之,谓为"用弓矢射水族之明验"。但蛟或为水族，兕则兽类而可入水泽者。盖鱼兽之间，既不能以水陆截分界线，则原始民族之渔猎工具，苟其事实可能，固未必如后世之分工而可以互相通用者也。陈氏又谓叉鱼之法，犹存北方，"南方如广东各地已不常见（？）"。但个人幼时，在江南乡间，亦常见之。二三十年来，虽世事多变，此法想仍应用未绝；并可推测其留存是法之处，尚甚广远。惜一时不易得详确之记载与调查耳。即此一事，可知国人之从事民族调查工作者，当不仅限于苗、瑶等特殊民族之考察，更应注意一般普通民众之生活与礼俗也。

傅氏之言曰："前一世之实用习惯，每为后一世之典礼。礼维循旧，故一切生活上所废者归焉。后王之仪仗，固古之战器也；今日之明器，亦昔日之用具也。意者古代东方民族，有射鱼海上之习，演而为普通之民俗，鲁隐公乐而学焉。"此说实可为礼俗史上之一原则。陈氏所引甲骨、金文以及古籍所记渔猎之事，多为祭祀之典礼。殷周已知农耕，而典礼上犹存渔猎之旧迹；惟殷代兼重渔猎之礼，周则重猎轻渔而已。陈氏又博引亲耕、亲蚕、荐酒、献种诸礼，盖亦不外乎此原则。但其中更有一问题可注意焉。即行渔猎之礼者，无论为天子，为诸侯，为官吏，皆属男子之事；而亲蚕、亲春、献种、荐酒、荐益，以及采蘩、采苹诸礼，其与蔬果谷物及农产制造有关者，大抵由女子行之。是则男渔猎而女农桑，其在礼数上之分工，殆即暗示原始生业之分工欤？近今民族学者，多认农耕为由采集事业（gathering）演变而来；且采集工作之在狩猎社会，多由女子任之。以是女子对于植物之智识较富，而种植之发明，或即为女子之功。惟农业比较发达之后，伐木、耕田等艰巨之工作，乃由男子任之耳。此说若确，则中国古代献种、亲蚕诸典礼之由女子行之者，正可暗示此事业为女子所发明；而采蘩、采苹之礼，尤为原始女子从事采集蔬果之遗留也。至于亲耕之礼，所以仍由天子、诸侯行之而不归女子者，殆因秉末耜以"力田"，其工作较为艰巨，故由男子任之；是乃农事较盛之后之事实。及其变实用生业而为典礼，当亦较采集渔猎之典礼为晚起也。是以亲耕之礼，止于"秉末""籍田"（《礼记》之《月令》及《祭义》），而奉粢盛与献种之礼，则仍由后妃行之矣。陈氏熟考古籍，能得其他例证，可以补充此说，抑有反证以非难之欤？

窃谓国人之研究中国古史者，苟能善用现代民族学上之发明与材料，当有不少明通之创获可得。是不仅研究国史者之一新路，亦研究中国民俗学者所当注意也。盖学术分科，本非天然。以专家自鸣而不知博涉，行见其所专者亦闭塞而不通耳。近今研究国史者，其所以能发前人之未发，一面固因新材料之发现，一面亦多得诸西方学术之启示；而古代史之有赖于民族学的解释者尤多。陈氏此文，其一例也。至于专研民族学者，亦不能以介绍西人成绩与考察国内民族自限，更当着眼于历史之渊源，庶可通古今而明条贯；否则详流而略源，知今而昧古，即使钻研有得，恐尚不免残缺不全，或且窒碍难通，事倍而功半耳。用特不揣谫陋，介绍陈氏之作，并略表鄙见如此，以就正于当世之研究古史礼俗之学者。

编者案：王君此文原题《读春秋公矢鱼于棠说》，今为增"略论治古史及民族学方法"十一字，以示非专论陈氏一文也。

（原载《图书季刊》1939 年新 1 卷第 1 期）

叶良辅

叶良辅(1894—1949)，地质学家、岩石学家，1938—1949年任教于浙江大学史地学系。

科学方法与地学研究

一、引言

地理学为一种综合的科学，其组合之各部门，因内容性质各异，研究之法，未必尽同，然不外乎科学方法，则无疑意。兹以地形学、地质学为例，就一般的科学方法，为读者介绍之。余非精于科学方法论者，于地学研究，愧无多少成就，未敢妄自主说，乃就近代世界名著，为诸君编辑斯文以应。

二、演绎法与归纳法

古之学者，未尝不想推求事物之所以然，故亚力士多德（Aristotle，约384—322 B. C.）首创三段推论法（Syllogism），以定推理之程序。又搜集事实，继以分类，再归纳为结论，以综束之。不待结论之证实与否，即推用于他事物，是为演绎推理（Deductive Reasoning），亦称演绎法。加利里倭（Galileo）曾举示亚氏之推理之法如下。

(1)变化出于发生或毁坏。

(2)发生及毁坏出于背驰。

(3)行动背驰乃生抵牾。

(4)天体行动为循环式。

(5)循环式之行动不相抵牾。

    a.因行动只有三类:第一向中心,第二绕中心,第三离中心。

    b.三者之中,仅有一种与他一种可以抵牾。

    c.向中心与离中心之行动,显能抵牾。

    d.故绕中心之行动,即循环行动,独无与之抵牾者。

(6)故天体行动无与抵牾者。

(7)故天体之中无物有抵牾者。

(8)故天象乃永久不变,而不能毁坏。

其结论可谓全无意义,因其推理之法,偏于形式,而不重实际。

按三段论法,系由大前提、小前提与结论三者所合成,兹举例如下:

所有校长均为学者(大前提),

某甲为校长(小前提),

故某甲为一学者(结论)。

结论之可靠与否,须视前提之真确与否,故对于前提之主题,即事物现象,必须虚心考察,详加分析。形式之三段论,无益于科学研究。然当时亚力士多德未能注意及此,即至中古时期,亦复如是。

至 16 世纪,科学开始进步。培根(Francis Bacon, 1561—1626)以为固有之论理方法,不足以应付科学探讨之使用,乃立意改革。此氏主张研究科学之方法,其主要之原则,非但须以经验为之，且须审慎按次而行，不可仅凭少数观察而得之事实，即用之而立为学说，故坚持搜集事实为必要，并主张实验与观察并重。又谓推理之天职，不可以检查结论，或依赖前提为了事，而必须考察前提之本身。可知亚力士多德氏重演绎，培根氏则重归纳（Inductive Reasoning），其所著之 *Novum Organum* 即讨论此新的归纳法者也。

自彼迄今，科学益见昌明，盖观察经验，累积愈深，实验工具与方法亦愈精密。各科学者各就相宜，以推进其研究。方法亦未必尽同，然追求事理之总诀，终不过往返于归纳与演绎之间耳。所有科学上之臆说［亦称假说（Hypothesis）］学说（Theory）和自然定律（Natural Law）皆由科学家运用归纳与演绎之法而创立者。

人生日用，亦按照归纳演绎的原理以行事。赫胥黎氏（T. H. Huxley，1825—1895）最善引用通常事物，以通俗文字表示科学方法。彼曾举例云：有人进水果肆见所陈苹果，硬而且青。肆主人取一青硬之苹果劝购。此人答曰：我不要，因为硬的、青的苹果是酸的。这只既是又青又硬，所以他也是酸的。此论之前提，由是多次之观察与实验归纳而得，故演绎而推用之，决无大错。

三、科学方法之定义

培根氏所革新之归纳理论，亦称科学方法；但今日之科学方法与当时之法已大异，然则其定义究何如乎？兹为适应地理学程之目的，以蒋森氏（Douglas W. Johnson）所拟定义介绍之。"凡效用智能于发见现象之成因，与其相互之关系及阐明此等现象之定律，而以有系统、不偏倚、无情感、无成见之力以赴者，此法曰科学方法。"智能（Power of the mind）必须有效地利用。思想错误之习惯,不但未能发现真理,反使真理暧昧。所有各种智能,须合而利用;观察、记忆、比较、分类、概括、分析、综合、归纳、演绎、发明、实验、论断、证明、修正、确定及解释等——在任何真实的科学研究之中,必全数用到,或多少用到。程序要井然不紊,杂乱无章之研究,将忽略要义,而结果之虚妄随之。因为受己或受人思想之指使者,不能发见事实之真相,故研究不可偏倚。更不可感情用事,盖情感得势则理智退避。最后,程序之中,不可杂以成见,因由成见左右之判断,为追求真理之不良工具。

四、科学方法与地学研究

观察事实,佐以实验,加以分析,而后归纳为概括性之结论或定律,以便演绎推论,又或因之暂立为一假说,以解释同类事物而待证明,此乃近代研究科学之大法也。然于地学(Earth Science)一门,情形稍异。盖地质学与地形学中多数问题,有关远古,而非吾人所能亲历。所研究之现象,系早经发生,即使造成此种现象之作用,今犹继存,然速度延缓,其所示往昔行动之情报也至微。即能利用实验以解决若干问题,而范围极其有限。故地学研究与理化诸科之重实验不同。我等所用之科学方法,含有深入远出之理智作用(Mental Process)。吾人应特别注意,而为后文所详论者。

五、演绎法之地位

科学方法之定义中,所举各种因素,以演绎法为多数学者所非议。然于地形学研究,窦维斯氏(W. M. Davis)颇善于利用,且用之甚广。反对者则以为此法本身有危险性,可产生价值不真之结果。演绎推论既于地学研究有其相当主要地位,吾人用此名称必互相了解其作用,且与归纳作用之区别,亦必须有同一见解。

归纳演绎,各有所始,各有所为,亦各有所得,归纳以观察事实为始,经过合理的手续,而求发见概括的原则或定律。演绎以概括为始,经过合理手续,而寻得特殊之结果。该结果应与所见之事实相符。更简言之,归纳由特殊进入普遍,演绎由普遍进入特殊。

用归纳推论之时,研究者应留意于观察之健全,因其为理智作用之起点也。如所谓事实者而非事实,不论理智作用之正误,所得结果必无价值。演绎推论时,研究者以概括为理智作用之始,但不必注意其概括者之真伪;暂视以为真,乃由此推演其结果,如所概括者错误,则推演而得之结果,与已知或新见之事实相比较自能发见所希望者与所见者不相符合。

两者均求直于事实,一则以事实为先,一则以事实在后。

两者并非对敌,最好互相为用,乃相得益彰。初由观察而归纳为概括的结论,乃反其道而行之,以结论为假说,由此推演而为合理之结果,再与所见事实对照,以证推论之正误也。

六、臆说,亦称假说(Hypothesis)

哲学家米勒(J. S. Mill, 1806—1873)云:臆说为一种假定,根据已知之真确事实,以演绎结论;此种假定,含有一种观念,就是由此假说所得之结论,果然真实,则此假说即为真实。至少有真实之可能。有时亦称应用臆说(Working Hypothesis),意即暂时用为解释事理之工具,例如解释地球成因之星云说(Nebular Hypothesis of Laplace,1796)是也。由假说所演绎而得之结论,与所观之事实相比较,如欠符合,可加以修正,例如张伯仑之星子说(Planetasimal Hypothesis of T. C. Chamberlin and F. R. Moulton,1900)改进而为最近二十年间之气潮说(Gaseous-Tidal Hypothesis of Jeanse and Teffreys)是也。

假说用之恰当,实为有价值之工具。地学界泰斗如吉尔勃(G. K. Gilbert)、张伯仑、窦维斯,均竭力提倡,并主张用多种应用假说(Multiple Working Hypothesis)以求真理。此数氏之于地形学有莫大贡献者,固由于学问之深邃,思想清楚,亦研究方法之恰当有以致之。蒋森氏为目前地形学界有数之领袖,曾自称三十年来为学之经验,确认诸氏所提创之多种假说法为研究法中最有效之步骤。吾国学子取法乎上,岂容忽视乎。

七、研究程序

实用时,多种假说法又自然别为各种程序。

第一步,观察(Observation),研究者首须认识事物与有关解释之问题所在。记忆力最为重要,就过去本人或他人所得之经验记及类似之事物。

第二步,分类(Classification),比较所见事实,又与记忆所及之事实比较,注意根本相类之点,而以同类者集合之。

第三步,概括(Generalization),由分类之事物归纳为广泛之概括,或形成定律,或成原则,以示所见事实之间,主要之关系,即可为全部或一部分之解释。有时概括只可为解释之门径,而真正之解释,须候诸第四步。

第四步,创设(Invention),创设可扩展归纳作用。不论第三步中之归纳推论,是否为全部或一部分之解释,研究者可熟筹其他可能的解释。创设多种合理的解释之努力，是为多种假说法与他法研究不同之点，因此种暂时的解释，即为下一步之假说。如有他人已经解释过同样事物者，亦应将其列为本问题假说之一，合并推证。

第五步，证明与废置（Verification and elimination），此二者须广为利用演绎推论。就所有假说，逐一推演其结果，并须周密正确，以此理想之结果与实地所得或实验所得之事实相较，以证明假说之适合与否，不合者弃之。此时之证明，往往有限，尚有待于后期之确定手续。

第六步，证实与修正（Confirmation and revision），由假说推演而来之结果，不过引导研究者预知未曾发见之事实，或因之设法实验以成立事实。事实之能否成立，即可确定假说之健全性，或加以修改，或终于废置。经过此步而留存之假说一种或多种，或各能解释所研究之问题，或须联合而解释之。

第七步，解释（Interpretation），就所研究之问题，陈述其最后解释。

研究步骤，虽分上列七段，然在进行之际，理智不能为各步所限，而按次前进，且不必如此严格，每步推进之际，亦能对于前期、后期有所贡献。

况乎问题之解决，有非一人之理智所能为，须合多数人之理智，经长期之工作，始能增进知识者。换言之，七步工作，一人未必俱能做到。

八、分析法与科学研究之任务

"将观察论据（Arguments）与结论，分析而为组合之各部分，溯其源而察其效,以澄清智识,完成知识者,谓之科学的分析法。"此乃蒋森氏所拟之定义也。

蒋森氏又据陆地、沿海岩岸上常见之现象为例,以示彻底的研究各阶段中,分析法所负之任务。沿海岩岸,往往有平台状之阶地(Horizontal Platforms or Beaches,如附图),宽数尺至数百呎不等,与坚固之岩相切。面海有陡坡,下伸入海。面陆则岩壁森然,阶地高出高潮线约一二呎或至数百呎。沿海之有平台与石壁相配合,常人视之,不以为奇;而地形学者见之,则立起疑问。由读书见闻之经验,自会比较脑海中所集类似之现象,并急于归纳而推论云,此乃海水波浪侵蚀所成。此处之推论实即解释,惟不完备耳。如该平台为海浪所蚀成,何以高出海面乎?于是理智又即推论云:平台面成就以后,地盘上升,或海面下降,有以致之。

人类智慧每易接受肤浅之解释,而搜集事实以支持之。此时观察者应加以防范,惟有搜集充分事实,方可作满意的解释之根据。所举之海岸平台问题,至今犹为一般学者所争论,悬而未决,今不过取以表示分析法之应用而已。所谓分析法也,不可与前立七项研究步骤混为一谈,盖每一步研究之中均可利用分析法。

(一)观察时之分析

一经发觉问题所在,即搜寻有关该问题之一切事实。观察宜周详确实,所见事实自然印于脑海。恐记忆之不可靠,故笔之于书。观察亦可分析为各部分,初则注意于有关之事实。例如既见一种前述之平台面,势必将继续搜集其他实例。于是必将沿海的平台地与其他相类者别而为二。因此定其名曰升起之海成阶地(Elevated Marine Beaches),或简称为海成阶地。因其与波浪磨刷所生,而位居海水之下之平阶相似。

于是又疑曰:按此名称,织成海成阶地者为何物?是否为临近海岸之平面,面海一边为陡坡,陆面一边为石壁乎?此种形式之配合，在自然界颇多其例，并有多种成因。例如波浪侵蚀面，局部风化而成之平阶，河流侵蚀而成之石级浸入于海者，冰流解冻时侵割山坡而成之凹槽，由山崩、断层、单斜、挠曲所生之阶地等，皆能分布于沿海各地，且有人归之于海相侵蚀之例。可知实地事实，首须严格研究。

事实未可淆混，必须分析清楚，验其与本题之适切性，有疑者去之。有某种台地或阶地，颇与海成阶地相类，而其平面适相当于坚质之岩层面。此种地形，与不顾构造，横切岩层而成之石面有别。虽观者感觉该地形与研究之对象或系同一成因，而分析手续，不让其并为一谈。如果该地形真为局部风化作用所成者，而掺杂于本题事实之中，则未来研究所得之解释，势必亦须解释此不相干之事在内。若有假说，只能解释本题之事实者，反为摒弃，如是有碍真正的解释之发见。

次再分析观察作用之本身。观者以为见之矣，岂真见之乎？此中危险，必须预防。包括推想于事实，混理论为实察，事至危险。观者以为见一台地，侵割于花岗岩之中；其实所见者，只是几方露在泥外之花岗岩碎块，由此妄自推想，而谓其余未见之大块台地，俱系花岗岩所成。又如观者报告谓见一海相侵蚀之台面，不与层面相交者；其实彼所见者，为与层面平行之台面，由风化所成，然误断为海浪侵蚀而成矣。

其次为视力迷惑之危险。在地景（Landscape）中，探求某种特殊形式时，其危险弥见重要。又暗示的智能颇大，譬如搜寻海蚀平台之时，觉得地面微弱之起伏，其实在另一环境之下，如此微妙之不规则，不至于觉察也。又如其所求之平台，多少有些微之倾斜，因满心希望其平正，而竟不之察是也。

观察之不完全，更为普遍之事。初步研究时，似乎有关紧要诸端，颇知注意，而后步研究时，真是有关重要诸点，则当初未经注意,亦往往有之。且有观察周全,而失于记忆与记载之不完全,反不能获益者。

观察缺失之弊,在所难免。果有分析观察力与分析观察作用之习惯,此弊自减。观者如能当事实之前,全数记录之而不赖记忆,则更为妥善。

（二）分类时之分析

研究者不能即以可疑之事实除去为满足。例如不与升起之海成阶地相关之地形,既经摒除,吾人不能就此满足,尚须追问,所有此种阶地是否必有同一之经历。如果此种阶地之侵蚀,非属于同一时期,其中有经过上升者,有未经上升者,于是阐明其历史颇形困难。如要研究有成,须将可以相比之事实集合一起。设有一假说可以解释高出高潮五呎之阶地,未必亦能解释高出高潮十五呎之阶地。故研究者应将同一特殊而适切本题之事实分别之,类集之。

且分类不可根据于表面之异同,生物家将鲸鱼归于哺乳类,而不属于鱼类,故其他学者亦必细心启发根本之同异。如能于分类之际,加以分析,此功自成。

论到海成阶地之假说的研究,研究者可按照阶地高度之同异而类别之,或按风化程度深浅而别之,又或按照有无浮土而分别之。

（三）概括时之分析

分类得法,研究者始能制成有意义之概括。例如本题之内,阶地可分甲乙丙三组;甲组高度仿佛,离海面最近,岩石面无风化之迹,地表亦无浮土;乙组高度较大,但亦高低仿佛,微有风化之迹,向大陆一边,地表有些微浮土;丙组高度更大,而高下至不一致,地面风化已深,遍地有浮土。

上列概括并不包含解释意味,然与可能的解释已相接近。吾人不难以同量事实为根据，设想一种归纳的推论。此种推论确包含一部分或全部分的解释。若谓阶地表示往昔之海岸线，因陆地上升而提高，此推论也几乎含着全部分的解释。是皆谓之概括，基于若干特殊事迹而来者其性质以归纳为主，虽然，凡是归纳，不免涉及演绎的元素。例如此处，设想自然界之定律是一致的（Uniformity in Nature's Laws），凡海中波涛进行之地必有多少海相现象，层见叠出是也。

然则分析的智能，于概括期间，果有供实用乎？由实验而得之概括，不含解释意味者，固皆根据于分类时之谨慎分析。然唯有归纳性之概括，而含有多少解释意味者，其分析作用，始能有所贡献。此种概括，亦必根基于事实，而为事实的正常产物；与不含解释意味之概括同；且必为由事实归纳而来之合理的推论。下节更将论及创设的解释，与由事实归纳而成之解释有别，立场不同，不容混杂者也。欲辨别之，研究者又须运用其分析手段。事实之本性，事实之分布情形，与相互之关系，以及其他相适之原素，必须严为审核，庶几惟有合理的推论，始可归纳而得。

例如以上所举甲乙两组事实之中，海拔高度一致，为此种阶地之特性，因事实而得概括，可说阶地由海蚀而成之后，海平面曾经降落，阶地高度之一致时，暗示此种涉及解释之推论是合理的。但于丙组事实，即不能得如是之概括，盖此类阶地，有高度变化颇多之特性。高度之杂乱，既不是暗示海面之一体降落，亦不能暗示陆地有系统的局部隆起。如果事实能如是解释，则此种解释必系从容创设，而用之实际者，然非为事实之正常产物也明矣。

概括作用，更进而分析之，自知概括之产生于事实，犹为未足，必须产生于许多事实，确然普遍者然后可。研究工作最普通的错误，即为概括过早，而以全不适切之事实为根据是也。作者能于每一步研究之中，细细分析其作用与结果，方克免此。

关于已经上升之海相阶地,概括作用必须就各类阶地分别进行。研究既深,自能感到一种解释,可适用于几类阶地;然亦有适得其反者。所以对于各类事实有分别应付之必要,最后或能求得其共同的成因与历史。

(四)创设时之分析

至研究之第四期,当根据事实分类与概括,创立解释,多多益善。于是丁铎尔氏(Tyndall)所称"想象力之科学的应用"(The Scientific Use of the Imagination)颇见重要。此种创设之精密周详,乃为有意识的努力之结果。设第三期中之概括,包含解释,研究者亦必更求其他独立之解释。倘概括所含之解释,或只有一部分,或只为解释作门径,则研究者运用其创设力,以竟解释之全功,然后再进一步,谋其他解释以代之。

创设作用之性质本不十分明了,当其他意想(Mind),由具体事实出发,而达到解释的概念,则有类乎归纳法。但创设期之意想,较诸概括期之意想更为自由。与事实之关系不紧密。正当之概括既为事实之产物,必盘根于事实之内。创设可由薄层抽象的推论,滋生而成。促进创设者为事实,且所创设者,不可明与事实抵触但不必为事实之产物。所以一致下降的概念,非前举丙类事实之正常的产物,盖分布四散之海相阶地,高度变化既多,并不足暗示海面下降,比诸陆地上升更有可能。虽然,可想象海面之降落,一致而有间歇,是为高度不同之阶地,进一可能的解释。盖据观察所得之事实,未有与此解释相抵触者。

创设期之意想,虽称自由,亦未必尽然。盖第三期归纳而得之解释,与第四期创设而得之解释,将成为第五期演绎时之应用的臆说,故必须适合于统制臆说的基本需要,第一主要者,此种临时的解释,必须范畴正确,庶可发为特种演绎。设解释宽泛,或陈述拙劣,不可据为演绎,以受反复证明者,即不成应用的臆说。一种臆说既不可以为用，则非应用的臆说。

次则所陈述之解释，必须具有可能性，盖凡与已经成立之自然界定律显然抵触之解释，徒费时力，不能助作者进入目的地。反之，似乎不可信，或与定见相背之解释，摒之不加考虑，亦属危险。进入真理之途径，往往因此而预先闭塞，且永被闭塞矣。1840 年时，大陆水河作用之臆说，又 1860 年时之进化臆说，似乎均不可信，即此理也。

然则创设的智能，将如何制成其臆说乎？又如何辨别表面可信，而实则不彻底之解释，与夫初不可信，而实则应虚心考虑之解释乎？惟有分析作用，能给吾人以价值无量之工具。试将每种临时的解释剖析之，而为组合各部分，再就各部分追溯其假说与推论，检讨各部分之健全性，亦即检查全部之合理性。兹再就海成阶地问题，以求抽象原理之具体说明。

海成阶地之研究者既就事实观察而分类矣，且又得到某种概括，于是集中研究于第一组阶地——位置接近现在海岸，高出高潮约自一二呎至五六呎，石面新鲜无浮土者。便与他组阶地区别，名之曰海岸阶地（Shore Platforms），因其与海岸接近耳（附图之 SP）。

附图：

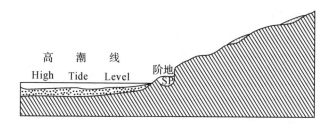

于是进而创设有关海岸阶地之各种解释，愈多愈佳。计之假

定不下十种，兹故讨论其二。(一)海岸阶地初在海面下侵蚀而成，继则随海岸上升，此说早经于前节言之。(二)假定该阶地即就现在高于高潮之地位，风潮时被现代海水侵蚀而成。第一说对于海水剖切阶地之情境，与地壳运动，均与一般风行之见解相一致。故想念及此，善自接受，以为有助于研究。第二说则与久已成立之见解相背，意念及此，初必退缩，盖素来视为未必如此。但是研究者不任意智之直觉反应，决定既不以第一说为应用的臆说，亦不放弃第二说，一俟两者加以分析之后，再定取舍。至于检讨臆说之胜任与否，又另为一事。

对于第一说有许多切实疑问。何者为解释所根据之基本假定？阶地之必在海面下剖切而成，与必须求助于陆地升起，以解答阶地现在高出海面之位置，俱为假设，然则所谓"必在""必须"之背景又如何？一为地质学标准教本之指导，盖书中往往表示海浪所建筑与海浪所侵蚀之阶地，均在海面之下，二为一般观察家之报告，据说此辈觅得阶地于海面之下，沿海岩壁之根基，位于低潮线之下者有若干呎。

然则书中之文字与图式，是否确实表示海浪侵蚀之情形，而示以可信之证据乎？曰未也，文字之间，偶亦有表示海浪侵蚀，在海面之上者，可见载籍之言，互相矛盾。彼辈观察者有否提出断然的证件，证明海面下之阶地与岩壁根基，目前在正常发育之中？亦未有也。彼辈信为如此耳，或者此种阶地与岩基初在较高位置侵蚀而成，近始浸淹于海，然彼辈所陈事实似对此种可能性并未加以考虑。研究者如是推敲，当初视为强有力之解释，至此入于可疑之境界矣。彼或将不得已弃之不用，或暂时保留为可能的应用臆说，以待后来演绎时更严厉之检讨。总之，经过分析作用以后，第一解释，不如初时之占优势。

兹再检讨第二解释，此与当初视为无多加考虑之价值者，所说

157

风潮时之波涛,在目前海陆关系之下,可以切成阶地者,究为何种背景?此乃根据一种假定,波涛侵蚀之中,或有几种因素可让侵蚀作用在平常高潮线上尽力发挥。然则究为何种因素?其中有否一二能有利于位置较高之侵蚀乎?对于此点,观察与记忆供给了几种适切的事实:大量海水沿海岸斜坡上卷而成波涛,其动量足以支持静水面以上之侵蚀动作。况且摆动波与传导波之波顶,升出静水面之高度,大于波槽下降于静水面之深度,此为已经成立之事实。故波涛侵蚀之平均面,高于静水面。风向大陆,又能堆积海水,比常时高起若干呎。如是,至少有三种因素可发生高于海面位置之侵割。因此,假定三种因素集合而成之结果,即为现时位置较低之阶地,似乎未尝不合情理。

研究者循此推进其分析,其第二解释,终必认为满意,可于后来臆说之间,占有相当位置。对于其他解释,或为本人创设,或为他人供给,均可用同一方法剖析而辨别之。可见创设期中,分析作用殊有功于研究,且为最后成功之保障。

(五)证明与废置时之分析

研究至第五期,假定未经分析作用淘汰之解释尚有几种,乃各视为一种应用的臆说,按第三期所用之智力作用反而行之,改以演绎法,从臆说中求得海岸阶地应有之特点。目的在于证明臆说之适合性,庶可将不切合者弃之。

检验时犹须借助于事实。演成特点之后,再与研究者所记忆,所记述,以及他人所发表之事实相对照。如果演绎而得之情形与事实符合,即承认该臆说证明适于实情,可以解释事实。非如是者,摒弃之,不再可虑可也。

演绎动作之成功,须视两种情形以为断:(1)智力运用之丰满与精确。(2)检讨适当。以前各研究步骤中之分析,无非确定适当的臆说,才可用为正当演绎的出发点。演绎作用本身,虽与臆说之健全与否固不相涉，而管制思想之法律颇关重要。故智力运用必须依照论理学定律，取其周详精确，庶几结果可靠。

复臆说（Multiple Hypothesis）之精华，在于善为考虑每种可能的解释，盖明知所有解释不能尽数真实。演绎作用之于臆说内容不能有所增减，只能将其本有的可能性，发展之，经管之。由是可知，试将演绎而得之无数情形与无数可能的事实相对照，以验其符合与否，至关重要。检验动作之成败，即整个方法之成败也。

由几种臆说演成之情形，有共同者，有特殊者，惟有特殊之情形，于鉴别臆说之健全性，最为有效，结论时尤必借力于此。

然则分析作用在本期研究之中，能服务至何若程度乎？演绎法之应用得力，既在乎各人正当演绎之能力，智力作用应严受审核。推理之际，往往有谬见，必须免避。略读论理之学，自能养成智力之习惯，而有演绎所需之谨慎心。

如果演绎虚伪，与事实相符与否，即无关紧要。结论势必削弱，健全的臆说能因而被弃，不健全之臆说或反被容纳。安全之道则在乎分析，演绎必须如归纳之分为组合各部分。每一部分加以检讨，察其健全性。兹再就海岸阶地问题以示其例。

设如在现时海陆关系之下，风潮掀起波涛侵蚀之说，可为一种应用的臆说。由此演绎而得几种可以期望的情形，今姑讨论其一。如阶地果为风潮时，海涛活动之产物，可想阶地面上应有石屑，即侵蚀时海水用为工具者也。据查观察记录，许多阶地之面，显无石屑，虽然阶地旁海之迹，照例倾斜峻急而入海，石屑果能堆积几何，难以推测，所见事实，既与臆说中演绎而来之期望相违，研究者遂认为风潮波涛侵蚀之说不可靠而弃之。果尔，此君即因失于检讨演绎作用，而损弃一则完全健全之臆说矣。

在如此情形之下，照理应先将关于希望有侵蚀工具一节之推演，加以审察，且试问此种推演之根据何在？实则根据于一种假定：海水波浪如无石屑为护，即难于侵蚀海岸，然则此种假说之根据又何在？一般流行的地质家之意见，大概如此，教本中亦曾谓海浪若无侵割工具，其力微弱。流行的意见以及教科书皆难保无误。故研究者势必追溯意见与教本中根据之来源，根究海浪所为之损害，其原因与性质有何明证，记录又如何？由于海浪之伟大的破坏情况，将获得许多情报，且知其中本不必有石屑参加，按水之冲击，可以发生流力，闭于石隙间之空气水量，均受有压力，又当波涛涌退之际，石隙中之空气，骤然扩张发生局部真空等等，俱为波涛破坏作用之有力的原因，此皆根据者于实例，与可靠之证据也。故海边石屑，虽可为浪蚀之重要因素，但未挟石屑之海浪，其冲击力，每方呎自数百以达数千磅者，亦能破坏海岸，此种可能性，不能除外。故研究者可将石屑有无之推论放弃，而不能将整个臆说放弃。再就同一臆说推演其他情形，用作检讨时更为可靠之根据。

精于鉴别的能力，不独于推演臆说有所贡献，当推演所得之情形与事实对照之际，研究者亦应同样精细。如果两者貌似符合，不可勇于接受，更宜验明是否真正符合。如果不相符合，宜检查是否因不切题之因素掺杂于事实之间。

检讨之效能，视推演之数量与特征而异，又视可以适合推演之事实的种类与性质而异。如推演繁多，且有几种情形特殊，再有同等数量与特性之事实与之符合，则此臆说之检讨尤为精良。

本节所称之证明，证明真实（True）而已。并非证明臆说为事实唯一之解释，况臆说往往难于直接证明，所欲证明者：由臆说推演而来之情形与事实之一致是也。故此处之证明，为一二种臆说适于解释事实之证明。而非臆说为事实真实的解释（True Explanation）之证明，几种臆说俱能适于解释某几种事实，其中只有一种是真实的解释。可知任何臆说被认为成立之先，还须研究，即下节之证实与修正是也。本节所论之证明，是一部分的，有限制的。

研究进入本阶段,对于演绎作用,易犯过失,以致思路关闭。蒋森氏名之曰限制性(Limiting Nature)的错误。即自然界之力量,在假设的情况之下,其作为反被人类视为有限制之谓也。例如"凡河流遇到坚硬岩石之阻碍,即不能达到修平(graded)的发育过程,凡在障碍以上之软性岩石区因此不能化为准平面;又如瀑布在匀整而未固结之岩石区,不能向源头后退,距离过多,势必伸长而成缓坡"。皆为人类智慧加桎梏于自然之说也。讵知自然力在万籁俱寂的环境中,竟能进行人类以为不可之作为欤?演绎作用难免含有对于自然界能为与否的判断,研究者于此应深思熟虑。加于自然界之限制,宜宽大而有伸缩,凡相关诸因素经过剖析,限制始能成立。惟如是演绎合理,安全可靠。

彼反对应用臆说与演绎于科学研究者,曾经疑问曰:"既设立之,何必又推翻之。"须知臆说在科学研究中,本无地位。创设之初,惟有可能的解释,纳入于应用臆说之属。既经详细分析,背理者或不可信者,已被淘汰,及至研究第五期,被演绎者仅为几种尚属可信之臆说而已。究竟可信至如何程度,是为第五期之研究范围。有几种臆说,一经推敲,就此粉碎。此正所以测验方法之成就,非方法之无用也。吉尔勃有云:"以臆说之毁灭,代替研究无用之证明者,是进步之法、进步之条件。"彼疑问者,宜三复斯言也。

(六)证实与修正对之分析

以上将应用的臆说,一再淘汰,至此能保留者,已为数无几。有时只余一说,似乎适于解释一切所记之事实,于是谨慎的研究者,在用以为最后解释之前,当证实其适切性。如所留之臆说不止一种,其能代表真实之解释者,究属何说,抑集合数说而解释一种复杂事果,当再追求清楚。

前所留得之臆说,每未精良。检验尚未完备,不足以为结论,成因所需之事实不足，或因推演不充实。假如从某种推演而得之情形有五种，只有三种与事实相符，而事实有五端，其中三端与推演之期望相合，如是尚有两种推演，与两端事实未能求得配偶。其不一致，意义何在，难于明了。岂观察尚未周全，事实犹待发见欤？抑推演未曾充分欤？果有此种缺陷，臆说犹可保存。又或不一致之主因，在于臆说之尚待修正，俾与事实符合，或甚至于臆说不能切合，终必舍弃，亦未可知。

寻求不一致之所以然，是为本期研究之职务。先求失缺之事实，如果求得，成为臆说所含概括适以之证明，则第五期推演之特殊价值，更为了然。第一期之观察，失于无指导，此时之观察有目标，故知如何追求与何处去求。地形学者或地质学者应赴实地寻求事实者此时可节省许多工作，而增多收获。与物理、化学、生物等学者，将由实验而求新事实者相同。

此时发见之事实，较诸当初所见之事实更多测验的价值。其始也，事实由观察而得，随后以臆说适应之。今则由推演而预报事实之发见，虽然，实际存在与否尚不可知。设如关于臆说（A）预报之事实，已经发现，关于（B）（C）（D）等臆说所预报之事实，则未之见，于是对于（A）说适切性之信任，加倍坚强；盖适合于（A）之事实已肯定的发现，而适于他说之事实否定的未见。

观察一经指导，更有其他价值。指导观察者为推演，推演所完全预料之事实，即由此发现。窦维斯有云：研究者对于事实之外视力，因问题性质之透彻而敏锐。曩昔事物之不足，印象于眼帘，于意识者，今则立时知所注意，盖一则正所期望一则非所预期使然也。预料之事竟能发现，则于臆说之证实，价莫大焉。如发现事实甚多俱为臆说所估计者，且屡见不鲜，则证实性愈高，臆说因之进步而为确切证明之学说（Theory）。

设或所得之事实为臆说所未解，或新近发现之事实非为臆说所预期者，又或按照臆说，理应存在之事实尚未获得，则臆说之需要修正显然无疑，研究者于是逐步追溯已往之研究。以观察为始，辨别事实，尤注意于推演不相一致之事实。或与问题不切合而应废弃者有之，或与问题有关重要而表示臆说须加修改或放弃者有之，究宜孰从，理应决定。再注意于分类概括需否修正。于是详细考察其所创设者，修正解释，凡能使期望与事实有协调希望者加入之。尤须注意于推演，因其为证明与弃置之基础，且推演时最易招致错误。推演不彻底，尤易发生困难。适当的修饰整理，加以新的推演，可使期望与事实之不一致变为完全协调。

必需的证实、修正，或臆说之废弃等作用，有需于鉴别智能者，颇为繁重。有何推想之缺陷、因素之忽略，或有不相适切之事实容纳其间，均须按照过程加以检查，如过去之工作精细，错误自不易发见。

兹再就海岸阶地问题，表示证实与修正之主要性。设如经过第五期之研究后，合理的解释只有风潮波涛之侵蚀一说。从此说推想，如果阶地是风涛侵蚀之产物，海岬高处，波涛汹涌，必有阶地，低如海湾或有堤堰保护之区，风涛虽小，想亦有之。风涛最猛之地，阶地最宽，因海岸销蚀最速，是乃由臆说演绎而得之期望。但研究者永未实地见到波涛攻击之强度，与阶地之高度、宽度有如是之关系，岂因不知注意，或因阶地之高度、宽度不甚显著有以致之乎。

无论如何，研究者今必须计划至辽远之海岸，实地观察，细心分析问题之所需，探求最适于测验此种推演之海岸。其观察力今必大为增进，以前忽略未见之事实，今能见。阶地内缘有鲜明之石崖，崖基每有凹槽（Groove or Notch），阶地上偶有石壁崩塌，崖顶覆有草土，阶地面上有盐水池，池内有生物。此皆以前未曾预期，今则可未解于臆说，且足以证实臆说者也。并更发见阶地位置，高自海岬，低至海湾，确皆有之，故证实作用倍见坚强。

尚待应验者，则为最宽之阶地应处于波涛侵蚀最强之海岸。研究者再分析许多所呈示之各项因素，以使选择适宜处所，备作测验此最后之推演。选得区域，一一前往观察，终未觅得海蚀阶地。反之，怒涛冲击之处，只有零乱转动之石块。失望之余，研究者再加分析，以求解答。凡引起创设此臆说之推论，期望阶地最宽，即侵蚀最强之演绎，以及与期望不相一致之事实均须经过剖析与辨别。以严密之注意、完全独立公正之态度，一一考察检验之。

此项分析之结果或将谓臆说主体，确是适用，惟细节尚待修正。其结论则曰：风涛攻击愈烈，海岸之被挖掘愈速，倾塌而成石块，石块能冲散波涛。此时海水不能在某一基准，侵蚀成一阶地。如分析之结果诚如此，研究者将根据风涛和缓之侵蚀情态，重新陶铸其臆说。如有其他更完善之解释，亦可照例重铸臆说。于是考查强弱各异之风涛，所消蚀而成之各式海岸，以证验其臆说。

（七）说明时之分析

譬如风涛侵蚀之说，经过修正与试验，研究工作乃进入最后阶段，此时应起草海岸阶地成因之说明。虽然分析之重要，犹未完全可免，既完全了解所用证据之性质，仍宜谨慎细心，盖此种了解，来自论据所受严谨的分析。地理家、地质家难以用数学表明其结论之真实，照例，所能表明者只是某种建议有高度之盖然性（Probability）而已。按查研究经过对于根据此臆说之说明可以信任，然犹恐有错误之机会，所有可能的臆说，或尚未全然想到，所有合理的情况，或尚未全然演绎而得，或未曾发见所有适切之事实，来日的贡献，能给该问题以意外之光明，而根本改变其结论。故研究者视其目前之说明，只是一种富于盖然性之学说，而非证明之事实。

在过去研究期中，错误之为害，只限于研究者个人，且尚有反复推求与校正之余地。及至研究最后阶段,说明发表,如有错误,则害大众。行文必须透彻,但不能超越证据,与曾经千锤万炼之推论所许可者。某一种说明不可应用到任何种类之海岸阶地,除非曾经证明未有不可如是解释之阶地。且此种解说不可肯定为阶地之唯一原因,除非证明未有其他原因资助其成。

诸如此类,研究者须预防行文之有过,与不及,或错误。分析作用可使概括不失于宽泛,与免除其他过失,逐字逐句,必经辨别,结论须加剖析,或校对,或检验,总期解说陈述适当。果能如此,必能邀科学的人们予以恳切之考虑。

(八)结论——科学的精神

研究方法之迂回曲折其目的果何在乎?在乎求真而已矣。求真为科学之精神,科学方法乃求真之途径。研究方法虽曰精密,人类之理智终不免有过失,故难以求得真理。所期望者,研究方法正确,可以减少错误,促进真理之道而已。复臆说与精细之分析,合而为用,实为求得准确之工具,亦为科学研究成功最善之保障。

科学之精神,非科学家所特有,亦非科学家所尽有,但为科学家所应有。其所养成之习惯,为公正、谨慎、坦白、温柔、诚实等诸美德,其影响于吾人处世之态度,遇事之方术者至大。故吾人之所以研究地学也,其目的为真理,其副产品为道德之修养,与其他科学之研究,固无异也。

若夫今之提倡科学救国者,则以为科学可以富国强民。讵知一般科学家,当初何尝因其有用而致力,在求真而已。真理既明,实用随之,此自然之势。近世文明,出乎科学,毁于科学,岂为科学界先贤所梦想及之欤?当坚守科学方法,以为成功之母,学之有用与否,初不必计也。

参考书目:

T. H. Huxley: Lag Sermons, Addresses, and Reviews,

1870；Science and Education，1894.

J. W. N. Sullivan：Aspects of Science，Part I. N. Y.

（以上可见摘译本：《科学的精神》，萧立坤译，商务印书馆）

F. W. Westaway：Scientific Method，Its Physical Basis and its Modes of Applications，1931.

（译本：《科学方法论》，徐章曼译，商务印书馆）

D. W. Johnson：Role of Analysis in Scientific Investigation，Bulletin of the Geol. Soc. of North America，Vol. 44，pp. 461-493，1933.

（原载《史地教育研究室丛刊》1940 年第 1 辑）

刘节

刘节(1901—1977),历史学家,1939 年任教于浙江大学史地学系。

书评:陶希圣著《中国政治思想史》①

此书应用唯物史观之理论,从事于中国社会政治史之探讨。今试举其第一册中可商榷之点,分别讨论如下。

一、方法

学术之进步与研究方法之进步成正比例。通史之创作甚难,在吾国最近十数年来,其方法亦时刻在进步中。绩溪胡氏曾首先提出作通史者之规范如下:(一)校勘;(二)训诂;(三)贯通。此尚未离考证家之立场。虽提出贯通一条,而于通史作家规范,尚嫌失之简单。新会梁氏《中国历史研究法》中所提出诸条,则于通史作家大有启发。其言曰:

第一,划出史迹集团以为研究范围。

第二,集团分子之整理,与集团集体之把捉。

第三,常注意集团外之关系。

第四,认取各该史迹集团之人格者。

---

① 陶希圣:《中国政治思想史》,上海:新生命书局,1932 年。

第五,精研一史迹之心的基体。

第六,精研一史迹之物的基体。

第七,量度心物两方面可能性之极限。

第八,观察所缘。

上列八条虽未能尽通史作家之必要手段,然而考察史迹之因果关系,必须从此下手。后起者必须于此数点之外作更精密之计划,或设法修正之。而陶君举未能及。其所提出方法,亦未能较梁氏所论者有所进步。今于彼所著《中国社会史的分析》中,抽绎其方法论如下。

第一:概括的记述法。把类似的事实和现象集合起来,指其共通的象征。

第二:抽象法。分析复杂事实,使趋于简单。

第三:统计法。在一群现象中,发现一定特征,以如何次数实现,及以如何程度实现之量的研究。

案用此三法以整理史料则可,若用之以排比事实,求一贯之因果,则尚不足。盖历史进化,决非事实之积聚,乃各种事象之交辐发展。求其一鳞一爪,皆属片面理由。何况概括与统计二法,尚不能脱离形式逻辑中求同求异之理,且系考证家所常用之方法。至于抽象法,则所寓之危险性更大,一有不慎,必至抹煞证据而后已。原陶君之所以采用此三法者,因其胸中固已预存唯物史观之理论。所谓剩余价值,阶级斗争,及一切文化建筑在经济组织之上诸原则,与夫神权,王权,贵族统治诸名目,久已配置整齐,然后以此三法,取材于吾国史料而充实之。凡以概括法所得之共通象征,及以统计法所得之特殊象征者,乃合于诸原则之事实也。凡有不合者,则以抽象法淘汰之。如是结果,则数千年之中国历史,无往而非唯物史观之色彩矣。兹援据陶君之书,而检讨其所用方法之不合者如次。

（一）陶君谓:

> 春秋时代各侯领筑城的事实。集合各侯领筑城的事实,可以得到一个论断。春秋时代有都市集中的现象。

按侯领筑城,安知非封建领主之堡垒? 何足以断定为商业都市之集中? 其不合理者一也。

（二）陶君谓:

> 战国时代个人财富的积聚的记录。集合个人财富记录,我们可以得到一个论断,原始共产制乃至封建财产制,已为个人私有制所代替。

按食邑采地之制,即封建财产制之遗留。此制自春秋战国以迄秦汉,史不绝书。而私人财富积聚之记录,大半在东南沿海各区。寥寥数项证据,安足以言代替封建财产制耶?

（三）陶君谓:

> 中国社会久没有土地贵族,但是分析的结果,我们发现了代替土地贵族的士大夫身份。中国社会看不见商业资本的势力,只看见土地资本的势力,我们又看得出士大夫身份是地主阶级披上了法律的外衣。这便是抽象法的运用。

按陶君在此所得之结论,更为脆弱。试问"尝为乘田,尝为委吏"之孔子,"在陋巷,一箪食,一瓢饮"之颜渊,"腓无胈,胫无毛,沐甚风,栉疾雨"之墨翟,"弟子恐不得饱,先生虽饥,不忘天下"之宋钘,是否为士大夫? 然则,其地主阶级之性质何在? 孟子曰:"无恒产而有恒心者,惟士为能。"此适足以反映当时社会之真相。即以吾人今日所知,先秦之真正士大夫,鲜有为地主阶级者。可见孟子必有所据而言也。反之,更就先秦之富商大贾言。若弦高,猗顿,郭纵,乌倮氏,寡妇清,亦可谓之士大夫耶? 若子贡、吕不韦之流,当以例外视之，不能以此为借口。缘陶君所以致误者，盖强求土地贵族及商业资本于先秦而不可得，于是提出所谓地主阶级披上了法律外衣之士大夫阶级，以代替之。然而此阶级于之先秦，不可得也。

近年来学术界新进，号称以唯物史观解释吾国历史进化之方式者，亦颇有人。吾人并不反对此种企图。苟能借此手段以得一部比较可读的历史，亦为吾人所旦暮企望者。惟观其所著作，大率杂凑成篇，不足语此。陶君书中，虽曾提出"细密分析"与"慎重比较"二点，然比较之结果，乃有上列三项之错误。可见徒事比较，必至于有削足适履之危险。则陶君所用之方法，有待于修正者多矣。

二、材料

作史者之第一步工作在收集材料，其次在审定材料。今陶君此书所用之材料比较审慎，然大体皆为前人所考定者。其中亦有前人已舍弃不用之材料，而陶君仍旧采用者。至于新出之材料应行补充者，陶君亦未注意及之。又陶君此书对于审订材料一点，皆依前人成说，未能自下主意，故每有自相矛盾之处。审订材料有一定之方法，胡适、梁启超二氏之书皆约略论及。而搜集材料亦有一定之方法，作史者不能不加以注意。故约略言之如次。

一、辑逸。清代考证家于辑轶一道，收获最丰。若严可均之辑《全上古三代秦汉三国六朝文》，徐松之辑《宋会要》，为最巨观。他如马国翰，章宗源，黄奭，余萧客，王谟，卢文弨之流，皆能蔚为一家。通史作家虽不能为此巨大工作，然前人已有之成绩不能不知应用。例如申不害与魏公子牟为论政治思想史者所必须介绍之人物，然申氏书久轶，严氏辑得十二条，马氏辑得二十四条。子牟《汉志》属道家,书亦久轶,马国翰从《庄子》《战国策》《淮南子》《吕氏春秋》《说苑》所引辑得五条。他如田骈,慎到,惠施诸人之说,散见先秦古籍,皆当应用。此就前人已有辑录者,尚易为力也。

二、钩沉。辑佚与钩沉,在清代考证家无分别。吾以为钩沉尤较辑佚为难。辑佚有人名为线索,可引而得之。钩沉则并无直接显明之证据,须从学术之中心系统上求之。如杨朱学说久已亡佚,而见于《吕氏春秋》者有子华子之学说,与杨朱之学相同。宋钘,尹文之学说亦久轶。今所传《尹文子》亦不可信。《管子》中有《白心》《心术》两篇,与《庄子·天下篇》之言相应。宋钘即宋牼,《庄子》《荀子》上皆谓之宋荣子。《正论篇》上所言,即其学说。又如李克即李悝,今严可均氏从《汉书·食货志》及《韩非子》辑得四条。而马国翰从《韩诗外传》《说苑》《吕氏春秋》辑集关于李克之言行凡一卷,皆法家之言。诸如此类,非刻意钩稽,不可得也。

三、发见。辑佚钩沉,其所取材无非旧有史料而已。新材料之发现,当待考古学者之发掘。最近三十年来,新史料之发现若殷墟甲骨,若汉晋木简,若六朝碑志,若敦煌写本,其裨补史事者,实非片纸只字所能尽。作通史者当尽量应用以改造吾国旧史,而换一新方面。今陶君之书所当采用之新史料,即为两周彝器上之文字。此皆西周以来之要典,其关于先秦学术思想者至巨也。

就上三项审定材料之法,胡氏《哲学史大纲》已发其端。然所论限于考证学家辨别史料之方法。吾人今日作史,必须更有进于是者,然后能创为正确之新史。而陶君举未及此。且陶君此书所用之材料,往往自相矛盾。例如:

(1)《洪范》。陶君于该书商代僧侣之职能处引用《洪范》,以为商代之事实。又在二百二十六页论终始五德处,以五行为阴阳家之说。《洪范》为战国末年作品,节前曾有所证明。最要者为袭用《诗·小弁》之句。又"王道荡荡"四句见《墨子》,称《周诗》,其非

《尚书》之文可知。即就陶君所引一段而论，卜筮连词，已非周初事实。况筮乃农业社会发达后代龟卜而兴之事，商代皆用甲骨卜吉凶。又其文辞气排偶，亦非周初人语气。今陶君用以证明商代神权势力之盛！不知此文非箕子所作，不足为据也。复次，"皇"字在金文中无作名词用者，而《洪范》"维皇作极"，"皇则受之"，皆作名词用。皇王之说，当在战国以后。商周之间，并作形容词，亦一证也。

（2）《系辞》。考《易经》，当经传分论。卦爻辞中自有成周以前文字。如帝乙归妹，康侯用锡马繁庶，高宗伐鬼方，丧牛于易，诸条，皆古代之传说。然象象以下，则决非孔子以前物。《易经》之编次年代，亦当在孔门弟子之后。而《系辞》之成，更晚。顾颉刚考定为西汉人之作，大体可信。今陶君于本书九十五页引崔适（应是崔述）之言，以《易传》必非孔氏之书。又于九十六页引《系辞》"作易者其知盗乎"数语为孔子之言。又于九十八页引"小人不耻不仁，不畏不义"数语与"君子喻于义，小人喻于利"同出孔子。其自相矛盾如此！

（3）《礼记》。《仪礼》十七篇，大抵皆成周以来之盛典。其见于著录，亦当在孔子后。盖孺悲学"士丧礼"于孔子，《士丧礼》于是乎书。礼之大者，宗庙会同，至于三年之丧，儒者之主张，足证士丧礼之起甚晚。他如《士冠》《士婚》诸篇，其礼节繁重，已非周初人风俗。今陶君曰：父之于子，须于阼阶行见子礼。而引《礼记·内则》为证：

> 三月之末，择日剪发为鬌，男角女羁，否，则男左女右。是日也，妻以子见于父，贵人则为衣服，由命士以下，皆漱澣，男女夙兴，沐浴，衣服，具视朔食。夫入门，升自阼阶，立于阼，西乡。妻抱子出自房，当楣立，东面。姆先，相曰："母某敢用时日祗见孺子。"夫对曰："钦有帅。"父执子之右手，咳而名之。

> 妻对曰:"记有成。"遂左还,授师。……妻遂适寝。……夫入,
> 食如养礼。

此种节文,当起于宗法观念极盛之时。而《礼记》中各篇大抵皆汉人所作,用之以论先秦思想,恐非事实所许可矣。

(4)五等制。五等之爵,出于《王制》及《孟子》。且《王制》乃汉人之说;孟子之言,亦得自传闻。今考古代吉金文字中,虽有公,侯,伯,子,男之名,而未列为五等之次第,金文中有以诸侯称王者,若《羌伯簋》,《共伯彝》是也;且皆在西周时。其他公,侯,伯,子,男,更无定称。即如《春秋》,虽以五等爵位称诸侯,而如宋君称公,亦复称子;陈,蔡,滕,纪诸国,称侯称子,不定;薛一称伯,一称侯;杞一称子,一称伯。《春秋》称秦为伯,而金文中有《秦公簋》,《秦公钟》,别有《秦子戈》。《春秋》称邾娄为子,而《朱公轻钟》称公,《郑伯御戎鼎》称伯;《矢令彝》曰:"诸侯:侯,田,男。"可知周初诸侯未有五等之制。郭沫若君已详言之。《白虎通》东汉人之书,用以说周代人有五等爵禄,更不可信矣。

三、时代

历史分期,本无一定之标准。一般通史作家常分历史为上古,中古,近古,近世诸期,则又失之于太笼统。又有以民族之兴衰为分期标准者,例如夏曾佑之书是也。其书分中国历史为传疑期,化成期,极盛期,中衰期,复盛期,退化期,更化期,亦失之穿凿。其他社会史家则曰原始共产时代,封建时代,商业资本时代,诸标准亦颇难划分界限。于是近来学者有主张先秦为封建时代,又有主张封建制度为秦以后始实行者。议论纷纷,莫衷一是。至于专史之分期,亦论者不一。新会梁氏所为《先秦政治思想史》,其采用分期

方法与《清代学术概论》同。其言曰：

> 佛说一切流转相例分为四期，曰生，住，异，灭。思想之流转也正然。例分四期：一，启蒙期；二，全盛期；三，蜕分期；四，衰落期。无论何国，何时代之思潮发展变迁之迹，多循斯轨。

梁氏此法用之分别任何一种学史皆可，其缺点在于所分时期不能把握一代之思想中心。今陶君所提出之分期方法，其目的即在表现一时期政治中心与思想之特征。其分期如次：

第一期——神权时代——自商代以迄周初，政治中心在僧侣。经济组织为牧畜及农业社会，其在伦理方面，为氏族社会。社会中心分两大阶级，形成僧侣与奴隶对立之奴隶制度。

第二期——贵族统治时代——自西周迄春秋，政治中心在贵族。当时经济组织为农业社会；在伦理方面为宗法社会。社会中分两大阶级，形成贵族与农奴对立之封建庄园。而中间之士大夫阶级逐渐抬头。

第三期——王权时代——(1)由贵族到王权的过渡期，战国时代。(2)王权进展期，秦至唐末五代。(3)王权成熟期，宋至清。三时期中之社会情状，陶君之书尚未全部刊布。吾人所知者，唯陶君仅有叙(1)期之社会经济状况而已。总其大意如次：政治中心在帝王，经济组织为农业社会，耕田方法进步，而商业及手工业逐渐发达，形成地主与农民对立之阡陌制度。

今案陶君所采用之分期方法，其言虽辩，然而所谓神权，所谓贵族统治，所谓王权，皆取之于西洋史家所用之名词。充此名词以应用于我国历史上之事实是否符合，皆须切实研究者也。兹就陶君所提出三时期中之各项特色，分为下列各点评论之。

(甲)神权势力。据陶君之意，神权势力限于商代。其重要论据则曰：商代有僧侣贵族，且历史上有(1)伊尹放太甲，(2)伊陟赞于巫咸，(3)武丁求傅说，(4)太戊之用臣扈，(5)祖乙之用巫贤，皆足以证巫祝在商代执大政。按巫咸，臣扈，巫贤，为商代巫祝则可信。至于伊尹，傅说，吾人不敢遽定其为巫祝之官。且伊尹放太甲根本系一传说，吾人亦未能遽信为事实。虽然，陶君之结论吾人亦有一部分可以承认。今观殷虚卜辞，知商代之国家大小政事必卜。凡王之祭，告，出，入，田，渔，征伐，年谷，风雨，皆先卜而后行，则商代巫祝之权必重，此事实也。若据此与西洋史上教皇与王室争权相比，性质大异。至于"神权的势力"岂止于商代，直至春秋中叶，巫祝之权仍甚重。《国语·楚语》观射父之言曰：

> 古者民神不杂。民之精爽不携贰者，而又齐肃衷正，其智能上下比义，其圣能光远宣朗，其明能光照之，其聪能听彻之，如是则明神降之，在男曰觋，在女曰巫。……而后使先圣之后之有光烈，而能知山川之号、高祖之主、宗庙之事、昭穆之世、齐敬之勤、礼节之宜、威仪之则、容貌之崇……而敬恭神明者，以为之祝；使名姓之后，能知四时之生、牺牲之物、玉帛之类、采服之仪、彝器之量、次主之度、屏摄之位、坛场之所、上下之神祇、氏姓之所出，而心率旧典者为之宗。

据此可知春秋之世学者尚十分重视巫祝，国家一切要典皆出于此类人，则神权势力岂止商代而极盛。缘我国执政之官始于巫祝，而渐次推移至于内史，尹氏。原巫觋之职，最初以舞降神，故《说文》曰："巫者，以舞降神也。"甲骨文中，"巫"字象在神幄中奉玉之形。而巫与舞相将，凡雩示，求雨，皆以舞。卜辞中屡见贞舞从雨之文。"祝"字在甲骨文中，象灌酒于神前；铜器中有《大祝禽鼎》及《禽鼎》。其"祝"字亦象舞状。说者谓禽即伯禽，正合《楚语》所谓先圣之后有光烈者矣。巫舞而祝以歌，故刘师培氏谓文学起于巫祝之官。盖祝颂连词，故《诗三百篇》以《周颂》为最早。而巫祝之职至于周代，则太史兼之。《易·巽》之九二："用史巫，纷若吉。"《国语·晋语》言史苏占卜，《左传》亦屡言太史司卜。而周金中又有如是之事：

> 《智鼎》：命汝更乃祖考，嗣卜事。
>
> 《智壶》：命汝更乃祖考，作冢嗣土。

然则，周代司徒之官亦司卜事矣。可见巫祝执政之习，周代亦以为常。复次，作册，内史，尹氏，乃一官之异称，周代帝王倚为要职。例如：

> 《免盘》：王在周，命作册内史锡免卤百隆。
>
> 《刺鼎》：王呼作册内史册命刺。
>
> 《颂鼎》：尹氏受王命书。
>
> 《克鼎》：王呼尹氏，册命克。

史官既为王所倚重，故职权亦渐重。例如《非余鼎》曰"内史命□事锡金一钧。非余曰：内史龙余(宠余)，天君其万年"。据此而言，巫祝执政之遗习，至于周代，尚颇易考见也。

（乙）奴隶制度。陶君曰："商代便是从杀戮俘虏到收留俘虏的过渡期。"此乃当时之实情。然则，商代实非奴隶制度之全盛期矣。《甘誓》曰"余则奴戮汝"，即杀俘之事。商代人祭之风甚盛，具详吴其昌著《商代人祭考》。此风至周尚存，《盂鼎》曰：

> 锡汝邦嗣四伯，人鬲自驭至于庶人六百又五十又九夫；锡夷嗣王臣十又三伯，人鬲千又五十夫。

此鼎中所谓"人鬲"，即郭沫若氏所谓民献，乃古代杀俘制之遗留。观此文曰人鬲自驭至于庶人，则人鬲并非献祭。其中且有等级。畜俘制起于殷周之际，故臣妾之名亦见于卜辞。《易·遯九三》曰："畜臣妾吉。"《书·费誓》："臣妾逋逃。"《易·旅六三》："得童仆贞。"《书·微子》："我罔为臣仆。"殷虚卜辞中亦有关于小臣，奴，仆之记录，惟未注明人数。周彝铭中赏赐臣仆多至数百人。如：

《井侯尊》:侯锡者馼氏臣二百家。

《周公彝》:锡臣三品:州人,东人,鄘人。

《克　壶》:锡伯克卅夫。

《敔　簋》:榜戴首百,执讯册,夺孚人四百。

《师旅鼎》:罚得显古三百俘。

《师訇簋》:锡汝矩鬯一卣,圭瓒□□三百人。

《叔夷钟》:余锡汝兵戎车马厘仆三百又十五家,女戎戎作。

臣仆人数既如是之多,可见当时之俘虏实为生利品,所以有掠夺俘虏之战争。至西周时则奴隶亦可典质,买卖。《曶鼎》曰:"卖兹五夫,用百锾。"又曰:"昔馑岁,匡众及臣廿夫寇曶禾十秭,以匡季告东宫。迺曰:求乃人乃弗得,女匡罚大。匡迺稽首于曶,用五田,用众一夫,益用臣曰惠,曰胐,曰奠。曰:用兹四夫。"就此可知益与其他三人虽同为奴隶,亦有等级之不同;而同为罚款,则奴隶至于周代已成为一种货物。是奴隶制度在周代始大发达也。应劭云:"古制本无奴婢;奴婢,皆是犯事者。"郑玄曰:"今之奴婢,古之犯事者。"则奴隶制度至汉犹盛。秦汉之际,世家大族蓄奴多至万数千。《史记·吕不韦列传》:"不韦家僮万人,嫪毒家僮数千。"《货殖列传》:"蜀卓氏富至僮千人。"《汉书·王商传》:"私奴以千数。"当时奴隶公开买卖,与牛马同视。《汉书·贾谊传》:"今民卖僮者,为之绣衣丝履,偏诸缘,纳之闲中。"且一奴之费,价值巨万。《王褒僮约》:"髯奴便了决卖万五千。"然则,奴隶制度乌能作为商代社会之特点?

第二期,贵族统治时代:据陶君言此时期之特征为士人阶级之兴起。此点吾人可以承认。盖孔子以前,吾国一切学术职在史官,而当时亦无系统之学问。孔氏起自民间,实为士人阶级之绝好代表。自是以后,学术始普及于士人。复次,陶君提出礼与刑对立一点，乃周代政治思想之重心，吾人亦可相当赞同其说。然陶君是书划分周初至春秋为贵族统治时代，吾人则提出严格对案。所谓贵族统治，与贵族执政截然不同。且周初王权甚隆重，何来贵族统治之事？再复次，陶君所谓封建庄园，究竟其组织如何，吾人亦颇难揣测也。兹分述于下。

（丙）贵族统治。凡一种制度之造成，盖必有其来源。史官预闻政事，出自商代巫祝之官，此陶君之说也。然则贵族统治在周初如何而起？周公摄政与周召共和，乃贵族执政，为拥护王权及周人势力之临时办法。吾人即就天子传位于嫡子，及大小宗制度观之，即可证明周代初年实在有建立王权之意义。其间虽有贵族执政之事，乃分封子弟以后，各国渐次造成之制度。迨东周以后，王政下逮，始有陪臣窃国之事。至于贵族执政之制，直至汉代尚极隆盛。即以春秋战国时各侯领而论，各国政制不同。若秦辟处西戎，多用客卿。百里奚，由余，商鞅，范雎，李斯之徒，皆非秦人。齐晋世卿，其多数亦非国君同姓。吾人分别述之，以见贵族统治之说，在周初实不能成立也。

第一，鼎彝中常见伐东夷及南淮夷之事，足证王政并未下逮。

第二，周金中不但到处可见尊王权之证据，而且确有王者掌领统治权之证据。周代初年，天子可以自由更易侯伯，又可以亲征蛮夷。贵族执政当在东周后。（编者志：在本段及前一段中，评者列举周金数十种为例，其文不易写刻，故删。）

第三，春秋诸侯国之世卿，若鲁之三桓；郑之七穆；卫之孙氏，宁氏，宋之华氏，向氏，晋之韩氏，乐氏，魏氏，狐氏；及齐之崔氏，庆氏，高氏，皆公族，或同姓。楚虽后起之国，其政亦掌之贵族。至如晋之赵氏，先氏，胥氏，郤氏，范氏，中行氏，知氏；齐之国氏，陈氏；皆异姓也。秦政自始至终不在贵族之手。穆公之用百里奚，由余；孝公之用商鞅；惠王之用张仪；昭王之用范雎；皆客卿也。则贵族统治之原则,用之春秋以后且有例外矣。

(丁)封建庄园。封建制度在周初用以分封同姓子弟及姻戚为屏藩。最初行之者,齐,鲁,蔡,卫,邶,鄘,诸国。此项制度所以沿成之故,自有经济背景在。今陶君曰:

> 封建制度起于二种状态:其一,是征服。周克商后,以殷民分授贵族,这是征服的例。其二,是开垦的例。楚从南方筚路蓝缕以启山林,向北发展,就是此例。

按陶君解释封建制度之起源,吾人实未能满意。且陶君固自命为唯物史观派学者,对于此项重大制度,乃不能予以详尽的经济的解释,此最令人大惑不解者。据吾人所知,周人乃一农业民族,宜于聚族而耕。其所以侵略殷人,因感西周地域偏少人口激增,不能不向东移殖。故周之克殷,实即农业民族克服游牧民族之象征。农业最先在屯垦,此封建制度所以发生。且新得殷俘,可以用之开垦。分封之制行,则此种奴隶可于新侯国指导下,逐渐同化于周民族。此在经济上及政治上皆有所据矣。太公初至齐,莱夷与之争国。若依陶君之言,齐乃周室克殷后分封之国,与筚路蓝缕以启山林者不同。然事实所诏示吾人者,太公至齐亦带有垦殖之意义。且楚姓嫚氏(即芈氏),亦中原民族。当南国初平之时,分封诸姬于江,黄,六,蓼之间。自周初以迄春秋中叶,周民族与南人逐渐同化,而楚民族以兴。其后并吞诸姬,益复强大。所谓筚路蓝缕以启山林者,正为该新兴民族向南发展之证据也。封建制度,大部分固是分封,然亦有侯国归顺领主之事。《大盂鼎》:"佳殷边侯田,雩殷正百辟,率肆于酒,故丧师。"此所谓侯田,及百辟,对于周室只能谓之归顺,非分封之事。然则封建制度之定义究竟如何? 吾人不能不有所考定。按吾国封建制度,与 Feudalism 一名是否相同,则为先决问题。《大英百科全书》为英国名流学者集全力以成,其言必可信。以之与吾国古籍及彝器文字相印证,则二者之意义必可论定。

（一）封建制度之关系以封土为基础，所谓封土，通常皆属土地。例证如次：

（1）《鲁颂》：乃命鲁公，俾侯于东；锡之山川，土田附庸。又曰：奄有龟蒙，遂荒大东，至于海邦。

（2）《逸周书·作雒解》："武王克殷，乃立王子禄父，俾守商祀。建管叔于东，建蔡叔、霍叔于殷，俾监殷臣。"及武庚乱平之后，始"俾康叔宇于殷，俾中旄父宇于东"。

（3）《不娶簋》：锡女弓一，矢束，臣五家，田十田。

（4）《诗·江汉》：告于文人，锡山土田，于周受命。

（5）《大克鼎》：锡女田于埜，锡女田于渒，锡女井家緟田于䛐，以厥臣妾；锡女田于康，锡女田于匽，锡女田于陴原，锡女田于寒山。

（二）然亦有以他物为分封之资者，如职位等。例证如次：

（1）《鲁颂》：王曰叔父，建尔元子，俾侯于鲁，大启尔宇。

（2）《诗·韩奕》：韩侯受命，王亲命之；缵戎祖考，无废朕命。

（3）《矢令方彝》：明公朝至于成周，迪令舍三事令，众卿事寮，众者尹，众里君，众百工，众者侯。侯，田，男，舍四方令。

（4）《召诰》：周公乃朝。用书命庶殷，侯，甸，男，邦伯。

（5）《曶壶》：王呼尹氏，册命曶曰：更乃祖考，作冢嗣土于成周八师。

（6）《左传》僖公二十八年：五月，己酉，王命尹氏及王子虎，内史叔兴父，策命晋侯为侯伯。

（三）亦有以金钱货物为赏赐者。例证如次：

（1）《令簋》：王姜赏令贝十朋，臣十家，鬲百人。

(2)《禽彝》:王锡金百孚,禽用作宝彝。

(3)《睘卣》:王姜令作册睘安夷伯。夷伯宾睘贝布。

(4)《毛公鼎》(编者志:文全删)。

(5)《诗·江汉》:厘尔圭瓒,秬鬯一卣,告于文人,锡山土田。于周受命,自召祖命,虎拜稽首,天子万年。

(四)受封土者隶身于其主人,而为附庸。

(1)《召伯虎簋》:余考止公,仆庸土田。

(2)《论语》:季氏将伐颛臾。孔子曰:先王以为东蒙主,且在邦域之中,是社稷之臣。

(3)《左传》定公四年:公即事于周,是使之职事于鲁,以昭周公之明德。分之土田,陪敦,祝宗,卜史,备物典册,官司,彝器,因商奄之民,命以伯禽,而封于少皞之虚。

(4)《管子》:齐诸侯,方百里,负海子七十里,男五十里。

(5)《吕氏春秋》:王者之封建也,弥近,弥大;弥远,弥小。海上有十里之诸侯。

按《管子》《吕氏春秋》所言,皆附庸小国。而附庸之意,郭沫若氏解为仆墉,实即封建国之堡垒。按庸字古文作□,为城郭之意,郭氏之说可信也。十里之国,其附庸小邑无疑矣。

(五)附庸之能保其封土,而享其权利者,即在诚实履行其称臣时所允负之义务。则其子孙永得以其封土为财产,而对于所属佃户又不啻为实际上之地主。称臣就职之仪节为封建制度契约之起点。此证之彝器文字,经传史实,亦无不合。

以上五条,皆取自《大英百科全书》释 Feudalism 一条中之大意,与吾国古史记载相较,皆甚吻合,可见封建之义,中外同轨。其在中国,行之于周初,至于秦汉时尚有遗制残存也。

第三期,王权时代之出现,陶君云:

此时代中，因土地私有制，及商业经济发达之故，将旧有封建庄园制度破坏无遗。诸国执政之大贵族引用新起地主——士人阶级——为官吏，受命分任郡县，为守为令，其地位不如领主固定而能独立，一切须听于执政，于是各国渐有集权之倾向。

据此所论，封建制度之经济背景，远不如王权确立期之严重。然吾人以为王权之集中，其重要原因在政治。且春秋以来，诸侯国中以秦国之政权集中最为显著，始终保持西周以来之遗法。至于各国，则直至战国末年，政权犹在贵族之手。若齐之孟尝君，楚之春申君，魏之信陵君，赵之平原君，皆贵族也。可见王权集中，其原因并不专在经济组织之上。汉以后沿袭秦政，此其重要原因也。至于陶君所提出重要之经济背景有二，吾人亦有相当对案。分述于下。

（戊）耕种方法。古代耕种方法，最初时用烧田之法。择草木肥沃之地，烧焚草木，利用自然肥料。草木烧去之后，待天降雨，草木之灰与泥土混合，然后开始耕种。用长柄大锄，以当耒耜，此之谓耙耕法。再后始知有耒耜。谓之耒耕法。耒耕之时，商代末叶当有之。例如：

（1）甲骨文中之耤字，即从耒。《殷墟书契前编》有耤受年之文，具详徐中舒氏《耒耜考》。

（2）金文中有《耒簋》，《耒彝》，《耒作父巳彝》。其中耒字皆象农器之形。

（3）男字《说文》从力从田。其实，所从之力，即耒之初文。

可见用耒耕，殷周之间已有之；然而未知用牛。在战国以前，大都两人共耕，所谓耦耕是也。

（1）《诗·载芟》，"千耦其耘"；《噫嘻》，"十千维耦"；《左昭》十六年，"庸次比耦"；《论语·微子》，"长沮桀溺耦而耕"。

(2)《淮南子·主术训》:"一人跖耒而耕,不过十晦"。《考工记·匠人》郑注,"古者,耜一金,两人并发之;今耜岐头两金,象古耦也"。足证此种耕地之法,至汉犹存。

耦耕之制,专用人力,为耕种之最幼穉方法。其所用耒耜,大抵以木为之。故农产量不能骤增。耒之用金,当在产铁量增加之后。《管子·小匡篇》曰"美金以铸剑戟,试诸狗马;恶金以铸锄夷斤劚,试诸土壤",足见战国以铜制兵器,而以铁制农器。吾人今日所知商代三句兵,确为铜制。则以铜制兵,当远在商代之前。复次,《诗》有"庤乃钱镈"及其"其镈斯赵"之文。《说文》曰:"钱,铫也,古田器。"《释名》曰:"近地去草之镈。"其字从金,则田器机制,似不在春秋后。吾人观今日所得古空首币,若历史博物馆所藏之王小铁钱,清仪阁著录之《中山币》,前岁易州出土之空首币(存团城古物保管会),皆象镈形。他如铲布,尖足布,方足布,圆足布,皆象犁形。则铁耕在春秋时必甚盛。而春秋战国间社会发达之故,即在于此。今据先秦诸子之言,则铁耕之法,在当时亦甚平常。

(1)《孟子·滕文公章》:"许子以釜甑爨,以铁耕乎?"

(2)《管子·海王篇》:"耕者必有一耒,一耜,一铫。"又《管子·轻重乙》:"一农之事,必有一耜,一铫,一镰,一鐯,一椎,一銍,然后成为农。"

农器铁制之后,则耕种不专以人力,而用牛。古者以牛引车。

《易·睽六三》:"见舆曳,其牛掣。"

《尚书·酒诰》曰:"肇牵车牛,远服贾用。"

《诗·大东》曰:"睆彼牵牛,不以服箱。"

《易·系辞》曰:"服牛乘马,引重致远。"

《淮南子·氾论训》:"揉轮建舆,驾马服牛,民以致远而不劳"。

牛耕之事，即在三家分晋之时，亦属罕见。故《晋语》窦法曰："范中行氏不恤庶难，欲擅晋国，令其子孙将耕于齐，宗庙之牺，为畎亩之勤。人之化也，何日之有？"

关于灌溉之术，先秦书籍中少有明确之记载。惟《庄子·天地篇》略有言及。

> 子贡南游于楚，反于晋，过汉阴，见一丈人方将为圃畦，凿隧而入井，抱瓮而出灌，搰搰然用力甚多而见功寡。子贡曰："有械于此，一日浸百畦，用力甚寡而见功多，夫子不欲乎？"为圃者仰而视之曰："奈何？"曰："凿木为机，后重前轻，挈水若抽。数如泆汤，其名为槔。"为圃者忿然作色而笑曰："吾闻之吾师，有机械者必有机事，有机事者必有机心。机心存于胸中，则纯白不备；纯白不备，则神生不定；神生不定者，道之所不载也。"

此文所论桔槔之制，与今日所流行者大体相同。在当时为灌溉之新法，与沟洫之制并行。封建庄园之改为阡陌制度，与此大有关系也。

（己）阡陌制度。封建与井田，在正统派学者之主张，皆以为相辅而行。按之事实，大谬不然。且公田与井田之意义不同。公田制行之较早，乃封建制度之事实；至于井田制，则行之甚晚。《国语·鲁语》曰："田一井，出稷、禾、秉、刍、缶、米，不是过也。"井田之制必须整经界，立沟洫，此与阡陌制度相并而行，乃后来法家所提倡之政策。至于孟子之言，实为古代公田及后来阡陌制度之混合物。其实井田制度并无如此严密也。周代以前之土田，并不如后世有固定之疆界。故《诗·周颂》曰："贻我来牟……无此疆尔界。"可见田里之有疆界，在周初尚为希见之事。厥后始有公田。《诗·大田》曰："雨我公田，遂及我私。"《夏小正》亦曰："初服于公田。"则公田之制，在春秋以前已成事实。且封建制度中农民对于领主之贡纳方法不外三种：

> （1）农民以其年谷收入每年纳贡于领主，若《孟子》中所言，及《禹贡》所谓"贡"法是。

> （2）农民得领主所分之土田，即所谓藉田。以其大部为公田，公田所出之年谷，入之公家。而一切农具出之领主。即孟子所谓"助"。

> （3）划分土田之高下，远近，给予农民。依年成之丰歉，领主年收其所产之一部分。此即孟子所谓"彻"。

三法之中，自当以贡法行之最早。盖因农奴之于领主，最初当先贡其方物。而领主对于衣奴，亦以此法为能尽求。迨后文化渐进，始有"较数岁之中以为常"其欲之方法，及《禹贡》所定等级之高下之方式。其后贡法逐渐不适用，于是有藉田之法。此孟子所谓治地莫善于助是也。贡法虽为最早之纳税方式，而不见于古史料中。至于助法，即藉田之制，则见于吉金龟甲。因藉田与农奴之制有关，商代以俘虏为农奴，故行分田制。借农民以衣具及肥田之料，而令其耕种公田。故孟子曰："助者，藉也。"考之于甲骨彝器，则知司徒即古之小藉臣。而《诗·七月》中所谓"田畯"，亦必为藉臣之差役矣。藉田之法，其详虽不得而知，但藉田以力，必为基本原则。故《国语·鲁语》曰："先王制土，藉田以力。"可见领主备农具，农奴以力役，此藉田制之大略也。而《孟子》云："惟助为有公田。"此盖藉田制之改良者。其始必无所谓公私之分，更后则并此藉田以力之原则亦去之。故《王制》曰："古者公田藉而不税。"《孟子》又云："请野九一而助，国中十一使自赋。"更可证助法之本身亦逐渐在进化中也。彻法必为周代最进步之税法。其制吾人虽不能确知，然类集古书雅记中所言，亦可约略知其大概。

> （1）《诗·公刘》：彻田为粮传，训治也。

(2)《诗·崧高》：王命召伯彻申伯土田传，训治也。

(3)《诗·江汉》：式辟四方，彻我疆土笺，训治也。

(4)《诗·鸱鸮》：彻彼桑土传，训剥也。

(5)《诗·十月》：彻我墙屋笺，训毁也。

(6)《诗·十月》：天命不彻传，训道也。

按上述诸条，可知彻之本义，乃治疆土辟田里之意。故赵岐训彻为取。庄子曰："物彻疏明。"此彻字又引申为开启之意。《说文》启，彻，次比，训启为开，训彻为通。可知"彻田为粮"，即楚人筚路蓝缕以启山林之意，未必周初即用彻法也。故《公刘》曰："度其隰原，彻田为粮。"王封召伯于南国，而曰："彻我疆土。"其后封申伯，又命召伯彻土田，皆可证彻田为开垦。其字古文从鬲，从攴，从彳，会意。从鬲者，古之量也，用以计粟。而后来贡纳之法，即以此为标准。后来十一之敛，即沿用其名。孙诒让《彻法考》曰："彻之云者，通乎年之上下，地之远近，以为敛法。"其言后来之彻法，实不可易。至于初制，当如上说。此法必非行之周初者，盖十一之税必有标准，则地之大小远近不能无定限，此必非周代初定东南时所能行之事。吾人于此，更可引古书以实之。例如：

(1)《论语》：哀公问于有若曰："年饥，用不足，如之何？"有若对曰："盍彻乎？"曰："二，吾犹不足，如之何其彻也？"

可见彻以年之丰歉为限。又彻取十一，是以不足。

(2)《国语·鲁语》：季康子欲以田赋，使冉有访诸仲尼，仲尼不对。私于冉有曰："……先王制土，籍田以力，而砥其远迩。"

然则"彻"，"助"二法皆以地之远近计，即孟子所谓"野九一而助，国中十一使自赋"之意。

（3）《春秋》宣公十五年："初税亩。"穀梁云："古者,税十一,丰年补败。"

按以上三法,皆周代通行之制。孟子曰："夏后氏五十而贡,殷人七十而助,周人百亩而彻,其实皆什一也。"此亦托古改制之说。助法之行于殷代,虽或可信,惟殷人之助,与周人之助,实已不同矣。至于田赋之法,则行于孔子之后。《春秋》哀公十一年始用田赋。盖用田赋者,计亩而税。又宣公十五年云："初税亩。"按皆是一事。其法必曾行之,而又停止,至哀公十一年,又恢复其法也。新会梁氏以初税亩为 Land Tax,以用田赋为力役之征,实为臆断。田赋之法在贡,彻,助,三者之外。赋以亩计,则公田制度已成过去,而渐入于阡陌制度矣。秦孝公十二年,商鞅令四十一县为田开阡陌;十四年,初为赋,可证。阡陌制度之成立,必须根据四项条件:

（1）开河渠。如西门豹引漳水溉邺;郑国筑渠,溉秦中之田四万余顷。此于井田制最有影响也。

（2）立沟洫。《左传》襄公三十年:子产使田有封洫,庐井有伍。《周礼·地官·遂人》:凡治野,夫间有遂,遂上有径;十夫有沟,沟上有畛;百夫有洫,洫上有涂;千夫有浍,浍上有道;万夫有川,川上有路,以达于几。此当与《考工记·匠人》合读。可见沟洫之制,春秋以后必已行之。是否如《地官·遂人》所言之整齐划一,则不可得而知也。

（3）整经界。《诗·周颂·载芟》:"千耦其耘,徂隰徂畛。"《诗·小雅·信南山》:"我疆我理,南东其亩。"是足证田亩必自整经界始。故孟子曰:"夫仁政必自经界始。经界不正,井地不均,谷禄不平。是故暴君污吏必慢其经界。经界既正,分田制禄可坐而定也。"

（4）开阡陌。《史记·商君列传》:"集小都乡邑聚为县。置令、丞,凡三十一县。为田开阡陌封疆,而赋税平。"

按阡陌田间之道,亦作仟佰。训诂家皆曰"南北曰阡,东西曰陌"。惟应劭曰:"南北曰阡,东西曰陌。河东以东西为阡,南北曰陌。"程瑶田曰:"阡陌之名由遂人百亩,千亩,百夫,千夫生义。"又曰:"天下之川皆东流,故川横则浍纵;洫又横,沟又纵,遂又横;遂横则其畖必纵,而亩陈于东。"又曰:"遂上有径,当百亩之间,故谓之陌。其畖东西行,故曰东西曰陌。遂上之径东西行,则沟上之畛必南北行;畛当千亩之间,故谓之阡。"又曰:"河南之川皆南流。"故应劭又云:东西曰阡,南北曰陌。据程君之说,则阡陌制度为井田之骨干。夫商君开阡陌,具见《史记》。而秦之所以富强,即因商君开阡陌,郑国筑渠二事。说者以为井田制与阡陌不侔,则朱子《开阡陌辨》已斥之。而朱子解开阡陌为坏阡陌,则又不识井田制非周初旧法。今证以先秦古籍,及田制进化之途径,知井田制实吾国农业进步后必经之制度,其与古代公田制之不同,具如上述矣。

四、学统

先秦之学术思想,有四时期。自孔子至孟子为人生论期。自孟子迄田,慎,老,庄为本体论期。及庄周出,宇宙本体之探讨已臻最高之境,而别墨及惠施·公孙龙之徒以起,专以讨论名实关系与知识起源为出发点,则名之曰认识论期。自荀子出,综合各家之说,自创批评哲学;其弟子韩非、李斯之徒,更以实际学问为研究之中心,则法家之功利主义以起,而哲学问题复返于人生论焉。此先秦学术史之大势也。

吾国古代学术,至孔子而始有系统可寻,故曰:"吾道一以贯之。"孔子之学,归本人生,重在论"仁"。踵起者有墨翟,自建其兼爱之说,盖为孔学之反动。至杨朱之说,虽甚渺茫,而为墨学之反动,亦可知也。故伪《列子·杨朱篇》载杨朱与墨者钜子禽滑釐辨。今陶君反列杨朱于墨学之前,学统倒置矣。

春秋以后,农业进步,生活复杂,一般哲学家之对人生问题,遂作更深一层之分析,而宇宙哲学乃继人生哲学起焉。盖人生问题之意义,固非可以求之于现象界而尽得者,其势不得不反求之于天道也。且从思想进化之程序上言,我国之哲学问题本来是由人生论走入本体论者,故自杨朱以后,即讨论宇宙之本体。是时之重要学者,若儒家之孟子,亦论心性与天道。他如田骈、慎到之流,皆以论天道与物理著称。而道家与杨朱之相近处,亦在是点。陶君书中列田骈、慎到一派于道家老庄诸人之后,亦舛学统。盖田慎前于老庄,《庄子·天下篇》可证也。

老庄之徒,思想益曼衍不羁,不仅不足以解决人生问题,且异说蜂起,是非正反之辨纷然淆乱,于是学者更进而检讨吾人用以研究宇宙及人生之知识是否有根本价值,而哲学上之认识论起焉。《庄子》之《齐物》《秋水》诸篇,其根本思想,即在是也。至《马蹄》《胠箧》诸篇,本非庄子手笔。今陶君讨论政治思想,而将庄周之学阑入,似近牵合。与庄周同时者,有别墨一派,及惠施、公孙龙诸人,其学说之根本精神亦在研究知识之起源及其本质,非关政治也。

然学问之分析愈细,其距离实际问题也愈远。前此欲以解决人生之问题者,转觉其纷扰不可捉摸耳。于是又有人出而廓清之。战国末年之儒者,盖惟荀卿具此魄力。其所作《解蔽篇》《非十二子篇》,即批评各家之总说。他如《性恶篇》评孟子;《正论篇》评宋荣子;《富国篇》及《乐论》《礼论》二篇评墨子;《天论篇》评庄子;《正名篇》评辨者之徒;而皆归于孔学。故其言曰:"道者,非天之道,人之所以道,君子之所以道也。"荀子之后,其弟子韩非、李斯皆为法家之言,治学切于事情,由是而刑名法术之学甚盛。故陶君之书,论法家最有精采。其次即论荀学。法家中若申不害，李悝，商鞅诸人，皆政治家。今所传书皆不可信。惟韩非为政论家，而陶君亦论之最详。《管子》及《商君书》，皆出秦汉之交。两书所包含之政治、经济思想最丰富（陶君书中亦略有引用而未能尽其意）。按秦汉之间，百家之学皆极发达。虽有荀氏评骘于前，至是时学者所受益博，于是有综合诸家遗说成书者，若《管子》《吕氏春秋》《淮南子》是也。及武帝尊儒术，黜百家，而我国之思想界始以儒学为中心，而第一期思想之蜕变告终焉。列表如下：

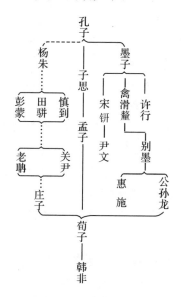

上表略示先秦诸子之学统：其与陶君不同之处，读者自可比较而得。又顾颉刚氏尝于《燕京大学史学年报》第四期中发表一文，论《老子》成书之年代，其结论中所附先秦诸子学统表，与鄙见略有出入，读者亦可取以参订陶君之说也。至陶君之论各家思想，鄙见以为有不合者，约如下述：

（一）孔子。陶君以为孔子之所谓"仁"，乃"是士人做人的道理，是贵族做人的道理"，颇失孔子本意。按子曰："君子笃于亲，则民兴于仁。"又曰："君子学道则爱人，小人学道则易使。"足见"仁"不限于君子，即小人亦未始不可以为仁。否则，"先进于礼乐，野人也"一语，将不可解矣。陶君又以"礼"为客观之仁术，即克己复礼为仁；而"忠恕"为主观之仁术，即忠恕违道不远。此论亦与鄙说大异。盖礼为仁之方法，故"回也，其心三月不违仁"，而其行为乃"非礼勿听，非礼勿视，非礼勿言，非礼勿动"。至于忠恕，则为仁之两端。忠者，为仁由己，即所谓克己复礼之教，亦即《中庸》自诚明之法。恕者，推己及人，即所谓博文约礼之教，亦即《中庸》自明诚之法。故曰："忠恕违道不远，施诸己而不愿，亦勿施于人。"而两者实相辅而成。故孔子曰："吾道一贯之。"而曾子释之曰："夫子之道，忠恕而已矣！"论孔学而不注意及此，则其所论必不透彻。孔氏论学既以仁为指归，其论治也亦然。故主张"德治"——取感化而不取干涉。故曰："君子之德风，小人之德草，草尚之风必偃。"又曰："政者，正也；子率以正，孰敢不正？"凡此，皆指为政者自身之修养，正己然后正人。子路问君子，子曰："修己以敬。"曰："如斯而已乎？"曰："修己以安人。"曰："如斯而已乎？"曰："修己以安百姓。修己以安百姓，尧舜其犹病诸！"由此可见孔子论治必无偏袒贵族阶级之倾向。故曰："上好礼，则民莫敢不敬；上好义，则民莫敢不服；上好信，则民莫敢不用情。"今陶君之言，必谓儒者以礼待君子，以刑威小人。此只观察半面。殊不知孔子曾言："道之以政，齐之以刑，民免而无耻；道之以德，齐之以礼，有耻且格。"盖孔子论治之中心思想如此；若扩而充之，必至博施济众而后已。孔氏之言"德治"，孟氏之言"仁政"，其理一也。岂有驱平民于治域以外，而专就贵族与士人设想之事耶？陶君之言，盖实未能阐发孔学之真意也。

（二）墨子。陶君之论墨子曰："个人的乐利以社会的乐利为前提,依于这种思想,极端的为我主义乃转变为正相反的兼爱主义。"苟依此言,则杨朱当在墨翟以前;然此必非事实。按墨子之学,实出于儒。《淮南子·要略训》曰:"墨子为儒者之业,受孔氏之术;以其礼繁扰而不悦,厚葬靡财而贫民,久服伤生而害事,故背周道而用夏政。"足证墨教实为孔学之反动,此诸家所共认者也。且《墨子》书中未提杨朱之名,不论杨朱之学,而在在针对儒者发言。则其为修正儒家而起,确甚明显。今陶君独谓墨学乃系为我主义之转变,非真善读古书者也。盖墨氏有言:"吾不识孝子之为亲度者,亦欲人爱利其亲欤?意欲人恶贼其亲与?以说观之,即欲人之爱利其亲也。然即吾恶先从事即得此。若我先从事乎爱利人之亲,然后人报我以爱利吾亲乎?意必先从事乎恶贼人之亲,然后人报我以爱利吾亲也。"此盖根据人类之自利观念,扩充之以为兼爱论之基础者也。岂如陶君所谓从个人主义的自利之转变?

且墨子之论兼爱,不仅根据自利观念,固尚根据人类之互助性以说明之者。宇宙间之一切事理,皆含内外二面,本非绝对者。有动必有静;有善必有恶。儒者有"自诚明"与"自明诚"之二法门。墨氏以为人类既有自利心,亦有互助性。宇宙万物非互助不足以自存,此亦人生哲学上不可磨灭之理论。兼爱之须扩充利己心,是由内及外之法。若夫推此互助性而言兼爱,则为由外及内之法。因是可以长育牺牲自己,爱利他人之心。是以墨子"摩顶放踵利天下而为之"。其本原为何?曰:兼是也。墨子曰:"今吾本原兼之所生,天下之大利也;别之所生,天下之大害也。"所谓兼者,即人类互助之天性。

兼爱之教,原于孔氏之仁。孔氏之学以家族为出发点,故爱有等差;墨氏则以人类为出发点,故一律平等。孔氏出身于贵族,故维持传统思想甚力;墨子出身于平民,故反对贵族政治及等级制,而欲保持古代神权思想,并以人才政治代替贵族执政。此"天志"

与"尚贤"二说之所由来也。陶君之根本错误盖在承认兼爱论为为
我主义之转变，而以墨子反抗贵族政治之理论强为之说曰："中间
阶级，商人地主，在战国时代，不仅以辅佐贵族治农民为事，常思进
一步取得贵族所把握的政权，于是主张尚贤，主张民选制度。"案此
言与墨子相反者有二。

其一，墨子之主张政治改造，决无所谓"阶级斗争"之意义在，
乃针对贵族执政之腐败而发。故曰："不党父兄，不偏富贵，不嬖颜
色，贤者举而上之，富而贵之，以为官长；不肖者抑而废之，贫而贱
之，以为徒役。"其结果必使达到"自贵且智者为政乎愚且贱者"。
由此足证墨子本意不仅无阶级斗争之意，且于贵族执政亦未绝对
排斥，惟须加以改造而已。故墨子之尚贤，其立意在改良政治，并
非如陶君所言以士人之个人自利性，或中间阶级对抗贵族而抬头
之举动。

其二，陶君之言墨子主张民选政府，亦为吾所不敢苟同者。古
代所谓民，与百姓不同。百姓即百官。《令彝》曰："众诸尹，众里
君，众百工。"而《史颂段》则曰："里君，百生。"《酒诰》则曰："百姓，
里居。"《逸周书·商誓篇》亦曰："百官，里居，献民。"此所谓"里
居"，即"里君"；而"百姓"即"百官"，亦由此而定。墨子言百姓必须
尚同于里长，则里长，里君，里居，皆一职也。至于"民"，实即"氓"
字，古代之最下等人。故《诗》曰："氓之蚩蚩，抱布贸丝。"《孟子·
许行》章曰："愿受一廛而为氓。"其地位与百姓相去极远。百姓可
称为君子，而民人大都为小人。故孔子曰："民可使由之，不可使知
之。"老子亦曰："民之难治，以其多智。"此所谓民，实即一般农民，
在孔墨时尚无参加政事能力，而学者亦从未提倡民治，直至老子，
始叹其难治。今陶君因墨子有"是故选天下之贤可者立为天子"一
语，即谓墨子主张民选政府，实大误。盖墨氏尚贤之教，非谓民选。
其推选之人亦为天子，如尧之举舜，舜之举禹；此皆孔墨两家之共

同理想。且墨子论"尚贤"，兼"尚同"与"天志"而言。故曰："同一天下之义。"可证百姓不能选立天子。而百姓必须上同于里长，里长上同于乡长，乡长上同于国君，国君上同于天子。如此则民选制何从成立？且既言民选而又言专制，其立论亦矛盾。岂墨子主张民主集权制耶？此必不能成立也。然则，墨子之所谓尚贤，其为天子选贤自代可知矣。

孔墨皆保守派，维护古代思想甚力。南海康氏谓之托古改制，实有所见。孔氏所托者，周人之古；墨子所托者，周代以前之古（墨言夏禹之教，实皆殷人之说也）。孔氏之所维护者：贵族政治，王权集中。墨子之所维护者：神权势力，贤人政治。《康诰》曰："天畏棐忱，民情大可见。"《泰誓》曰："天视，自我民视；天听，自我民听。"又曰："民之所欲，天必从之。"盖天为表示民意之最高权力，而天子上同于天，则墨氏之政治思想为继承古代之天治主义，又复何疑？而必名之曰"民约论"，又从而饰之曰个人自利主义之转变，其去墨学远矣！

（三）杨朱。杨朱之学，在先秦诸子中最幽渺难稽；即其人之事迹，亦难考定。盖杨朱之学，本为消极思想，又经孟子辞而辟之，是以其学不显于世。虽孟子曾言"杨朱墨翟之言盈天下"，又云"逃墨必归于杨，逃杨必归于儒"，然实过甚其辞。今考先秦古籍之论杨学者，《孟子》以外，惟《庄子》《吕氏春秋》《荀子》《韩非子》诸书。此外如《荀子·非十二子篇》《庄子·天下篇》，皆专论先秦哲学者，不及杨朱。再考秦以后书，若《淮南子》，若《说苑》，若伪《列子·杨朱篇》《说符篇》《周穆王篇》《黄帝篇》《力命篇》，其中亦有可采者。若仅就其可信者而言，一般之论当属《孟子》。孟子曰："杨子取为我，拔一毛利天下而不为也。"又曰："杨朱为我，是无君也。"皆以杨朱之学与墨子适相反对，以自利为本位。然案其实，杨学决不如是狭小。《吕氏春秋·不二篇》曰："阳生贵己。""贵己"之说，未可厚非。荀子云："古之学者为己，今之学者为人。"孟子亦云："学贵自得。"则"为我"与"贵己"不可同日语矣。孟子之言，自存偏见，不足以论杨学。故《淮南子·氾论训》曰："全性保真，不以物累形，杨子之所立，而孟子非之。"由此说扩而充之，于《吕氏春秋·重己》《情欲》《贵生》《审为》《不侵》诸篇中皆可抽绎杨朱学说。其书中所谓子华子者，即承杨朱之教。此事发自绩溪胡氏。今据以检讨陶君之言，则有三大错误。

第一，陶君误列杨于墨前，盖以孟子之称杨墨为次。其实孟子之意，本在褒贬轻重之间，非以年代为标准也。故曰："逃墨必归于杨，逃杨必归于儒。"其视杨朱之为胜于墨翟，可知。晋张湛《列子·杨朱篇》注："杨朱，战国时人，后于墨子，与禽滑釐辨论。"又唐杨倞《荀子·王霸篇》注："杨朱，战国时人，后于墨子，与墨子弟子禽滑釐辨论。"足证晋唐以来之学者，皆以杨朱为在墨翟之后。且杨朱之后于墨翟，岂仅晋唐人说？《庄子·寓言篇》谓："杨朱曾至梁。"案魏之称梁，在战国中叶以后，则杨朱之后于墨子，无疑矣。

第二，陶君误以它嚣、魏牟与杨朱并列。殊不知该二人之时代犹在孟子以后；其学说亦与杨朱背驰。晋人解释"拔一毛利天下而不为"之义，而辅以"悉天下奉一身而不取"，正与子华子迫生不若死一义相应。足见杨朱必非纵欲与颓废之流。且六欲分得其宜，与纵性情，安恣睢者适相反，安得谓它嚣、魏牟，与子华子属于一派耶？

第三，宋钘与孟子同时，直至荀子时犹健在。尹文亦在孟子后。宋氏主张节欲，乃墨学之支流，与杨朱之学不相侔。陈仲、史鰌之忍情性，綦谿利跂，则与杨墨二家皆不相侔。而以上诸人皆远在墨子后。今陶君皆以之与杨朱同列，载于墨子之前，而曰："前节说过：个人的乐利，以社会的乐利为前提；极端的为我主义，乃转变为正相反的兼爱主义。"岂非学统倒置之至？

抑有进者，关于春秋战国间之社会经济情状，吾人虽百计钩稽，其详亦不可得。今陶君于此残缺史料之中，遽成一篇所谓《新伦理法则的阐明方法》，以自圆其对杨朱学说之误解，其中所论不惜无中生有，虚构史事，可怪也。

（四）惠施，公孙龙。陶君列惠施于公孙龙后，亦舛学统。盖惠施与庄周同时而先卒，公孙龙则及见平原君，其年辈自当后于惠施也。论其思想，陶君谓公孙龙持万物静止观，惠施持万物变动观，亦不尽然。盖两家之学，目的本在研究认识之起源及其本质，初不以万物之变动或静止为说。考惠施之所主张者，实在论也，公孙龙之所主张者，观念论也，故惠施有《厤物》之篇；而公孙龙有《指物》之说。"庄子与惠子游于濠梁之上。庄子曰：儵鱼出游从容，是鱼乐也。惠子曰：子非鱼，安知鱼之乐？庄子曰：子非我，安知我不知鱼之乐？惠子曰：我非子，我固不知子矣；子固非鱼也，子之不知鱼乐，全矣。"由此观之，惠子盖主张有客观的实在世界，而以一切观念为有相对性者。故其言曰："至大无外，谓之大一；至小无内，谓之小一。"又曰："南方无穷，而有穷；吾知天下之中央，燕之北，越之南是也。"此盖言空间观念相对，而实体绝对也。"日方中，方睨；物方生，方死。""今日适越，而昔来。"此盖言时间观念相对，而实体绝对也。"大同，而与小同异，此之谓小同异；万物毕同，毕异，此之谓大同异。"是盖言同异观念相对，而实体绝对也。所谓绝对，即指事物之本身。人类之知识，惟能求知事物之相对性，至于绝对性，则在事物之本身，于吾人所知之外，仍独立存在也。公孙龙"指物"之说，实从"绝对唯心论"而来。惠施之说若名之为"实在论"，则公孙龙之说"观念论"也。公孙龙有《指物篇》，以为"指"即"物"之表德，亦即观念。离观念，无物象。故曰："物莫非指，而指非指；天下无指，物无可以为物；非指者，天下而物可谓指乎？"指即观念，而观念连合成知觉。故曰："天下无白不可以视石；天下无坚不可以谓石；

坚,白,石,不相外,藏三可乎? 曰:有自藏也。""有自藏"即观念之连合。故曰:"离也者,藏也;抚坚,得白,必相盈。"充公孙龙之说,一切知识之构成,皆以感觉为基础,而其本质则为心之作用。故曰"指不至,至不绝","意不心","目不见","火不热","龟长于蛇"。此非绝对唯心论乎? 由是,一切知识之演化,皆由"推物"而复杂。即如言"卵有毛","丁子有尾","发引千钧","白狗黑","鸡三足","一尺之捶,日取其半,万世不竭",无非"推理"之言也。陶君所谓万物静止观者,岂足以尽公孙龙说?

(五)庄周。陶君之论庄周,断定其抱避世思想,此实大谬不然者也。庄子曰:"依乎天地,因其固然。"又曰:"不以心捐道,不以人助天。"此岂避世者? 又曰:"一受其成形,不亡以待尽。"更曰:"道行之而成,物谓之而然。"依此而论,人既生矣,即无从避其轮劫。故庄子曰:"是以圣人和之以是非,而休乎'天均',此之谓'两行'。"又曰:"和之以'天倪',因之以曼衍,所以穷年也。"是以庄子之处世方法,为"不谴是非,以与世俗处";而尤要者,在"安时而处顺"然后"哀乐不能入"。章炳麟氏以相宗教理说庄周,可谓得其要领。陶君解释"两行"为"听是非之两行,不必加以判断!"此真浅薄之见。庄子之所谓"天均",即天道;而"是非",即物理。两行者,即一方须了悟本体界,而同时又须应付现实界,决非听是非之两行。

陶君又曰:"庄子以为人生应超越是非。"此又矛盾。盖惟天道为超越是非之绝对界,而人世正为是非混和之相对界。庄子千言万语,只是说此一点。故曰:"以道观之,物无贵贱。"又曰:"与其誉尧而非桀,不如两忘而化于道。"盖庄周之意,以为"绝对界"无所谓是非,而"相对界"是非交辐。今陶君曰:"所以他以为是与非是无从评定的!"此又不解庄周之说。庄周盖以是非之评定,甚至是非之成立,在彼此相证,彼此相成。例如甲比乙高而乙比丙高,故乙对甲言为矮人,而对丙言则为长人。以此比较之法以定是非正反者，庄子谓之"以明"——即以此明彼，或以彼明此。陶君于"以明"之说，始终未得其解。庄子曰："彼是莫得其偶，谓之道枢。枢始得其环中，以应无穷；是亦一无穷；故曰莫若'以明'。"

庄子对于是非正反之辨，共有二种方法，除"以明"外，尚有所谓"因是"。此以物所处之客观标准，相比而得。例如高之标准为七尺，而甲高不及七尺，则甲尚为矮人；如在他处，高之标准为五尺，丙虽较甲为矮，而身高已逾五尺，则丙犹为长人。如是因地，因时，因人，因事而定是非正反之标准者，"因是"之谓也。故庄子曰："以道观之，物无贵贱；以物观之，自贵而相贱；以俗观之，贵贱不在己。以差观之，因其所大而大之，则万物莫不大；因其所小而小之，则万物莫不小。……以功观之，因其所有而有之，则万物莫不有；因其所无而无之，则万物莫不无。……以趣观之，因其所然而然之，则万物莫不然；因其所非而非之，则万物莫不非。"此即庄子论"因是"方法之一面。所与"以明"不同者，即以明以物之本身相比，而因是以客观标准相比。此其第一义也。

有"因是"之法，然后宇宙间之一切道理逐渐复杂。庄子曰："一与言为二，二与一谓三，自此以往，巧历不能得，而况其凡乎？故自无适有，以至于三；而况自有适有乎？无适焉，因是已！"此所谓"因是"，与前又不同。庄子书中最难解者，即在是。成玄英得其意焉，而读者尚不能明之。庄子所谓"一与言为二，二与一谓三"者，若就本体论而言，即老子所谓"道生一，一生二，二生三，三生万物"。若就认识论而言，则与王辅嗣之说相通。《周易略训》曰："夫象者，出意者也；言者，明象者也；尽意莫若象，尽象莫若言；故言者，所以明象，得象而忘言；象者，所以存意，得意而忘象；是故解言者，非得象者也；存象者，非得意者也；象生于意，而存象焉，则所存者，乃非其象也；言生于象，而存言焉，则所存者，乃非其言也；然则，忘象者，乃得意者也，忘言者，乃得象者也。"（以上节引王说。

辅嗣以"意"在"象"先,与庄子不同,其方法则一)案辅嗣此论,盖谓象虽尽意,而象为象,非意也;言虽尽象,而言为言,非象也。由是可知自意至言,本体虽一,落于名言,便离为三。无者道之体,而道散于万物。故自无适有以至于三。意,象,言三者之中,"意"可代表本体,即庄子所谓二与一之"一",成玄英解为"妙一",吾人解为"无"。如是以理论言:无=妙一=意相等。"象"者,即一与言为二之"一",代表妙一之"一",吾人解为代表无之"道"。如是以理论言:道=一=象相等。然"言"者,代表现象之"有",即庄子所谓"言",所以表象者也;吾人解为万物之"名"。如是以理论言:有=言=名相等(此所谓名,即王辅嗣所谓言)。是故"一与言为二,二与一为三"者,即自无适有之三阶段。知识之演化,亦由是而成。此种演化,本出于自然。若加以人事,则更莫可究诘。出于自然者,庄子谓之"因是";起于后天者,庄子谓之"适"。故曰:"无适焉,因是已!""因是"者,依乎天理,因其固然也。故庄子曰:"无以人灭天,无以故灭命,无以得殉名,谨守而弗失,是谓反其真。"天者,普遍之原理;人者,特殊之原理;毋以特殊概普遍。命者,必然之原则;故者,偶然之事实;毋以偶然之事实抹煞必然之原则。名之用无限,而得之者有限;名之起无意必,而得之者有意必。盖庄子之重视天命,有宇宙论上之论据。是以处世务去机心。其言曰:"夫醉者之坠车,虽疾不死。骨节与人同而犯害与人异,其神全也……乘亦不知也,坠亦不知也……是故逆物而不慑。彼得全于酒,而犹若是;而况得全于天乎?"

然则,庄子之宇宙哲学如何?绩溪胡氏谓庄子之宇宙生成原理为进化论,甚是。《至乐篇》曰:"种有几。""万物皆出于机,皆入于机。"所谓"几"者,庄子视为宇宙之本质。是故"天地与我并生,万物与我为一"。"几"之解释,胡氏以为即近世哲学上之"原子",此就其"质"而论,亦可通。若论其"力",即《易·系辞》所谓"几者,动之微"。而庄子之意确亦以宇宙为"动体"。故曰："天其运乎？地其处乎？"又曰："物之生也，若骤若驰；无动而不变，无时而不移；何为乎？何不为乎？夫固将自化。"又曰："有先天地生者，物耶？物物者，非物；物出不得先物，犹其有物；犹其有物也，无已。"此言"无已"，即"动"，即万物所从出。物之生既出于动，则宇宙为进化复何疑？故曰："万物皆种也，以不同形相禅；始卒若环，莫知其伦，是谓天均。"又曰："化其万化，而不知其禅之者，焉知其所终，焉知其所始，正而待之而已。"由此出发而为知识论。故曰："彼是莫得其偶，谓之道枢。枢始得其环中，以应无穷。"可见庄子之本体论，知识论，及人生论，皆一体相承。而其进化论，则与近世哲学上之进化论实不相同。实为循环进化。故曰："凡物无成与毁，复通于一。唯达者知通为一，为是不用，而寓诸庸；庸也者，用也；用也者，通也；通也者，得也；适得而几焉，因是已。"可见庄子之"达观主义"，以勘透宇宙本体是循环进化，于是一切不主造作，听自然之成化已。

（刘秀俊选编：《刘节文存》，江苏人民出版社 2014 年版）

任美锷

任美锷(1913—2008),地理学家、海洋学家,中国科学院院士,1939—1942年任教于浙江大学史地学系。

地理学的性质与其在教育上的地位

现代地理学的发达至今几已有二百年的历史。在中国,方志之学向为学者所注意,但现代地理学的发展,则不过是最近二三十年来的事情。虽然近十年来已有许多文献,介绍西洋地理学的内容和特质,但地理学究竟是什么,它在科学中又占什么位置则尚无精详的分析或严格的讨论。同时因地理学内容包涵太广,兼及各种自然科学和人文科学,初习地理者往往有目迷五色、无所适从之苦,而因为没有彻底了解地理学的内容和性质,因而或以为地理学零乱芜杂,难于研究,或以为地理学材料多数依赖其他科学,不能单独自成一种学科。所以要提高中学和大学地理教育的效率,我们必须先用简单明了的语句,说明地理学究竟是什么。

所谓科学,从广义说来,包括人类所有客观的智识。德国地理学家韩德纳(A. Hettner)说,我们研究世界现实,可以用三种不同的观点。第一研究现象的本身及其彼此间的异同,这便是系统科学(Systematic science),如自然科学中的矿物学、动物学、化学等,社会科学中的语言学、经济学等。第二是研究现象的史的演化,因为一种现象在时间上的演化并非是偶然的,而是有一定的历史背景,同时各种现象在某一时间中的演变,也不是独立的,而是互有关系的,所以我们研究世界现象,除了从现象本身的观点来研究外，还要从其在时间上的嬗变来研究，这便是历史学。第三是研究现象在空间上的排列，即研究地面各区间的相互关系，和各种现象在地面上某一区域中的交互影响，这便是地理学。

系统科学（或狭义的科学）虽然可择一种特别现象，个别的加以详细分析，而求得种种原理或法则。但在实际上，世界现象却不是单独孤立，而是兼蓄并存的，且各种现象在地面上的排列，亦自有系统次序可寻，所以我们若只用系统科学的方法，研究各种现象个别的特质，其所得智识还是零碎片段，我们要对世界现实融会贯通，有全盘了解，非进一步研究各种现象，综合并存的实况不可，换句话说，即非再从历史和地理学的观点来研究不可。前者探究各种现象在时间上的综合实况，后者注意各种现象在空间上的并存真相，我们可以说，世界现实是立体的，要整了解它，非从系统科学、历史学和地理学三方面来研究不可。

由上所述，可见地理学是一种综合的科学，其在人类智识中的地位，与历史学大致相同，地理学所研究的现象往往即为各系统科学的研究对象，所以考尔倍（CC. Colby）说地理学没有特定现象作研究中心，它对于并存在一区中的所有现象，无不注意，常利用各系统科学的研究结果，来充实其内容。但地理学亦并不对所有现象一体重视，其选择现象乃视其能表示区域特征与否为标准，即所谓区域异化观点（Areal Differentiation）是也。地理学与其他系统科学的不同，不在其研究的对象，而在其研究的观点和方法，前者研究各种现象综合并存的繁复情形，即研究各区域的特质，后者则注意个别现象的分析和条理。

许多学者常把科学分作两大类，一类是自然科学，一类是人文科学，其实这种区分不过为治学的方便起见，两者间初无截然分界。人们根据上述分类，常以为地理学是联络自然科学与人文科学间的一种学问，其实这也不尽然，因为地理学研究地面上各种现象综合并存的整个繁复情形,实际常无法把现象严格地分成自然与人文两类,地理学实是一种综合一贯的科学,其研究园地交错于各系统科学的范围。

地理学和历史学既是综合科学,在综合研究所有现象时,常可发现若干现象值得个别地加以详细分析,而若干新的系统科学遂因而创立,如气候学、地形学等,这些新的系统科学的脱离其父母科学而独立,并未缩减历史或地理学的领域,实际上这些儿女科学的进步,反可充实父母科学的内容,例如,政治经济的发展,使历史学家解释史实的能力大为增加,同样地形、气候、土壤诸学的进步,亦使近代地理学深受其惠。普通人们常不明白,地理学是代表一种研究的观点,一种研究的方法,以为儿女科学的发展独立,必使原来科学内容大减,空无所有,因此提出种种特殊建议,或以为地理学专研究人类与自然的关系,或尽力搜集若干从未经其他科学家注意的新现象,来供地理学研究。其实这些建议不但不能帮助地理学的发展,反而把它引入邪道,都是不必要的自扰。

地理学既是研究各种现象实际综合并存的整个繁复情形,但在做这种综合研究之前,我们常须对各种现象作个别的详细分析,以了解其个别特质,所以自 19 世纪初年以来,地理学就分作系统地理(Systematic),或称理论地理,和区域地理两大类,前者研究现象的个别情形,后者研究全部现象在地面上的繁复实况。但实际上两者亦是互有关系,不能严格划分的系统地理学。虽然常须对某一现象作个别的详细研究,但于该现象与其他地理现象间的相互关系,亦须兼加注意,因此某一特殊现象的系统研究,结果常牵涉到其他现象,而系统地理学各门遂相互依辅,不可分离。因为在地理学上,这种相互关系是基于空间或位置的差殊,所以我们可以说,地理学理论以位置(Chorological)为中心,地理学是研究位置的科学,是研究世界区域异化的科学。系统地理学各门固互有关系，同时系统地理与区域地理亦互相依辅，我们研究地理，目的在探求各区域的特质和其彼此间的差殊，各种现象并存在某一区域，自有其所以然的理由和相互关系，我们若只把系统地理学中各门堆积起来，实不足以完全表示一区的特质，所以我们还要研究所有现象在某一地域中的繁复实况，这便是区域地理。系统地理与区域地理的分别，亦不在其研究对象，而在其研究方法。因地理现象太繁复多端，所以我们必须分门别类，一一加以个别研究，以求得其演变和分布原理，来帮助解释各区域的整个特质。反之，区域地理的研究，对系统地理亦有极大帮助，区域地理所述的详细材料，常可作系统地理的实例，区域地理所示的实际相互关系，亦可供系统地理的参考，此外系统地理中所求得的原则或规律亦须到实地区域中去应用才能证明其是否合理。所以没有系统地理，区域地理便失去基本，而不完全；没有区域地理，系统地理往往越出地理学的范围，而不成其为地理学，两者相互并存，不可偏废。两者的研究均趋向于地理学的共同目标，即探求区域特质或区域异化，所以系统地理和区域地理的区分，为地理学研究所必需，而并不妨碍地理学的统一性。

我们也可引用韩德纳氏的譬喻，再来说明系统地理与区域地理间的关系。假定每一地理现象的演变范围成一平面，与地面平行，则所有地理现象必成为许多与地面平行的平面，互相重叠。在某种系统地理学，我们所研究的只限于这些平面中的一个，反之，区域地理的研究范围则成一垂直的剖面，贯穿于各平面之间。故系统地理为区域地理的基础，区域地理集系统地理之大成（参观附图）。

地理学研究世界区域异化，所包括现象极为繁多，其整个研究成绩自然不能达到若干自然科学那样严格正确的程度。目前系统地理学虽已采用系统科学的方法，把地理现象分门别类，建立若干附图：

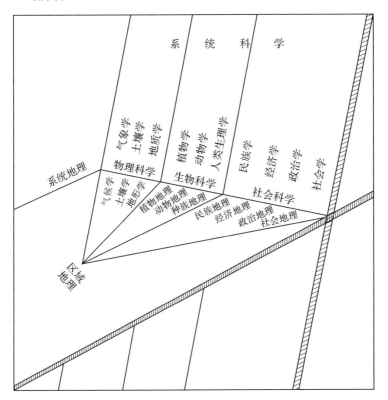

地理学与系统科学之关系图解

本图为立体图，系统地理各门贯彻其相当的系统科学，而区域地理则集系统地理研究之大成，如图上所示，为在某一特定地点，系统地理各门研究的综合结果。

普遍通用的原则，如地形、气候、经济地理等是。但若干现象常自有其特点和地域性，而不与所立标准形式相同，不能严格地归属于某一门类。譬如我们说汉口为中国的芝加哥（Chicago），这虽然是一个良好的比喻，但实际上两城实有极大的差殊。若干地理现象虽可归属门类，但因其对人生意义的重大和其在经济利用上的不同，我们亦不能一概通论，而须作个别的详细研究。譬如我们描写美国尼亚加拉瀑布（Niagara），不能仅谓该瀑布在成因上属于某类，我们还须详述其特色及其经济上的价值。所以在地理研究上，现象的共同原则（Universals）与单一特性（Unique）均占同样重要的地位，这是地理学与其他自然科学如物理化学等不同之点，因为物理化学上现象大部都遵循共同的原则的。

同时，地理现象本身大部无法加以正确度量，且许多现象间的繁复相互关系又只能在大自然中观察，不能移到实验室中，来正确地测定各因素间的作用和影响，所以我们对地理现象及其彼此间相互关系的智识，没有达到十分正确一定的程度。并且如上节所述，共同原则和系统不能在地理学中普遍应用，因此我们不能像化学那样预测甲原子加乙原子结果必得丙化合物，地理现象的未来演变是很难这样正确预测的。

地理学既是研究位置的科学，但在一个区域内，各种现象纷见杂陈，究竟哪些现象应属于地理学范围，哪些现象不在地理学研究的范畴？若干学者把世界现象分做两大类，一类是物质现象，可以直接观察，一类是非物质现象，不能直接观察。他们以为前者应属地学研究的范围，而后者则非地学研究的对象，其实这种限制无论在逻辑上或实用上都是说不通的。若干现象如气候环境向被认为地理学要素之一，但却不能直接观察得到，反之，民族、宗教、习惯等常对一地风光影响极深，研究一区地志若忽略这些非物质现象，结果常不能把该区特色充分表示出来。譬如我们研究青海或西藏地理，若不对藏民宗教风俗等加以注意，则其研究结果绝不完备。所以我们研究地理，对于物质现象和非物质现象，对于能直接观察得到的现象和不能直接观察得到的现象，都应一样并重，不分轩轾。

我们可从地理学本身的特质，来说明地理学的研究对象。地理学为什么能独立成为一种科学呢？这是因为两种原因：第一，世界上各种现象不是孤立的，而是互有关系的；第二，在某一地域各种现象纷陈并现，但彼此间亦互有关系，一区地理特色即视全部现象按因果关系而存在的复杂情形而定。地理学家应该根据这两种观点，来选择其研究对象。分析起来，这两种观点所包涵的意义或原则，约有三种：第一是现象间的相互关系。凡一种现象（无论是物质的或非物质的）与其他现象发生密切的相互关系者，属地理学研究的对象，反之，则不属地理学研究范围，而一种现象在地理学上的重要性，则视其与其他现象关系的密切程度而定。譬如都市的形式与特色等与其他自然因素或人文因素的关系常比较疏浅，而一地的农业则与该地气候、土壤、人口等发生较密切的关系，故在地学研究上，农业地理常较都市地理更为重要。第二是区域异化，即各区间的差异。凡一种现象在各处一律相同者，则不成为地学研究的对象，各种现象在地理学上的重要性，当视其在各地的差异程度而定。譬如一座农家房屋，其功用大致在满足人生若干基本需要，如睡眠、烹饪、休息等，故其大体形式各处均约略相似，只有若干次要小处或互有差殊，反之，农田的利用情形如作物种类、耕种与收获方法、每亩产量以及作物消费方式等则各处常有显著不同，所以从地理学观点看来，农田的研究实较农家房屋更为重要。第三是区域风光（Areal expression）。大概言之一种现象凡分布面积愈广，对地面影响愈著者，则其地理意义亦愈丰富。但这也不能一概而论，若干现象虽然在地面上分布较狭，因对其他现象或整个区域风光有极大影响，故在地理学上亦甚重要。例如美国南部的黑人虽人口数目不多，但其影响却使美国南部的农业地理和都市地理都染上特殊的色彩，而与世界其他区域有显著差殊。同样，假如某一村落在许多重要性质上，都能代表一大区域内村落的特色，则该村落实际所占面积虽小，但其详细研究可帮助我们了解一大区域的农村特质，故其在地理学上的意义，或比研究一个特殊都市更为重要。

根据以上三种原则来选择地理学研究对象，常可免去种种不必要的错误和误解。例如从前学者常把地理学认作研究各种现象的分布的科学，以为地理学主要目之一，乃在确定现象在地面上的分布，并解释其所以然的理由，其实仅叙述和解释某一现象在地面上的分布情形，并不是地理学的本分，而属于其他纯粹学科的范围。地理学所注意的，不在某一现象的本身，或某一现象的分布，而在其分布情形对区域异化的影响，换句话说，即地理学须由地域关系（Areal relation）的观点来研究现象的分布，探求某一现象的分布情形与世界各处其他现象分布的关系，进一步再探求其与某一区域内其他现象间的相互关系，因而说明某一现象分布情形对该地区域特色的影响。我们可举世界玉米生产为例，以说明上述观点的不同。研究各国玉米产量及其对本国与国际市场的影响，乃属经济学的范围，同样，研究玉米每年产量变化与每年雨量多寡的关系，亦属农学范围，与地理并无直接关系。反之，各地玉米生产情形的显著不同，则属地理学研究对象，因为各区玉米生产情形的不同，一方面是由于各区气候、土壤、位置以及其他人文因素的差殊，他方面玉米生产情形的不同，又对各区畜牧事业、畜厩特质、谷仓建筑等有重要影响，换句话说即与各区区域异化有显著关系，故属地理学研究的对象。

由上所述，可见地理学最大特色，乃在其研究观点。地理学是研究地域的科学，目前因科学进步，新发现与地域有关的现象日见增多，而地理学家所应注意的现象亦日益繁重。但我们若能应用上述三种原则，来选择研究对象，则一方面，世界上有许多现象其性质各处相同，或虽有局部差殊，但其变异很不规则，毫无系统，又有许多现象，其地域差异与其他现象并无显著关系可寻，我们可披沙拣金，把这些现象略去不论。他方面地理现象的若干性质在纯粹科学和历史学上或甚重要，而在地理学上则无足轻重，我们也可分别取舍，把这些性质删节不论。总之，地理学研究范围虽极广泛，但我们若能维持地理学的科学观点，则选择现象，自可删除芜杂，分别轻重，理出一贯的系统来。

地理学研究的特殊方法，最重要的莫过于地图的应用。近来各种地图绘制方法，日见进步，几乎所有地理现象，莫不可用图表方法来表示说明，如区域图表（Regional diagram）、人文现象剖面图、标准照片、立体图型（Block diagram）、土地利用图、房屋分布图，以及种种新方法的经济图表等①。我们只阅地图，或尚不能明了各种地理现象所以然的理由，但地图所示至少可帮助我们理解现象间的复杂综合情形。所以韩德纳氏说，因地图方法的发展进步，文字描写在地理学上已失去原来的重要性，而只有补充和解释地图的功用。地理学因其目的在研究各种现象的地域异化，故其研究结果，自可用种种地图表示出来。我们阅读地理论文，常可由其所附地图是否能充分表现研究结果一点上，来判断论文在地理上的价值。地图固为地学研究必需的工具，因其表示的清晰综合，易于比较，故其他科学目前也渐大量地利用地图。图学方法的发达进步，实为地理学对人类智识的一大贡献。

地理学虽不仅是研究人类与自然的关系，但人地关系的研究实为地学研究中心问题之一，我们研究自然现象，应注意其对人类的意义，研究人文现象，应注意其在地面上的关系。因人类科学发

---

① 关于各种图表方法，可参观 I. Bowman：*Geography in Relation to the Social Sciences* 一书，1934 年，第 98—144 页。区域图表的详细说明，可参看任美锷、李旭旦译《人地学原理》一书，钟山书局，1935 年，第 490—494 页。立体图型的详细说明，可参观 A. K. Lobeek：*Blook Diagrams* 一书，1924 年。

明，日新月异，利用土地的技术时在进步，故自然环境对人生的意义，亦时在变换。譬如欧洲昂白山从前为荒凉落后的高山，现则成为世界的游览胜地，美国西部半沙漠区域四十年前还是一片牧场，现因旱农制的采用，已渐成为农业区域。这些地方自然环境还是与从前一样，但因人类文化的进步，而地面景象亦随之改观。所以我们可以说，地理学是一种动的学问（dgnamic）。因为地理事实随着人类智识思想和科学技术的进步，而常在变化，这种变动的环境观念的发展，使地学思潮亦生重要变迁。从前地理学者多主张决定论，以为自然环境可以决定人生活动，现则学者大部趋向于或然论，以为自然环境只能影响人生活动，而同时人生活动亦能改换自然环境，故人地间的关系为相互的。

以上所述已将地理学性质、内容与其研究方法略作一个简单的介绍。从学科的本身性质说来，地理教育实为公民教育中必不可缺的重要的一部分。我们知道纯粹科学训练人们精密思想和详细分析的能力，综合科学包罗丰富，增进人们的常识，使其对一切问题具有远大眼光。专门科学家假如没有相当综合科学的训练，往往只具一孔之见，而流于偏狭。所以在大学教育中，无论理工农医各专科学生，应对史地两项综合科学有基本的认识。我们若欲作一个健全的公民，必须了解现代文化的大体。研究现代文化，第一自然须知道人类生息的环境，及其适应环境的情形，所以我们说，地理教育是公民教育中必不可少的一部分。再从应用方面说来，地理学重要目的之一，是在研究各处人类利用环境、适应环境的情形，因各处土地利用情形各有不同，各有长短，我们若把世界各处利用环境的情形加以比较，一定可从许多现有的经验中，取长去短，扩充以后人类适应环境的范围，增加以后人类利用土地的合理化的程度，换言之，即我们参酌世界各处现有的丰富经验，将来调整土地利用或垦殖新区域时，必可免蹈许多覆辙，减少许多不必要的错误和牺牲。所以近来美国和加拿大垦殖新地,常以地理研究为参考根据,近来地理学家研究各边区的垦殖可能性,已逐渐发展一种新的实用的学问,叫做边区新垦学(pioneering)。另一方面,一人对本国故乡所知愈多,了解愈清晰,则爱护之心必油然而生,故地理教育的普及,为激发人民爱国心的良好方法之一,例如瑞士包涵法德意三种民族,在宗教上亦有新旧教之分,虽在目前国际关系紧张风云中,仍能团结一致,巍然保持其独立国的坚强地位,美国地理学家鲍曼博士(Isaiah Bowman)以为此乃因瑞士教育发达,尤其是地理、历史、语言诸学的进步,有以致之。[①] 在中国目前空前国难期间,当局对史地教育也颇为提倡,如最近教育部有全国史地教育委员会的组织,本校史地系亦受教育部委托,创立史地教育研究室,以研究和充实史地教育的教材,凡此种种实都是目前国策所需要,而为复兴中华民国整个计划的一部分。

(原载《国立浙江大学师范学院院刊》1940 年第 1 卷第 1 期)

---

① 见鲍曼:《世界新形势》,商务印书馆,1934 年,第 394 页。

黄秉维

黄秉维(1913—2000),地理学家,中国科学院院士,1938—1943年任教于浙江大学史地学系。

地理学之历史演变

一、我国地理学史略

地理学果为如何之科学迄犹为争论未决之问题。吾人欲对此有正确之认识,当先明地理思想之变迁,俾可由其过去之嬗化,引而见其晚近之潮流,更进而盱衡其将来之趋向。兹请首言我国地理学史之经略。

我国最古之地理著作为《山海经》与《禹贡》。《山海经》所记多离奇怪诞,百不一真,故后之学者率视同稗官小说。四库全书亦以之列诸小说类中。然按诸希勒格所著《中国史乘中未详诸国考证》(冯承钧译),其中国名如大人、小人、君子、黑齿等,亦多见于《山海经》,足证《山海经》之记载,实皆有其依据。因初民智识蒙昧,或陷于迷信,辗转相传,久而愈谬,渐演而为神话。《山海经》作者不察,以之入书,是以言多荒唐。古代地理,固应如此。《禹贡》内容,平正切实,已绝无神怪色彩,与《山海经》之离奇怪诞,迥不相同。由此推之,其著作年代自宜较《山海经》为后。顾颉刚以为成于战国之时。苟然,则《山海经》当为春秋或更古之制矣。自汉以降,历代正史皆有志地专篇,而地力志、风俗记、异物志等与地理有关著述,尤浩如烟海,不胜枚举。世界国家旧籍中,所涵地理文献之富,殆未有足与我比陵者。顾此类载籍几尽属事实之敷陈。求其地理原理有所发明者,直如空谷足音,不可多得。《礼记·王运篇》"广谷大川异制,民居其间者异俗"之说,与"五方土地,风气所生,刚柔轻重,饮食衣服,各有其性,不可变迁,是故疆理天下,物其土宜,知其利害,达其志而通其欲,齐其政而修其教"之文,虽杂有地理意义,然自此下逮元代,未闻有能发扬光大者。我国志地之书,汗牛充栋,地理思想,乃停滞不前,陈陈相因,五千年而无尺寸之进。先哲所启之绪不特后无桃继,且反没而不彰,诚可憾已!明清两代地理学者如徐宏祖、顾亭林、顾祖禹、刘献廷等,卓识别裁,皆有特殊之创树,但均及身而绝,续起无人,故迄未能伸根立干,抽条发叶,构成一体系完备之科学。近二三十年来,我国地理学研究,因受欧美科学熏陶,始转入崭新之途,与地质、生物、气象等学,相偕并进,骎骎焉有日新月异之势。虽为人力物力所限,成绩尚不能与欧美齐观,将来必有发皇之一日,固可预卜。美国地理学界之硕产鲍曼(Isaiah Bowman)尝言:"世界尚待发现之土地,如未经详细观察,可为已垦辟之田亩,可为旅行频繁之道路,其与南极洲及阿拉伯之不毛地固无异焉。"①我国幅员广大,世罕其伦。虽历史悠长,可上溯三千余载;地理未经研究之面积,实犹甚多。吾人即此研修,宜可根据所得之客观事实,于地理思想与地理方法,别有发明,别有创立,欧美之精华固可撷采,但不必囿于成说,自沮进步,此吾人所当再三致意者也。

---

① "⋯⋯ the yet undiscovered part of the earth ⋯⋯ if we have never before observed them closely may be the tilled field and the well-travelled route as well as Antarctica and the Emply Quarter of Aralia." 见所著之《地理学与社会科学之关系》(*Geography in relation of the social sciences*)。

二、欧西地理学之远源

欧西地理学之起源远在古希腊时代。当时地理学之内容包涵两相异之部分：一为地表各类自然现象之描写，一为各地域性质之描写。前者与现在所谓普通地理（General Geography）或系统地理（Systematic Geography）相当。后者与现在所谓特殊地理（Special Geography）或区域地理（Regional Geography）相当。法国地理学大师白吕（Jean Brunh）综考欧西地理学之流变，于上古一段，分为希腊时期与罗马时期。希腊时期之地理学者，偏重地表各类自然现象之研究，于博物学之进步有莫大推动之功。惟思想之创立，恒先于事实之搜求，又每杂以放诞不经之伪说，以假乱真。后人鉴诚前失，乃多易辙改途，转而致力于各地域实况之描写，是为罗马时期之特点。希腊学者之旅行，罗马帝国之建立，腓尼基商人之贸迁，皆促致各地域智识之增加，比至上古之末叶，区域地理已具相当规模，其弊则在叙述冗繁而缺乏理论之条贯，故虽方志之书不可胜纪，地理思想反无足言。迨及中古时期，学术界惟教会之修士抱残守缺，有保存古代文化之功，余皆陷于阴晦之中，地理学亦同被影响，惨淡无光，仅阿拉伯若干游家承其垂绝之绪，记述其履及诸地之见闻而已。14 世纪以次，游历探险，风起云兴，地域智识，遂日以扩大。地图学及自然科学之各门亦均捷足迈进，屡有崭新之发明。人类智识至是顿改旧观。地理学卷入此洪流浩浩之中，亦颇呈蓬勃之象。顾以视与地理有关之诸科学，则尚不免有瞠乎难及之感焉。17、18 世纪之际，地理著述仍多唯敷陈事实，偏重地理智识之应用，而以辅助政治之工具视之。17 世纪时，哇兰（Bernard Varen）著《普遍地理学》（*Geographie Generalis*）一书，举先民之地理发现与发明，汇而理之，洞微谱远，识见宏高，方法既与科学精神吻合，行文亦精核谨严，允为地理学之空前杰称，而竟不得当世重视，则彼时人耳目蔽于□旧之所使然，地理学处境之局促，于斯可以见矣。

吾人追稽泰西地理学之滥觞，虽可上溯至于古希腊时代，然其发展而为一近代科学，实胚胎于 18 世纪之后半期。自兹以降，作家始谋脱地理学于附庸之列，极力提高其学术界之地位。德人格特来（Johann Chestoph Gatterer）以法人俾阿绪（Phillipe Buache）山脉系统之学说为依据，分世界为若干自然区域，其不依附政治区划，殆即地理学独立之先驱。前此德荷意各国学者虽亦曾为相似之尝试，但其影地均微微不足道，惟格氏振衣一呼，响应特众，故说者或谓近代地理学之发轫，实在格氏著作刊行之年（1773—1775）。格氏著作之重要，从可见矣。与格氏同时之大哲学家康德（Emanuel Kant）对于地理学之贡献尤较格氏为多。康氏因研究哲学须有经验之智识为基础，而地理为经验之一部，故兼治之。彼时地理智识尚甚幼稚，体系更不健全，则不惮繁难，加以彻底整理，而纳诸条贯井然之组织中。康氏研究自然现象，而着重其对于人类之关系。自始至终，皆有一确定之中心，而不致散漫杂乱，茫无指归。康氏尝于 1765 至 1796 年间，在君尼士堡（Konigburg）大学教授自然地理凡四十八学期。从学者甚众。当代地理作家固多宗其说，即洪保德（Alexander Von Humbuldt）、李特尔（Karl Ritter）之地理思想，受其影响亦至深巨。18 世纪之后半期，自然科学发达甚速。地理学既有康德奠其基桢，又受自然科学之提携刺激，自然方面乃因之而着长足之进步。后值拿破仑穷兵黩武，政治界线移动匪定，以政治界线为根据之法国地理书，时须修改，以自然区划为根据者遂得乘之而兴。此于自然地理亦为一重要之助力。斯时之地理学虽以自然地理为主体，然政治问题亦常兼及，并未摒之于地理以外也。

三、欧西地理学之经典时代

新地学之理想与精神虽为 18 世纪后半期之地理学者所创立，而实现此理想精神者实为洪保德与李特尔。洪氏生于 1769 年，曾在佛兰克佛（Frankturt）习哲学与法律，在哥廷根（Gottingen）习动物，在佛来堡（Froiburg）习地质，在菲士特尔山（Fichtelgebirge）及其他地方任矿山官吏，性喜游历，家资又富。英、俄、法、意、瑞士、丹麦、西班牙及南美、中美皆尝履及，足迹甚广。当其服务政界之时，所发表科学论文篇数已颇不少，然其最重要之地理著作《宇宙》（Cosmos）实成于 1829 年远游中亚之后。□洪氏地理研究并不限于曾经身历之境。彼致力地理凡六十余年，旅行时期共计不过五载耳。《宇宙》一书包罗甚广，凡旅行家之成绩，无不并蓄兼收，故能体大思精，永垂不朽。该书共分五卷。第一、二卷于 1845—1847 年刊行。第三、四卷于 1850—1858 年出版。第五卷付印在 1862 年，时洪氏已死三年矣。《宇宙》为描述自然现象之专著。洪氏毕生精力，几近瘁于是。书中讨论各项自然现象之性质及其互相关系，与今日普通地理之自然部分相当。洪氏不徒排比事实，以明异类事实之关系，且追求控制各类现象性质与分布之法则，故其方法为科学的方法，洪氏本人则一自然地理学家也。洪氏旅行墨西哥及阿里□可（Orinoco）流域，又尝以观察所得，著之于文，为分区系统地理研究之嚆矢，故洪氏不仅为普通地理植不拔之基，同时亦为系统的分区叙述创一崭新之格局。向者普通地理与特殊地理分道扬镳，不相贯通，久为地理学进步之梗阻，今则其间隔阂尽撤，彼此相依为用，相助以成，开近代地理学之先河，立后人研究之津逮,厥功之伟,前人固无足与论比也。洪氏生平或服务政界,或游历异邦,未曾在大学任教,故其弟子不多,然其在大学以外及德国以外之学术界中,则诚有风行草偃之概焉。

李特尔与洪保德时代相同,居地亦相同。李氏屡言在若干方面,洪氏实为其师。李氏之学虽深受洪氏之影响,然谓李氏之习地理在识洪氏之后则非。或又谓李氏初习历史,后始转习地理,亦与事实相违。李氏早年所受之地理训练实较当时之任何人为完全。方其少年,即有许多直接观察自然之经验,后又于大学中治矿物、植物、地质、物理、化学、医药、法律、历史、教育、哲学、数学等科。范围广博,堪为修习地理之基础。1804 年李氏自序其关于欧洲之著作曰:"地球及其居民互相关系,极为密切,如仅观察一项元素而不顾其他,则该元素之全貌亦必不能备见,是以地理与历史应相偕不离。"又于书中附图显示山脉之系统及天然植物与栽培植物之分布暨其与气候、动物、语言之关系。尔时,李氏与洪氏尚未谋面,其地理研究造就已如此之深,李氏识洪氏而后治地理之说之为传讹,于此可见矣。《地理学》(*Erdkunde*)一书为李氏最重要之著作。自 1817 年刊行第一卷之后,即声誉鹊起。旋至柏林讲学,先后凡十余年。至 1831 年,始复专力著书。自 1832 年以后,曾续出《地理学》一十八卷。全部著作,尚未告成,此一代大儒即溘然长逝(1859 年)。然其地理思想已具详楮墨之中。李氏阐明人类与自然互相依赖之意义,并承认于政治区划之外,尚有采取自然区划之需要,又提倡利用地图以为比较研究之资。凡所揭扬,与近代地理学多可相通。第李氏著述亦不无可议之处。偏于摅述而忽略因果之探求,一也。以为自然现象皆为人类之幸福而赋形,视人类之历史过要,视人类之环境太轻,二也。未能确定地理学之范围,致所网罗之事实过于芜杂,往往与地理学无关者亦悉加容纳,冗而寡要,三也。以上三点虽使《地理学》一书大为减色,然此十九卷巨著之有功于地理学，实可与洪氏之诸作相埒。李氏执教多年，满门桃李，是以洪李二氏逝世以后，追循李氏之往辙者特众。美国大学中之最早地理教席固育特（Arnold Guyot）亦为李氏之门人，流泽之远，从可知矣。

四、19 世纪中叶以后之欧西地理学

19 世纪中叶以后，自然科学皆有重要之发展，学者朋兴，新知云涌。地理学受其激荡，亦随之而起空前之大变革，其荦荦大端，应特别提叙者共有三点。

（一）地理学不复为无所不包之地学

当 19 世纪之后半期，许多有地方性之科学研究皆逐渐发展而成独立之科学，如地质学、动物学、气象学等均卓然自立一识，不复为地理学之附庸。如仍以地理学为无所不包之地学，其本身将空无所有，其意义与范围不得不顺此新潮流而有所改变，自为势所必然。区域之研究至是已被摈于地理之外，地理学之内容，人持一说。主张地理学为研究地球之学者固甚多，拟议地理学为研究地球表面之学者亦颇不少。19、20 世纪之交，更有倡言地理学为研究分布之科学者。众说哗然，而皆嫌过于广泛。地球研究至少包括地质学与地球物理学于其中。地面研究亦与动物学、植物学等众多科学之畛域□法划分。地球上之现象各有其分布范围，倘研究分布即为地理，地理学更不成为科学矣。

（二）自然地理方面偏重地形之研究

当 19 世纪后半期地理学之定义与范围飘摇不定之秋，自然地理与人文地理二元对立之趋势日益明显。自然地理之研究几全集中于地形之一端，在德国尤其如此。盖经典时代地理学之两大柱

石皆为德人,故德国地理研究时较他国发达。但自李特尔逝世之后,德国大学即不复有地理学讲座。研究地理之士大半原为习地质之学生,是以多偏重地表之形状。此新风尚由白雪儿(Oscar Peschel)启其端,李希霍芬(Ferdinand Von Richthofen)翼而继之,益以彭克(Albrecht Penek)、台维斯(William Morris Davis)诸人之硕学天才,地形学乃如旭日东升,疾足以进,相形之下,气候学、生物地理、人文地理及区域地理皆尽落伍疲卒矣。

(三)人文地理方面以环境论为圭臬

人文地理方面之研究以环境对于人生之影响为中心。此环境对于人生影响之概念即地理学中所谓环境论(Environmentalism)。环境论之萌苗远始于人类有史之初。希腊罗马之人皆希望能对其优越之文化获一合理之解释,而环境之影响似可满足此一希望,故多加以重视,如亚里士多德(Aristotle),维特罗维亚士(Vitruvius)皆谓北土过寒,南方太热,民生其间者皆无政治统制之能力,惟介居二者之中之地域兼擅二者之长而无其短,足以独成文明之邦。后世之医生、建筑家、哲学家、历史家、军事家、政治家、社会学家研究自然环境对于人类之影响而笔之于书者,如繁星依天,不可胜数,然援以为地理思想之中心者实始自拉蕞尔(Friedrich Ratzel)。拉蕞尔既宣扬自然环境对于人生之影响,又予源流长远之旧观念以一簇新之名称曰人类地理学(Anthropogeography)。拉氏之第一部巨著即以人类地理学为名(其第二部巨著为《政治地理学》*Politische Geographie*),当时治人文地理者翕然和之。《人类地理学》一书之要旨又得其门人森柏尔(Churchill Sainpla)以流畅之英文,发挥阐述,以鉴英美之学者。是以流传甚广,至今英美地理界中宗拉氏之说者犹占多数焉。环境论渊源甚古,其独盛于此际,自非出于偶然。当时德国自然地理之发达及有机进化理论之确立,皆与有推助之劳。拉氏生当其会,故遂乘之以兴。时势造英雄，英雄又藉之以造时势，两者实相因而至也。拉氏及其信徒金以为人之生息于自然界中，不啻泥之在钧，自然环境实持有左右之之全权。此环境决定人生之说，后人称为决定论（Determinism）。拉氏为作始之人，顾此失彼，不免偏畸过甚，故环境论派中后起之士或用调应（Adjustment）、互相关系（Interrelation）诸词以代替影响（Influence）、控制（Control）诸词，重心渐由自然移至人类。换言之，即前置人类于被动地位，而今以主动者视之，是即所谓可能论（Possibilism）。首立此意以修正决定论者则法人韦他（Vittal de. la Blache）及其门人白吕也。

五、地理学之最近趋势

当 19 世纪之后半期，地理智识与时俱增，地理学之性质与地位实浮沉不定。地形研究不过地理学之一支，地形学之开山大师白雪儿且置人类之活动于地理学范围之外。决定论固非地理学之真谛，可能论亦不足显地理学之性质。历史学者、经济学者、社会学者等皆常于所专之范围以内，引环境之影响，以解释事实。自彼等视之，此乃历史学、经济学或社会学研究之一部，未尝侵入地理学之疆域。质言之，环境论不过一种学说，一种解释。确定一科学之境界，当□明其研究之对象，不能以解释之种类为准绳。例如古生物学之研究对象为过去之生物。进化学说虽可由古生物学之研究获得若干论据而复予古生物学以理论之中心。但吾人不能混古生物学与进化论为一谈，亦不能谓古生物学即研究生物进化之学。环境论之于地理学，亦犹进化论之于古生物学，不能以之衡定地理学之性质与其在科学中之地位，自不待言。且科学研究，必由事实之描写，进至事实之分类，最后始加解释。若解释与理想倒置于前,复不知何者为所应研究之事实,远出科学之轨范,尚得称为科学乎?

近数十年来,欧洲大陆及美国之学者对地理学之方法研讨特勤,皆欲确定地理学之范围,俾可由而确定地理学之地位。广义之科学可大别为二类:一曰系统科学,二曰综合科学。系统科学分别研究世界上各相类之事物,如动物学研究动物,法律学研究法律,皆是。但世界事物多相依相赖,互为影响,纵横错织,以成一复杂之网罗,鲜有了然独存,与他类事物毫无关系者。系统科学观其一偏,自不能融会贯通,明其全局,故系统科学之外,又须有综合科学,然后人类智识始得完全。所谓综合科学即研究全局之学问也。研究全局,可有两途:观察其在时间上之差异者为历史,观察其在空间中之差异者为地理。由是言之,地理学当为研究地表上区域的差异之科学。吾人无论采何一方向作距离较长之旅行,心目中必觉途中所经情形颇不一致,而各有其特性,因兴求得所经诸地之智识之心。文学家常描写山川之美、风俗之殊,游记文章,写实图尽,固已多比河沙,不乏佳篇杰作,似均可示吾人以地方之情形。然皆出自作者之主观,既不正确,亦不完全,自不足以餍吾人之望。章学诚曰:"文之与史,较然异辙。"又曰:"文人不可与修志。"吾人不能赖文学家、艺术家负供给地方智识之责,与章氏此意实相从同。吾人所求,为客观而完全之地方智识,故能应此要求者当为一种综合科学。含有地方性之综合科学舍地理学其孰当之?故地理学不但在人类智识中占有重要之地位,其发达滋长实且基于人类内在之求智愿望焉。

历史与地理同为综合科学,其性质多可互相比较。历史为人类之历史,地理亦以人类为核心,以地面为人类之居地而研究之。苟若不然,所谓地表上区域差异,孰大孰小?欲加衡定,将何所依据?同一区域差异,由其对于人生之影响视之,或不重要,就其对于鸟类生活影响言之，或极显然，故必先特地面为人类居地之观念，然后每一现象重要性之大小可有衡定之依据。或问："然则极地漠境，阒无居人，地理学将置之于不顾乎？"应之曰："否，凡不宜居人之地，类皆有其所以然之原因，原因若何？有无克除之方法或希望？是均地理学之问题，以人类为核心者也。故有人居住之地与无人居住之地，其在地理上之价值固无分轩轾，不得以有人无人而重之轻之。"

吾人如综观世界事物之地域的分布，将可获两无往而不然之情形：（一）同类之现象在地表上分布极不均匀，性质亦因地而异。其地位相邻者彼此间皆有关系，鲜特立独存者。（二）同在一地之异类事物皆在因果上有连带之关系，并共同决定该地之特性。故研究地表上区域之同异，可有两不同之途径：（一）以一类之现象为单位，研究其性质与分布及其与他类事物之关系，是即所谓系统地理，又称普通地理。（二）以区域为单位，研究该区域中各类现象所共同称成之特性，是即所谓区域地理，又称特殊地理。地理学之分为系统地理与区域地理两门，在古希腊之时已有此种趋向，但后之地理著作多属区域地理一类，系统地理之文献寥寥可数，教授地理者鲜或及之。至17世纪中叶，哇兰乃明确划分地理学为两门，以为阐发特殊地理中之现象，须先有普通原则为基础，否则不成为科学，故普通地理与特殊地理应受同等之重视。经典时代之洪保德，于系统地理及特殊地理皆有重大之贡献。李特尔之地理学已出版诸卷，虽只包含区域地理，然实蓄殿之以系统地理之意。惜天不假以年，故终未果偿夙愿耳。可知洪李两氏皆承认系统地理与特殊地理，兼立共存，不可偏废，此固犹百余年以前哇氏所倡导者也。19世纪之后半期，地理研究之潮流忽起波澜，地形学与环境论分庭抗立于地理学中，区域地理几无立足之处。及20世纪初年，区域地理寝复发达，地理学之分为两门，又与经典时代相若。

系统地理可再分为自然地理（Physical geography）与人文地理（Human geography）两类。自然地理包括下列各门。

（1）数理地理（Mathematical Geography）或称天文地理（Astronomical geography），以为地球为一行星，叙述其形状、运动及经纬度之划分、地图之绘制等，实用上虽为地理学之所必需，理论上则因为应用数学或天文学之一部。其于地理学殆犹数学之于物理学。吾人不能以数学为物理学，自亦不能以数理地理为地理学。吾人列诸自然地理中，于理固未为当也。

（2）气候学（Climatology）研究气候之性状、形成、分布及其影响。

（3）地形学（Geomorphology，又称 physiography）研究地形之性状、分布及其影响。

（4）水理学（Hydrography）研究海洋、湖沼、河流、冰流、地下水之情状、分布及其影响。

（5）土壤地理（Soil geography）为自然地理之最新分支，研究土壤之性状、分布及其影响。

（6）植物地理学（Phytogeography 或 Plant geography）研究地表植物被覆之性状、分布及其影响。

（7）动物地理学（Zoogeography 或 Animal geography）研究动物之性形、分布及其影响。

人文现象分类较难，故人文地理之分科亦较不一定。通常有经济地理（Economic geography）、政治地理（Political geography）、人类地理（Anthropogeography）、文化地理（Cultural Geography）等名称。名目固多分歧，即同一名称下，内容亦往往互异，人各一见，步伐失齐，其演进去止境盖尚远也。

区域地理以洲为单位，或以政治为单位，或以地理区域为单位。政治单位及地理区域，可大可小，纯视分划之标准如何。其数目可细分至于无限。

地理学之定义与分科，略述如上，以此为衡，地理学似亦网罗万象，无所不包，故地理学之范围，应加以确切之规定，否则地理学将成为许多科学之集合体而非一独立之科学矣。地理学所应包括之现象并不囿于某类或某数类。孰取孰舍，完全以其地理意义之大小为权称。凡富有地理意义者皆当取之，是否亦为其他科学之对象可不必问。因地理学之观点与其他科学并不相同也。根据地理学之基本概念，吾人可立定量度地理意义之标准如下。

（1）世界事物以因果关系，并立共存，合成一不可分离之复杂体。地理学为研究此复杂体之科学，故凡与其他事物互相关系愈密切之现象，其地理意义亦愈大。孑然独立，与其他现象无关者，不属地理学之范围。

（2）地理学以研究世界事物所组成之复杂体之区域的差异为目的，故凡因地而殊愈显然之事物，其地理意义亦愈大。随在皆然，易地而不变者，不属地理学之范围。

（3）地理学以地表之事物为对象，故凡面积愈广之现象，其地理意义亦愈大。兹所谓面积，并非某一现象所实占之面积，而为该现象分布区域或影响区域之面积。是以人类本身在地表上占地甚为狭小，而在地理上极为重要。

（4）地理学以地面为人类居地而研究之，故与人类关系愈密切之现象，其地理意义亦愈大。与人类无直接或间接之关系者，不属地理学之范围。

前言系统地理学分别研究地表之各类现象，与系统科学似有重复之嫌，是以近二三十年以来，学者多主张以区域地理为地理学之主体，甚或谓区域之于地理学，犹动物之于动物学，天体之于天体学，地理学当为地面区域之比较研究。然则系统地理在地理学中竟无容身之隙矣。以区域地理为地理学之主体，固为平允之论；

谓系统地理当摒诸地理学之外,则未免过于偏畸。系统地理不应摒诸地理学之外之理由约有三点:系统地理之对象之选择,纯视其地理意义大小如何,与其他科学之对象虽每有重复,范围实不相同,畸重畸轻亦不一致,此其一。系统地理学不但选择对象之条件与其他科学不同,研究观点亦不一致,"目光注于一物,而思想超乎其多"(Keep your eye on the object and your imagination beyond it)。此诗人所诵守之原则,实可代表地理学者研究之态度。系统地理学虽如其他系统科学,以一类现象为对象,然其与他类现象之关系,亦注意匪释。以视其他系统科学之徒见一面者,固自不同,此其二。每一区域之性质皆由系统地理所研究之诸现象联合组成。欲了解一区域之特性,首须了解致成此种特性之诸现象,而考究每一现象之时,又不得不连类以及他地相似之现象。不如此,即不足以知其发生之原因、分布之规则,而在一区域之内因果相系之故,亦无从而悉矣。是以研究区域地理不从系统地理入手,必至茫无端绪,此其三。由此三者,系统地理有其存在之价值自为不勘之说。惟因其非统观全局,有失综合科学之本义,故所处地位,似应在区域地理之次耳。

地理学为一种经验科学(Empirical Science)而非实验科学(Experimental Science)。虽晚近学者曾有以实验室之方法推广至于地理学之尝试。如三角洲之生成,河流之发育等,皆可于实验室中以模型示其进行之经过。但实际情形异常复杂,绝未有如实验室中之简单者。仅靠实验,决不足以知其真实之情形。至于地理学不为实验科学而为经验科学之理由,约有二端:一为地理现象之组合,全出于偶然。地理现象至少包括三项独立发生而在地表上差异甚大之事物:(1)太阳之辐射,(2)陆圈之成分与构造,(3)水陆之分布与关系。三者有一不同,地理性质必即改变,而是三者又千态万殊,不可穷诘,其在任何区域之组合,复皆出自偶然,故世界区域之性质绝无完全吻合者。是以在地理学中单一性（Uniqueness）占极重要之地位。任何地理区域之叙述未有不包括个别现象之描写者。以有限之实验，随无穷之偶然，其为丰富，自不待言。二为地理特性之构成因子之复杂。地理特性由许多现象联合构成，除别叙之三项基本事实外，其发生与分布不受其他地理因子之影响者，有饶具经济价值之矿产、不便分类之位置与面积，及可与地形无关之岩石等，外来及过去之因子，如埃及境内干燥气候下水量克盈之尼罗河，如欧洲中部温带气候下痕迹犹新之冰成地形，其发生与分布，亦非当时当地其他地理现象所能决定，至其发生与分布皆受制于前述三项基本事实者，为数更多。以上仅就自然地理之范围，摘举数则，若再加入人文因素，则复杂尤甚矣。实验室中之情形必不能如实际之复杂。以单纯之实验，推究复杂之实际，挂一漏万，有不至劳而无成者希矣。

客冬予自陪都之播州，倚装将行，踵解翁咏霓先生于其官舍。浓云翳月，光镫吐辉，先生滔滔万言，纵论我国地理学界，卓知胜义，如注如倾，剖切得失，语外切中。惟先生深识地理学之重要，而不承认地理学为科学，则愚昧之见，未能从向，匆遽问未克罄陈固陋，愿言之怀，不可已已。归成此文，藉当答辨，遏于贱事，未以付梓，亦未以邮呈翁先生置箧笥中且莽年矣。顷因《真理杂志》创刊，征稿及予，遂出之以应，甚盼海内贤达有正其愆误，阐所未明，不特予个人受其教益，亦我国地理学之幸也。

（原载《真理杂志》1944 年第 1 卷第 2 期）

谭其骧

谭其骧(1911—1992)，历史学家、历史地理学家，中国科学院院士，1940—1949 年任教于浙江大学史地学系。

近代杭州的学风

江、浙、皖三省的大江南北、浙水东西一带，是近三百年来中国学术的中心区域，重要学者什之八九都生长于斯，重要学说大都自此发射其光芒。虽说北方学者在明清之际，湖南、广东学者在清代中叶以后，都曾在学术界上占有相当重要的地位，但从大体着眼，一代文化中枢，毕竟始终在东南。在此中枢之内，各地又由于山川孕育之有异，一时大师所倡导的不同，衍而为若干特色的学风区。以浙江一省而论，浙东自成一区，浙西杭(州)、嘉(兴)、湖(州)与苏省苏(州)、松(江)、常(州)、太(仓)同处太湖流域，学风也大致相似，故自来言清代学术者皆视江南、浙西为一个区域。章实斋在《浙东学术》篇内，比较两浙学术的异同，即以籍隶江苏之顾亭林代表浙西。再就浙东、浙西而论，则浙东之宁(波)、绍(兴)之与温(州)、台(州)有别，浙西之嘉、湖与杭州亦有别。嘉、湖学风诚然与苏南之苏、松、太略同，而杭州则自成一型。杭州于浙西已属边缘地带，隔钱塘江与浙东学术中心的宁、绍相接，故其学风虽以浙西为素地，同时又深受浙东的影响，实际上可说是两浙学风一个混合体，由混合而融化，迨其融化而后，遂自成一型，既非浙东，亦非浙西。作者纵观三百年来学术史，深觉杭州学风实有其特殊色彩，兹值求是书院五十周年纪念，浙江大学二十周年校庆，用述斯篇，以告在杭州在浙大从事文化学术工作诸君子。

自明末历清初顺、康以至雍正，为时约百年，这时期学术界的主流是承宋明之绪，讲求理学，主要的争端是程朱与陆王。大抵浙西宗程朱，大师有陆桴亭（世仪）、张杨园（履祥）、陆稼书（陇其）、吕晚村（留良）等；浙东宗陆王，大师有刘蕺山（宗周）、黄梨洲（宗羲）、沈求如（国模）、陈悔庐（汝咸）等。其时杭州的理学家最著者有应潜斋（㧑谦）、沈甸华（昀）、姚敬恒（宏任）、秦开地（云爽）、施赞伯（相）、桑弢甫（调元）等。潜斋、甸华、敬恒、弢甫并以程朱学闻，学风同于浙西，但诸人用力处都在躬行实践，而不在卫道，不在尊朱黜王，此与陆稼书、吕晚村有异，与康、雍以下一般儒生仰窥朝廷意旨，以尊朱辟王为梯荣捷径者，更截然不同。至于开地、赞伯二人，则调停朱陆，不立门户，迥非纯正浙西学派面目。开地初治阳明之学，后乃归于紫阳，但仍谓良知之说"不可谓非""有功吾道"。又谓"先儒所见各有不同，吾人最急无如为己，若阳窃卫道之虚名，竟立相持之门户，开罪名教，不敢效尤"。最可以代表不偏不倚的杭州精神。赞伯同时与程朱派的应潜斋、陆王派的鄞县万公择（斯选，梨洲弟子）相交，故其论学亦能持朱陆之平，此又可见地理环境对于杭州学风的影响。

理学而外，清初在明季遗民钱牧斋（谦益）、吴梅村（伟业）倡导之下的辞章之学，顾亭林（炎武）倡导之下的经学，也成为一时风气。但此风只以浙西为中心，浙东自黄梨洲以下即尚史学，康熙中其弟子万季野（斯同）尤为海内史学祭酒，亦与浙西不同。其时杭州汲浙西之风，以诗文震烁一世者先有柴虎臣（绍炳）、陆丽京（圻）、毛稚黄（先舒）等西泠十子，继有吴庆百（农祥）、吴志伊（任臣）、王仲昭（嗣槐）、章岂绩（藻功）、龚天石（翔麟）、洪昉思（昇）等。岂绩的骈体文与宜兴陈其年（维崧）、江都吴兰次（绮）并称为海内三大家，昉思有《长生殿传奇》与曲阜孔云亭（尚任）的《桃花扇》齐名，时称南洪北孔。同时又有邵戒三（远平）、陆云士（次云）、姚鲁斯（之骃）等，与庆百、志伊二英并以博洽著闻，而所致力者大率在史。庆百谙于明季掌故，甲申以后两浙殉命诸人均为作传；志伊有《十国春秋》，以淹贯称；戒三有《元史类编》，朱竹垞誉为非官局所能逮；云士有《八纮绎史》《峒溪纤志》，备载西南风土之异；鲁斯有《后汉书补逸》《元明事类钞》，搜罗极博；而应潜斋作《教养全书》，体例略仿《文献通考》，于明代事实所载尤详；是其风尚又与浙东略同。总而观之，则其时杭州之学人多出入于文史之间，而浙西之辞章与经义异途，浙东之以理学为体史学为用，并有不同。

自惠（栋）、戴（震）崛起，专尚考据，主以六书、音韵、训诂、名物、通经名道、尊汉非宋、博古薄今，一时学者从风而靡。乾嘉两代，家家许郑，人人贾马，汉学掩袭天下，而以惠、戴之产地吴、皖为中心。并世树异帜者，只有皖北的桐城派主因文以见道，浙东的史学家重历史文献之学以求致用。这时期杭州的学风，大致可分两方面说。一方面是适应时代的潮流，产生了不少纯正的汉学家，如乾隆朝有专事校勘的卢抱经（文弨），有申郑斥王力辨《家语》之伪的孙颐谷（志祖），有著《尔雅补郭》的翟晴江（灏），有志《史记志疑》《人表考》的梁曜北（玉绳），又有曜北的弟处素（履绳），专治《左氏传》。嘉庆朝有金石学极精的赵晋斋（魏），有善于辑书的胡书农（敬），有著《周易郑注引义》的赵宽夫（坦），有著《小尔雅疏证》的严厚民（杰）。但一方面又有一批为数不下于纯正汉学家的知名学者，却抱着与时趋不尽相同甚或相反的识解与作风。

以作风而论，有沿袭着杭州本地旧来亦文亦史之风的：如乾隆初叶厉樊榭（鹗）、杭大宗（世骏）并以诗文冠绝当时。樊榭有《辽史拾遗》，采撷之富，或比之裴松之《三国志注》；又有《宋诗纪事》，又与同里符幼鲁（曾）等六人同撰《南宋杂事诗》，前者以史证诗，后者以诗述史，并为考史者所重。大宗有《史记考证》《三国志补注》《北齐书疏证》《续经籍考》《两浙经籍志》《词科掌录》等，又欲补《金史》，特构补史亭，成书百余卷。乾嘉之际有朱青湖(彭)，诗名与吴圣征(锡麒)相亚，著有《武林谈薮》《南宋古迹考》《吴越古迹考》。嘉庆中有钱金粟(林)亦以诗名，著有《文献征存录》，搜集当代人物掌故，颇有条贯。有好谈经济之学多少受了浙东学派的影响的：如乾隆时汪西灏(沆)于农田、水利、边防、军政，悉心研究，所著多通达治体，可见施行。金士奇(志章)亦留意边务，著有《两镇三关志》。而以治《水经注》见称于时与戴东原齐名的赵东潜(一清)，其学实远绍梨洲(梨洲有《今水经》。东潜之父功千，为梨洲弟子，穆堂挚友，能诗，与厉樊榭等并称七君子)，近接谢山(少禀父命学于全谢山，从事根柢之学)，将以致用，非为考古，故又有《直隶河渠志》之作，备载畿辅水利之源委兴废。又嘉庆时钱金粟亦能言辽金元兵制，足补史志之缺，尤于有清一代名臣言行及河漕、盐榷、仓储、平粜、海运、采买、灾赈、铜政、钱法、地丁、杂税诸大端，靡不熟究。

以识解而论，如乾隆时的文坛祭酒袁简斋(枚)，即颇不以当时经学考据的潮流为然，尝谓"古有史而无经"，"周孔复生，必不能抱六经以自足"。嘉庆初的许周生(宗彦)，为汉学护法阮芸台(元)的门下士，两人又为姻家，而论学谔谔不苟合。他不以由训诂明道之说为然，不主张趋天下才智之士，毕精竭虑于"所得盖小"的形声校勘之学。他说："使孔子生于今世，其所学者不过由明溯宋而已。""圣人之教学也，期于有用焉耳。"所以他言礼主宜今而不主合古，论汉宋之学能持其平。芸台所创立的诂经精舍，以汪汉郊(家禧)为举首，而汉郊言著书之旨，一以修己治人为本，谓"儒有郑康成而经明，有韩退之而用彰，有朱文公而体立。朱学之传，历久无弊"。"唐宋以来名儒各有精微，断不可一概抹杀，但遵伏、贾。"又颇以郑氏之驳杂为病，又谓"汉儒经学以适用为贵，今时最宜亟讲者，经济掌故之学"。袁、许、汪三人议论，与浙东章实斋六经皆史、学术通今经世之说皆相印合。

乾嘉是汉学的全盛期，而乾嘉时代杭州的学风却始终在时代潮流的半化外状态之下，由此可见浙东学术对于杭州影响之大，由此亦可见杭州学风之不尽与浙西其他部分相同。

论乾嘉杭州学风，有一事必须补叙，即诂经精舍之创立。诂经精舍的创立者是汉学护法大师阮芸台。芸台于乾嘉之际督学浙江（乾隆五十九年至嘉庆三年），即专以"经术"取士，又招集四方群士于孤山之麓纂辑《经籍纂诂》，集古训之大成。嘉庆初任浙江巡抚（初次嘉庆五年至十年，二次十二年至十四年），复就纂集《经诂》旧址，创立西湖诂经精舍，选两浙高才生肄业其中，聘孙渊如（星衍）、王兰泉（昶）为掌教，祀郑康成、许叔重二人木主，一以由训诂名物求义理为教。精舍以嘉庆五年创立，至光绪三十年罢撤，历百又五年，中间虽一废于嘉道之际，再废于鸦片，三废于洪杨之役，合计不过二十余年，八十年间掌教数易，然所讲所课，始终不背芸台创立初意，与芸台在广州创设的学海堂，并称汉学二大结集。精舍所罗致的士子既遍及于全省，所以精舍所倡导的学风所被，自不仅限于杭州一地。嘉道而后，浙中以朴学知名之士接踵辈出，究其学历，什九与精舍有直接或间接关系。浙东向不为汉学势力所及，乃先后诞生临海洪筠轩（颐煊）、百里（震煊）兄弟，临海金诚斋（鹗），定海黄薇香（式三）、儆季（以周）父子，瑞安孙仲容（诒让）诸人，二洪、诚斋、儆季皆精舍肄业生，仲容父琴西（依言）与精舍掌教俞荫甫（樾）同年知好，仲容少时曾侍父居杭三载。由此可见精舍对全浙学风影响之大。但精舍肄业生中之产生第一流汉学家，杭州之成为全国汉学中心，却不在嘉庆朝而远在同光以后，此点留待下文再叙。

自明末清初以至乾、嘉，杭州在全国的学术地位并不高，那时东南的，亦即全国的学术中心在浙西的苏、常，在浙东的宁、绍，在皖南的徽（州）、宁（国），在江北的淮（安）、扬（州），杭州只是一个两浙不同学风的接触融合点。此种融合学风虽自有其特殊价值，但并不能领导全国，另开一种新风气。杭州之成为东南学术中心，以新风气领导全国，实始于道光以后。自道光至光绪中叶是第一期，光绪甲午以后是第二期。

第一期开风气的大师是龚定庵（自珍）。定庵以治今文学著声当世，今文学的发祥地在常州，开山祖是武进庄方耕（存与），树立宗派的是武进刘申受（逢禄）、长洲宋于庭（翔凤），但今文学的发扬光大，震撼一世，成为时代的主流，取乾嘉以来经学考据而代之，则由于定庵与邵阳魏默深（源），而定庵尤为其魁首。前此常州今文学只讲经义（乾嘉考据学者所讲求的是经训），即所谓微言大义，至定庵始以经义讥切时政，发为学者之政论，百余年来为经学而治经学的信条，自此乃不复为一般学者所崇奉。汉学专制之局既破，举世学者闻风继响，至光绪朝而达于最高潮，遂有康长素、梁任公辈以今文学者大倡改制，参与实际政治，造成了戊戌政变。政变的结果，新政虽见挫于旧势力，但今文学派与泰西新思想交相灌溉，同流合趋，毕竟使清季整个的思想界，步入了新境界。梁任公说："语近世思想自由之倡导，必数定庵。吾见并世诸贤，其能为现今思想界放光明者，彼最初率崇拜定庵，当其始读《定庵集》，其脑识未有不受其刺激者也。"（见《论中国学术思想变迁之大势》）定庵学说对于时代思想影响之深巨，此数语洵属的评。然推究定庵学术之来历，初非今文一家之说衍变所致。定庵早岁即倡治学合一之论，其文实袭自章实斋六经皆史之说。盖六经既为先王之政典，则治与学自不可分；治与学既不分，则学者之终极目的，自不得仅以"学"自足，必须发之以论政，施之于实用，始不负所学。然则定庵之学，固融合浙西、常州之今文学与浙东之史学而阐发新义，自成一型者也。

定庵既主学以致用,故好作经济谈,而最注意边事,有《西域置行省议》,至光绪间实行,即今新疆省。又著《蒙古图志》,研究蒙古政俗,而附以论事。咸同以后,治西北史地之学,遂亦成为一时学界风气。杭州则有吴祁甫(承志),著有《唐贾耽记边州入四夷道里考实》;丁益甫(谦)著有《蓬莱轩舆地丛书》。

定庵之学影响被及全国,其在杭州,则同光之际有谭仲修(廷献),亦以今文学家通知时事政制典礼,能讲求其义。稍复有夏穗卿(曾佑),与新会梁任公、浏阳谭复生(嗣同)同治龚魏之学,最相契,咸谓孔学自战国而后衍为孟荀两派,二千年来之学皆荀学也,乡愿也,二千年来之政皆秦政也,大盗也,惟大盗利用乡愿,惟乡愿工媚大盗,盖自孟学绝而孔学亦微,于是专以绌荀申孟相号召。穗卿以此论史,著有《国史讲义》(即今商务版之《中国上古史》),风行清末民初。同时已有张孟劬(尔田),亦私淑定庵,著《史微》,深核有通议。

道咸以后的杭州,一方面是发扬新学风的神经中枢,一方面又是保守旧学术的坚强壁垒。东南汉学根据地的苏常徽宁淮扬一带,自经洪杨之乱,故家破灭,典籍散亡,乱后多不能复振起。独杭州于同治初恢复诂经精舍,聘德清俞荫甫(居杭州之临平)掌教,垂三十余年之久。荫甫之学一宗高邮王氏,善于校勘训诂,所著《群经平议》《古书疑义举例》,即取法于《经义述闻》《经传释词》,精湛不相亚,而博大过之。精舍弟子先有定海黄儆季,著《礼书通故》,集清代礼学之大成。继有余杭章太炎(炳麟),治声音训诂之学,应用乾嘉以来之研究法,而廓大其内容,延辟其蹊径,精核往往突过前人,有非清学所能范围者,影响近数十年来学界尤巨,而近今治新考据者不祧之祖海宁王静安(国维),虽非精舍肄业生,亦尝为文应精舍之课,试以传膏火,即所谓附课生。清末以及民初的俞、黄、章、王,正可比之于清初的阎(若璩)、胡(渭),乾嘉的戴、二王(念

233

孙、引之父子），可见作为清学正统的古典考证学，时至晚清，其中心亦已由吴皖淮扬而移到杭州了。

道咸以后的杭州，又不仅为经史之学的中心，同时又是科学的中心，即历算学的中心。历算学的中心，其先亦在吴皖，清初大师王寅旭（锡阐）吴人，梅定九（文鼎）皖人。王梅流风所被，学者云起，而什九皆籍隶浙西皖南，杭州可数者仅吴志伊一人。乾嘉时戴东原皖人，钱竹汀（大昕）吴人，戴、钱藉历算以解经史，自后言经史考据之士，几莫不以历算为其副业，考据学之中心果在浙西皖南淮扬，其时杭州以经生而明算者仅许周生一人。而以算学造诣衡量吴、许二人，在当时只能算得第二三流人物。王梅时代的学者功力都用在发掘阐扬中国之古法，二者皆述而不作，因而勿创。嘉道以来承中西新旧各法整理融会之果，汪孝婴（莱）、李四香（锐）、董方立（祐诚）、罗茗香（士琳）辈，乃能进一步而有所发明，有所创建，至咸同而极盛，而其时新学中心，也已移到杭州了。杭州自道光初即有项梅侣（名达），与甘泉罗茗香、乌程徐君青（有壬）同称海内算学祭酒。尝谓所贵学教者，不在守中西成法，敷衍较量，要能推见本源，融会以通则变，发古人未发之藏。其论割圆术率，即远较旧法为简捷。晚主讲紫阳书院，士论翕然宗之。后此算家力求超越古人，实深得梅侣诱导之功。稍后乃有戴谔士（煦）、夏紫笙（鸾翔）继起，与海宁李壬叔（善兰）、南海邹特夫（伯奇）为一时大师。谔士发明对数简法、外切密率、假数测圆诸术，与广圜捷法合为《求表捷术》一书，英人艾约瑟译之刊入《伦敦算学公会杂志》，欧西学者叹为绝业。国人科学著述之有欧译，自此书始。紫笙为梅侣高弟，尽传其学，别创曲线新术、垂方捷术，晚年应聘同文馆教习，传其学于京师。项、戴、夏三人的算术，盖有非道咸以前所能范围者，与太炎、静安的经史文字之学，同具推陈出新之效，而并以杭州为其发射光明之地。

杭州之以新学风领导全国，光绪甲午以后是第二期。甲午战败，对中国思想界发生的影响至为深巨。朝野自此始知非变法不足以图强，非讲求西学不足以变法，而最先创立兼讲中西学术之新式学府，则为杭州的中西求是书院。求是书院创设于光绪二十三年，去今适为五十年，北平京师大学堂的创办犹在是后一年。求是书院旋改称浙省求是大学堂，又改称浙江高等学堂，至民初停办。十六年即其旧址设立浙江大学，故求是高等，实即今日浙江大学之前身。关于求是高等、浙大的学风，祝廉先、陈布雷、张晓峰三先生各有专文叙述（见《浙大校刊》及四月一日本报），兹不复赘。要之一个学府的成就如何，最正确的衡量就是看它造就了些什么人才。浙大的历史较浅，毕业同学离校未久，在社会上尚未能充分有所表现。就求是高等而论，据作者所知，即有蒋百里、黄膺白、蒋仲器、汪曼锋、邵元冲、程远帆（万里）、何伯承（炳松）、沈士远、沈尹默、徐诵明、陈大齐、陈布雷、陈公侠（仪）、许季茀（寿裳）、邵裴子（长光）、赵述庭（迺传）、郑晓沧（宗海）、寿景伟（毅成）、蒋梦麟、祝廉先诸人，都是近数十年来的知名之士，思想界的领导者。他们的成就方面虽各有不同，但其革不忘因，新不蔑旧，不偏不倚，择善而从，兼具中西新旧之长则同。作者以为这就是求是精神的表现，也就是五十年以来的杭州学风。

实际求是精神不仅是五十年来的杭州学风，亦且为三百年来杭州的传统学风。何者？求是即求真，要求是求真，必先明辨是非真假，要明辨是非真假，关键首在能虚衷体察，弃绝成见，才能舍各宗各派之非之假，集各宗各派之是之真。读者但须覆按上文，便可知作者之言不谬。杭州学风在清初能调停程朱与陆王，在乾嘉能持汉宋之平，在道咸能吸收浙东西学派之精义而别有所创，在甲午以后能融合中西新旧而无过激落伍之弊，此非求是精神而何？

浙大以求是为校训，求是之为杭州学风，渊源深远如此，故浙大学风之美，可谓得天独厚。学术的趋向可变，求是精神不可变。如何遵循传统精神以求适应时代，使杭州学术地位始终能保持道咸以来的领导地位，这是浙大在校师生、毕业校友以及杭州学人所当共勉的！

（原载《国立浙江大学校刊》1947 年复刊第 149、150 期）

李源澄

李源澄(1909—1958),经史学家,1940—1941年任教于浙江大学史地学系。

浙东史学之远源

一、王充《论衡》在学术史上之地位

每一学者在学术史上之地位,恒依后人观点之不同而大异其评价,然后人对前贤之分类,固当以其发展最高价值最大者以代表其人。甚至与其本人之志愿相反亦无不可。凡人之努力与其成功,固应相副。但治学术史者,不仅在衡量其本身,更应从学术之全体以衡量之。如王充者,其出发点或是哲学,而其成功最大则在于历史学。盖王充独学穷荒,不为当世学术风气所囿,妙思自出于胸中,本其求真之精神,以怀疑一切耳目所闻所见。故其于《佚文篇》自道曰:"《论衡》篇以十数,亦一言也,曰疾虚妄。"王氏以其疾虚妄之精神,用之于世俗之传说,并用之于载于竹帛之史实,时复说明虚妄之由来,其对象乃是历史而非哲学。虽其论性言命入于哲学领域,然其方法乃出于历史之归纳,谓之为历史哲学亦无不可。凡成功之哲学家,不以批评为止境,更不以常识之批评为满足。是以王充《论衡》在哲学上之成就,远不如其在历史学上成功之大(王充批评一切妄虚,于自然现象亦有所批评,颇与自然科学接近。惜其取证限于书本与思想，不求物证，终不能产生自然科学），吾今且提出关于史学者数事，以见王充在学术史上之地位，固不足以尽其学也。向、歆父子，对于古籍加以整齐分类，此在中国学术史上诚可谓丰功伟绩。顾其所致力，乃在于辨章学术，考镜源流，对于古籍之内容，未遑多论。故考古事之真伪，辨文献之来源，皆不容稍缓，而《论衡》所由作者一也。

诸子之学，各抒己见。即有评论，亦以学术为归，而于常识则未暇及。又古代之迷信禁忌，自战国以来，竟成为有系统之学说。至于汉代，阴阳五行之说深入人心，信其诬罔，习为固然。背耳目之实证，信虚妄之浮言，使人拘而多畏，其弊不可胜言，而《论衡》所由作者二也。

诸子为书，各申其说，各行其所安，于吉凶祸福，本非所计较。然而人事万变，祸福无常，吉凶多偶。或同施而异报，或异行而同归，使人疑而莫从。且言所当为，而不计所为之效果，只是一面，不足以语人事之全。故综合历史之事变，以求人事之法则，亦学者应有之事，而《论衡》所由作者三也。

历史之功用，在观往察来。故对于古今之认识，关系极大。诸子隆古，往往以愈古为愈治，惟法不法古。然其所以不法古者，以古今异势，虽欲法之，而无由也，其于古今之实情，亦未遑究论。隆古太过，不仅历史之真相不可得明，且有使人遇事因循而丧其创造能力之流弊。此不容不明白分疏者，而《论衡》所由作者四也。

斯四事者，固不足尽《论衡》，然《论衡》之成就，当从此诸点观之，而后价值始大。一、二两事可以谓之为王充之历史方法，三、四两事可以谓之为王充之历史哲学。

二、王充之历史方法

上文已言，王充本其求真之精神以怀疑一切，是则王充之长，在能不为成见习俗所蔽。孔孟之尊严，汉祖之威权，龙雷之风渺，神灵之异迹，王充皆一本实事求是之态度，尽心极思，究明其旨。王充认为古今一贯，当前之事实，即后来之史籍；当前之史籍，即旧时之事实，且因袭蝉联，互有影响。辨当前之虚妄，与辨古史上之虚妄同等重要。《论衡·对作篇》曰：

> 是故《论衡》之造也，起众书并失实，虚妄之言胜真美也。故虚妄之语不黜，则华文不见息；华文放流，则实事不见用。故《论衡》者所以铨轻重之言，立真伪之平，非苟调文饰辞，为奇伟之观也。其本皆起人间有非，故尽思极心，以讥世俗，世俗之性，好奇怪之语，说虚妄之文。何则？实事不能快意，而华虚惊耳动心也。是故才能之士，好谈论者，增益实事，为美盛之语；用笔墨者，造生空文，为虚妄之传。听者以为真然，说而不舍；览者以为实事，传而不绝。不绝，则文载竹帛之上，不舍，则误入贤者之耳。至或南面称师，赋奸伪之说；典城佩紫，读虚妄之书。明辨然否，疾心伤之，安能不论？

《书虚篇》曰：

> 世信虚妄之书，以为载于竹帛者，皆贤圣所传，无不然之事。故信而是之，讽而读之，睹真是之传与虚妄之书相违，则并谓短书，不可信用。夫幽冥之实尚可知，沉隐之情尚可定，显文露书，是非易见，笔总并传，非实事，用精不专，无思于事也。夫世间传书诸子之语，多欲立奇造意，作惊目之论，以骇

世俗之人；为谲诡之书，以著殊异之名。

此王充辨正一切虚故事之所由也。其意在于华文不放流，实事不见用。故其尽思极心以识世俗，诚非罢精劳神于无用之地也。且当迷信竹帛所传之世，所以明辨然否，自不容己。其言奇怪之说、虚妄之文所以起之故，更为辨伪者所不可不知，盖必知其所以为伪，而后所辨者为不虚矣。其辨伪之方法可分为六。

（一）为事实之虚妄。《感虚篇》曰：

> 儒者传书言："尧之时，十日并出，万物燋枯。尧上射十日，九日去，一日常出。"此言虚也，夫人之射也，不过百步，矢力尽矣。日之行也，行天星度。天之去人以万里数，尧上射之，安能得日？使尧之时，天地相近，不过百步，则尧射日，矢能及之；过百步，不能得也。假使尧时天地相近，尧射得之，犹不能伤日。伤日何肯去？何则？日，火也。使在地之火附一把炬，人从旁射之，虽中，安能灭之？地火不为见射而灭，天火何为见射而去？此欲言尧之精诚射之，精诚所加，金石为亏，盖诚无坚，则亦无远矣。夫水与火，各一性也。能射火而灭之，则当射水而除之。洪水之时，泛滥中国，为民大害。尧何不推精诚射而除之？尧能射日，使火不为害，不能射河，使水不为害。夫射水不能却水，则知射日之语，虚非实也。

十日并出之故事，本是神话，自不必使人相信，似无辨之必要。然此根于人之性情，善怀疑者，于一切寻常事无所不疑；不能用思者，不仅于易见之事无所怀疑，即不可不疑者，亦忽焉而莫察，此人性之蔽也。《春秋》之义，已明者去之，未明者著之，常视人所惑为立说，以大明之，此《中庸》不可能也。然与其视可疑之事而若无睹，宁遇事而致疑，千里之程，始于足下，往往学术上伟大之成功，其始乃由于寻常事理之积累。王充于此类之事极多，乃由其性格使然,推而极之,至有纯依理论而不求事证以推断古事之失。故其结论不必尽善,其方法则可取法也。

(二)为事实虽虚,而有缘之而起者。《感虚篇》曰:

> 世称:南阳卓公为缑氏令,蝗不入界。盖以贤明至诚,灾虫不入其县也。此又虚也。夫贤明至诚之化,通于同类,能相知心,然后慕服。虫蝗,闽虻之类也,何知何见,而能知卓公之化?使贤者处深野之中,闽虻能不入其舍乎?闽虻不能避贤者之舍,蝗虫何能不入卓公之县?如谓蝗虫变与闽虻异,夫寒温亦灾变也,使一郡皆寒,贤者长一县,一县之界能独温乎?夫寒温不能避贤者之县,蝗虫何能不入卓公之界?夫如是,蝗虫适不入界,卓公贤名称于世,世则谓之能却蝗虫矣。

蝗不入界,本非不可能之事,而谓贤者之政足以感蝗,则虚妄耳。虎北渡河,反风灭火一类故事,皆应作为是观。王充以两相偶会释之,于事于理皆通,使治历史多得一种看法也。

(三)为文人之增饰。《艺增篇》曰:

> 世俗所患,患言事增其实;著文垂辞,辞出溢其真,称美过其善,进恶没其罪。何则?俗人好奇,不奇,言不用也。故誉人不增其美,则闻者不快其意,毁人不益其恶,则听者不惬于心。闻一增以为十,见百益以为千。使夫纯朴之事,十剖百判;审然之语,千反万畔。墨子哭于练丝,杨子哭于歧道,盖失其本,悲离其实也。

此于一切增饰之辞,予以心理解释。文胜质则史,史之性质本不能绝对纯朴,而读史者则须善会其意。王充于此特别加以发明,应使读者不为华词所蔽,实事亦不以增饰而废。《语增篇》云:

> 《传》语曰:"圣人忧世深,思事勤,愁扰精神,感动形体,故称尧若腊,舜若腒,桀、纣之君垂腴尺余。"夫言圣人忧世念人,

身体羸恶，不能身体肥泽，可也。言尧、舜若腊与胏，桀、纣垂腴尺余，增之也。……《传》语曰："周公执贽下白屋之士。"谓候之也。夫三公，鼎足之臣，王者之桢干也，白屋之士，间巷之微贱者也。三公倾鼎足之尊，执贽候白屋之士，非其实也。或时待士卑恭，不骄白屋，人则言其往候白屋。或时起白屋之士，以璧迎礼之，人则言其执贽以候其家也。……《传》语曰："秦始皇烧燔诗书，坑杀儒士。"言燔烧诗书，灭去五经文书也。坑杀儒士者，言其皆挟经传文书之人也。烧其书，坑其人，诗书绝矣。言燔烧诗书，坑杀儒士，实也；言其欲灭诗书，故坑杀其人，非其诚，又增之也。

尧、舜若腊胏，周公下白屋，其事实固虚妄也。而尧、舜之勤劳，周公之礼贤，则为实事，则所以为此增饰者，不虚也。焚书坑儒本是事实，而以此两者混而为一，而忘焚书与坑儒二事起祸之原因不同，则虚妄也。此二者皆由文人之增饰，所谓增美溢恶以快人意也。

（四）为考证记载之谬误。十日并出，蝗感贤政，此可以意断其不然。尧舜若腊胏，周公下白屋，此可以理推其为增美，顾历史上之史实有必待事证然后可定，而不可以意说者。《儒增篇》曰：

《传》言："秦灭周，周之九鼎入于秦。"案本事，周赧王之时，秦昭王使将军摎攻王赧，王赧惶惧奔秦，顿首受罪，尽献其邑三十六，口三万。秦受其献，还王赧。王赧卒，秦王取九鼎宝器矣。若此者，九鼎在秦也。始皇二十八年，北游至琅邪，还过彭城，斋戒祷祠，欲出周鼎，使千人入泗水之中，求弗能得。案：时昭王之后三世得始皇帝，秦无危乱之祸，鼎宜不亡，亡时殆在周。《传》言"王赧奔秦，秦取九鼎"，或时误也。《传》又言："宋太丘社亡，鼎没水中彭城下，其后二十九年，秦并天下。"若此者，鼎未入秦也。其亡，从周去矣，未为神也。

《书虚篇》曰：

> 《传》书又言："燕太子丹使刺客荆轲刺秦王，不得，诛死。后高渐丽复以击筑见秦王，秦王说之，知燕太子之客，乃冒其眼，使之击筑。渐丽乃置铅于筑中以为重，当击筑，秦王膝近，不能自禁。渐丽以筑击秦王额，秦王病伤，三月而死。"夫言高渐丽以筑击秦王，实事也；言中秦王病伤，三月而死，虚也。夫秦王者，秦始皇帝也。始皇二十年，燕太子丹使荆轲刺始皇，始皇杀轲，明矣。二十一年，使将军王翦攻燕，得太子首。二十五年，遂伐燕而房燕王嘉。后不审何年，渐丽以筑击始皇不中，诛渐丽。当二十七年，游天下，到会稽，至琅邪，北至劳、盛山，并海，西至平原津而病，到沙丘平台，始皇崩。

《艺增篇》说历史有待于考订之理，曰：

> 光武皇帝之时，郎中汝南贲光上书言："孝文皇帝时居明光宫，天下断狱三人。"颂美文帝，陈其效实。光武皇帝曰："孝文时不居明光宫，断狱不三人。"积善修德，美名流之，是以君子恶居下流。夫贲光上书于汉，汉为今世，增益功美，犹过其实。况上古帝王久远，贤人从后褒述，失实离本，独已多矣。不遭光武论，千世之后，孝文之事载在经艺之上，不知其增，居明光宫，断狱三人，而遂为实事也。

其言虽以证增饰之多，而孝文之所以证贲光之误，实为考据方法也。

（五）为辨正学者对古史之谬说。《正说篇》曰：

> 或言秦燔《诗》《书》者，燔《诗经》之书也，其经不燔焉。夫《诗经》独燔其诗，"书"，五经之总名也。传曰："男子不读经，则有博戏之心。"子路使子羔为费宰，孔子曰："贼夫人之子。"子路曰："有民人焉，有社稷焉，何必读书，然后为学。"五经总名为"书"，传者不知秦燔书所起，故不审燔书之实。秦始皇三

十四年，置酒咸阳宫，博士七十人前为寿，仆射周青臣进颂秦始皇。齐人淳于越进谏，以为始皇不封子弟，卒有田常、六卿之难，无以救也，讥青臣之颂，谓之为谀。秦始皇下其议丞相府，丞相斯以为越言不可用，因此谓诸生之言惑乱黔首，乃令史官尽烧五经，有敢藏诸书百家语者刑，唯博士官乃得有之。五经皆燔，非独《诗》家之书也。传者信之，见言"诗书"则独谓《经》谓之书矣。

穿凿附会以就其私，其时已有之，不为辨正，则实事隐矣。王充所言偶有与他书相抵者，由记忆偶失耳，虽不可训，然在古代实可谅恕。《王充传》云："家贫无书，常游洛阳市肆，阅所卖书。一见辄能诵忆，遂博通众流百家之言，后归乡里，屏居教授。"其时会稽之不易得书，乃当然之事，不足为病也。

（六）为辨正古书之性质。《问孔篇》曰：

世儒学者，好信师而是古，以为圣贤所言皆无非，专精讲习，不知难问。夫贤圣下笔造文，用意详审，尚未可谓尽得实，况仓卒吐言，安能皆是？不能皆是，时人不知难；或是而意沉难见，时人不知问。案贤圣之言，上下多相违；其文，前后多相伐者。世之学者，不能知也。……皋陶陈道帝舜之前，浅略未极。禹问难之，浅言复深，略指复分。盖起问难，此说激而深切，触而著明也。孔子笑子游之弦歌，子游引前言以距孔子。自今案《论语》之文，孔子之言多若笑弦歌之辞，弟子寡若子游之难，故孔子之言，遂结不解。

《正说篇》曰：

说《论》者，皆知说文解语而已，不知《论语》本几何篇，但周以八寸为尺，不知《论语》所以独一尺之意。夫《论语》者，弟子共纪孔子之言行，敕记之时甚多，数十百篇，以八寸为尺，纪之约省,怀持之便也。以其遗非经,传文纪识恐忘,故但以八寸尺,不二尺四寸也。汉兴失亡,至武帝发取孔子壁中古文,得二十一篇,齐、鲁二,河间九篇,三十篇。至昭帝女读二十一篇。宣帝下太常博士,时尚称书难晓,名之曰传,后更隶写以传诵。初孔子孙孔安国以教鲁人扶卿,官至荆州刺史,始曰《论语》。今时称《论语》二十篇,又失齐、鲁、河间九篇。本三十篇,分布亡失,或二十一篇。目或多或少,文赞或是或误。

《问孔篇》所言,对《论语》之性质多所说明,以其多引而未发之论也。《正说篇》则详言《论语》在汉朝之历史,使时人知《论语》所以如此,乃有其历史关系,此研究古籍者所宜留意也。

上述六事,在历史学上皆极为重要,足以启示来者,有不可磨灭之价值。以其有实事求是之精神,而济之以知类通达之识解也。实事求是则无征不信,知类通达则明见实相。事求有征而不能知类通达,则宣而不通;明见实相而不能广求证据,则不足以证成其说。二者交相为用,不可偏废。故知治史之道,非考据一途所能尽,而一不可废也。至于王充果能知类至尽乎?殆亦未能。古代神异之史迹,王充既一本其求真之精神而剖击之矣。而《宣汉》《恢国》诸篇,欲证成今不异古,又以汉代祥瑞之事与古相比。或者遂谓王充亦信祥瑞,此乃说明方法之未密,而非思想上之矛盾,此亦后人所宜以为戒鉴者也。

王充对于一般常识之批评,开卷即得,无待钩稽。请从史家辞繁不载之例,阙而不录。

三、王充之历史哲学

历史哲学与历史方法有密切之联系。王充之历史方法既以疾虚妄之感情批评一切，故其所得历史哲学亦异于常人。王充对于历史公训，恒以否定态度出之。故其所得之结论，乃以史事归之于不可知之数命，颇有废人事之嫌。王充以博学通才，久抑下位，自于能无所愤懑。因此又叹古今盛衰消长之史实，实皆偶然会合，而所以有此偶然之会合，则归之于命运而已。《逢遇篇》曰：

> 操行有常贤，仕官无常遇。贤不贤，才也；遇不遇，时也。才高行洁，不可保（不可保）以必尊贵；能薄操浊，不可保以必卑贱。或高才洁行，不遇，退在下流；薄能浊操，遇，在众上。……伍员、帛喜，俱事夫差，帛喜尊重，伍员诛死，此异操而同主也。或操同而主异，亦有遇不遇，伊尹、箕子是也。伊尹、箕子才俱也，伊尹为相，箕子为奴，伊尹遇成汤，箕子遇商纣也。夫以贤事贤君，君欲为治，臣以贤才辅之，趋舍偶合，其遇固宜。以贤事恶君，君不欲为治，臣以忠行辅之，操志乖忤，不遇固宜。或以贤圣之臣，遭欲为治之君，而终有不遇，孔子、孟轲是也。孔子绝粮陈、蔡，孟轲困于齐、梁，非时君不能用贤也，才小知浅，不能用大才也。

《章偶篇》曰：

> 凡人操行，有贤有愚，及遭祸福，有幸有不幸；举事有是有非，及触赏罚，有偶有不偶。并时遭兵，隐者不中；同日被霜，蔽者不伤。中伤未必恶，隐蔽未必善，隐蔽幸，中伤不幸。俱欲纳忠，或赏或罚；并欲有益，或信或疑。赏而信者未必真，罚而疑者未必伪，赏信者偶，罚疑者不偶也。

《累害篇》曰：

> 凡人仕官有稽留不进，行节有毁伤不全，罪过有累积不除，声名有暗昧不明，才非下，行非悖也；智非昏，策非昧也；逢遭外祸，累害之也。非惟人行，凡物皆然，生动之类，咸被累

害,累害自外,不由其内。夫不本累害所从生起,而徒归责于被累害者,智不明,暗塞于理者也。物以春生,人保之;以秋成,人必不能保之。卒然牛马践根,刀镰割茎,生者不育,至秋不成。不成之类,遇害不遂,不得生也。夫鼠涉饭中,捐而不食。捐饭之味,与彼不污者钧,以鼠为害,弃而不御。君子之累害,与彼不育之物,不御之饭,同一实也,俱由外来,故为累害。修身正行,不能来福;战栗戒慎,不能避祸,祸福之至,幸不幸也。

《命禄篇》曰:

> 凡人遇偶及遭累害,皆由命也。有死生寿夭之命,亦有贵贱贫富之命。自王公逮庶人,圣贤及下愚,凡有首目之类,含血之属,莫不有命,命当贫贱,虽富贵之,犹涉祸患,失其富贵矣。命当富贵,虽贫贱之,犹逢福善,离其贫贱矣。故命贵,从贱地自达;命贱,从富位自危。故夫富贵若有神助,贫贱若有鬼祸。

以上诸说,皆所以说明历史上之变例。孔、孟已立其说,但未如王充之反复譬喻、广征事证耳。然而孔孟之言命也,以济人事之穷,未尝以命运遭会解释一切历史。《孟子》曰:"夭寿不贰,修身以俟之,所以立命也。"故其言命而不害义。自王充之言命也,则以命害义。忠臣之杀身不足悲,邪佞之害国不为罪,国家之盛衰治乱,无关于政治之善恶隆污。一部历史,皆为幻剧,圣贤豪杰之造建,皆全失其意义也。

《偶会篇》曰:

> 命,吉凶之主也。自然之道,适偶之数,非有他气旁物厌胜感动使之然也。世谓子胥伏剑,屈原自沉,子兰、宰嚭诬谗,吴、楚之君冤杀之也。偶二子命当绝,子兰、宰嚭适为谗,而怀

王、夫差适信奸也。君适不明,臣适为谗,二子之命,偶自不长。二偶三合,似若有之,其实自然,非他为也。夏、殷之朝适穷,桀、纣之恶适稔;商、周之数适起,汤、武之德适丰。关龙逢杀,箕子、比干囚死,当桀、纣恶盛之时,亦二子命讫之期也。任伊尹之言,纳吕望之议,汤、武且兴之会,亦二臣当用之际也。

《治期篇》曰:

世谓古人君贤则道德施行,施行则功成治安;人君不肖则道德顿废,顿废则功败治乱,古今论者莫谓不然。何则?见尧、舜圣贤,致太平,桀、纣无道,致乱得诛。如实论之,命期自然,非德化也。吏百石以上,若升食以下,居位治民,为政布教,教行与止,民治与乱,皆有命焉。或才高行洁,居位职废,或智浅操污,治民而立。上古之黜陟幽明,考功,据有功而加赏,案无功而施赏。是考命而长禄,非实才而厚能也。论者因考功之法,据效而定贤,则谓民治国安者,贤君之所致;民乱国危者,无道之所为也。故危乱之变至,论者以责人君,归罪于为政不得其道。人君受以自责,愁神苦思,撼动形体,而危乱之变终不除减。空愤人君之心,使明知之主,虚受之责,世论传称,使之然也。夫贤君能治当安之民,不能化当乱之世。良医能行其针药,使方术验者,遇未死之人,得未死之病也。如命穷病困,则虽扁鹊,末如之何。

王充之论,乃推阐命运说至极之必然结果,其弊至于害理伤义。然于历史上一切非常之事变,皆可以此释之,亦非无所见。原其错误,始于根据一切变例以说一切常态。孔孟之言命所以解释变例,王充更推而演之,以一切变例为偶然,遂为一切常例皆为偶然。私人之得失,国家之治乱,尽委之命运,而成为命运说之历史观,此其短也。王充既否定一切精神创作也,其结果又必以物质决定一切。《治期篇》曰：

> 贤君之治国也，犹慈父之治家。慈父耐平教明令，能使子
> 孙皆为孝善。子孙孝善，是家兴也；百姓平安，是国昌也。昌
> 必有衰，兴必有废。兴昌非德所能成，然则衰废非德所能败
> 也。昌衰兴废，皆天时也。此善恶之实，未言苦乐之效也。家
> 安人乐，富饶财用足也。案富饶者命厚所致，非贤惠所获也。
> 人皆知富饶居安乐者命禄厚，而不知国安治化行者历数吉也。
> 故世治非贤圣之功，衰乱非无道之致。国当衰乱，贤圣莫能
> 盛；时当治，恶人不能乱。世之治乱，在时不在政；国之安危，
> 在数不在教。贤不贤之君，明不明之政，无能损益。世称五帝
> 之时，天下太平，家有十年之蓄，人有君子之行。或时不然，世
> 增其美，亦或时然，非政所致。何以审之？夫世之所以为乱
> 者，不以盗贼众多，兵革并起，民弃礼义，负畔其上乎？若此
> 者，由谷食乏绝，不能忍饥寒。夫饥寒并至，而能无为非者寡。
> 然则温饱并至，而能不为善者希。《传》曰："仓廪实，知礼节；
> 衣食足，知荣辱。"让生于有余，争起于不足。谷足食多，礼义
> 之心生；礼丰义重，平安之基立矣。故饥岁之春，不食亲戚；穰
> 岁之秋，召及四邻。不食亲戚，恶行也；召及四邻，善义也。为
> 善恶之行，不在人质性，在于岁之饥穰。由是言之，礼义之行，
> 在谷足也。案谷成败，自有年岁，年岁水旱，五谷不成，非政所
> 致，时数然也。

《孟子》言："富岁子弟多赖，凶岁子弟多暴。"又曰："使有菽粟
如水火。菽粟如水火，而民焉有不仁者乎？"经济之能影响于人之
品德、国之治乱，孟子亦明言之。然或贫或富，亦存乎其人。故又
曰："易其田畴，薄其赋敛，民可使富。生之以时，用之以礼，财不可
胜食。"固非以经济决定一切也。王充鸿阐斯义，其理益显，固有所
偏，然于人类之善恶，国家之治乱，亦可以解释一部分，以人罕措

意,鲜用之以解释历史。自唯物史观之学说输入以后,学者乃惊为不传之秘,殆亦未之思也。

王充对于历史事实之见解既如上述,其于古今之见解,复何如耶?王充之历史方法,既以增饰为古史之通病,自然不以古代为不可企及。既以一部历史皆决定于命运,对于古代之史实,更无所用其羡慕。所以一反前人尊崇古代之思想,而一律平等视之。《问孔篇》曰:

> 夫古人之才,今人之才也,今谓之英杰,古以为圣神,故谓七十子历世希有。使当今有孔子之师,则斯世学者,皆颜、闵之徒也;使无孔子,则七十子之徒,今之儒生也。

不仅此也,王充对于一切古今之事实皆以此观之。《宣汉篇》曰:

> 儒者称圣泰隆,使圣卓而无迹;称治亦泰盛,使太平绝而无续也。

卓而无迹,则虽欲学之而无由,太平绝而无续,则世安于乱。故王充之不欲过分尊古者,虽以其实情如此,亦意在宣扬汉德,使赓续前人之伟烈也。其言又非贱古贵今者所得而假借,盖其虽力反贵古贱今之论,亦未尝贵今而贱古也。《齐世篇》曰:

> 夫上世治者,圣人也;下世治者,亦圣人也。圣人之德,前后不殊,则其治世,古今不异。上世之天,下世之天也,天不变易,气不更改。上世之民,下世之民也,俱禀元气,元气纯和,古今不异,则禀以为形体者,何故古今不同?夫禀气等则怀性均,怀性均则形体同,形体同则丑好齐,丑好齐则天寿适。一天一地,并生万物。万物之生,俱得一气。气之薄渥,万世若一,帝王治世,百代同道。

万世若一，百代同道，则贵古贱今与贵今贱古，自王充观之，皆虚妄也。惟所谓万世若一、古今同道者，又宜加以说明。可以为治，可以为乱，万世若一也。当治之世而治，当乱之世而乱（二语就王充思想说），古今同道也。非谓古今历史固定不变也。《齐世篇》曰：

> 语称上世之人，质朴易化；下世之人，文薄难治。……此言妄也。上世之人所怀五常也。下世之人亦所怀五常也。俱怀五常之道，共禀一气而生，上世何以质朴？下世何以文薄？彼见上世之民饮血茹毛，无五谷之食，后世穿地为井，耕土种谷，饮井食粟，有水火之调；又见上古岩居穴处，衣禽兽之皮，后世易以宫室，有布帛之饰，则谓上世质朴，下世文薄矣。夫器业变易，性行不异。然而有质朴、文薄之语者，世有盛衰，衰极久有弊也。譬犹衣食之于人也，初成鲜完，始熟香洁，少久穿败，连日臭茹矣。文质之法，古今所共。一质一文，一衰一盛，古而有之，非独今也。

是王充对于历史之演变亦主循环说者也。

王充之历史哲学，略如上述。其对于历史事实之功罪主唯物论，所以致此之故则主定命论；于历史之时代则主平等观；于其形式则主循环说。就王充所言之历史事实论，或真或妄；就其影响言，或是或非。其原因在其所以证成其说者，未能尽是。此由其历史方法以影响于其历史哲学，然又非上面所述之历史方法错误，乃由其未能充分应用其历史方法也。盖王充尝利用其历史方法以否定一切虚妄之说，而其证成其说时，又未能应用此项方法以审辨取以证成其说之材料也。

四、王充与浙东史学之比较

浙东史学之特点有五，而王充《论衡》皆具之。非敢谓宋以来浙东史家必受王充之影响也。其治学态度之相似，则无可怀疑。

一曰：经史合一也。《宣汉篇》曰：

> 使汉有弘文之士，经传汉事则《尚书》《春秋》也。儒者宗之，学者习之，将袭旧六而为也。

二曰：子史并重也。《超奇篇》曰：

> 孔子作《春秋》以示王意。然则孔子之《春秋》，素王之业也；诸子之传书，素相之事也（指汉代诸子而言，王充于先秦诸子亦皆习见）。观《春秋》以见王意，读诸子以睹相指。

三曰：学贵鸿通也。《别通篇》曰：

> 儒生不如通人，通人积文十箧以上。圣人之言，贤者之语，上自黄帝，下至秦汉，治国肥家之术，刺世讥俗之言，备矣。使人明通博见，其为可荣，非徒缣布丝绵也。

四曰：注重当代历史也。《谢短篇》曰：

> 夫儒生之业，五经也。南面为师，旦夕讲授章句，滑习义理，究备五经，可也。五经之后，秦、汉之事，不能知者，短也。夫知古不知今，谓之陆沉，然则儒生所谓陆沉者也。

五曰：文以适用为主也。《自纪篇》曰：

> 夫口论以分明为公，笔辨以获露为通，变文以昭察为良。……夫笔著者，欲其易晓而难为，不贵难知而易造，口论

务解分而可听,不务深迂而难睹。

为文欲显白其为,安能令文而无谴毁?

文必有与合,然后称善。是则代匠斫不伤手,然后称工巧也。文士之务,各有所从,或调辞以巧文,或辨伪以实事,必谋虑有合,文辞相袭,是则五帝不异事,三王不殊业也。

上列五事,为王充学术主张所以异于汉代经生史士之处。以与宋以来之浙东史学相提并论,实无丝毫牵强附会,而每当浙东学术之兴起,即具有反时代之色彩。此五者必为其标帜,岂真有地域关系存于其间哉? 何其巧合也,失其力量仅足以与其时代有威权势力之学术抵抗,而不能代之而兴者,其短长得失,亦宜深论焉。

(原载《史地杂志》1940 年第 1 卷第 3 期)

黎子耀

黎子耀(1908—2005)，史学史、易学专家，1941 年起任教于浙江大学史地学系、浙江师范学院历史系、杭州大学历史系。

刘知几思想述评

一、《史通》著作之由

知几之学，尽于《史通》。其为书也，无讳讥弹往哲，不嫌取罪当时，所言皆得自襟抱，无所傍依，体大思精，诚为不朽。其自评曰："夫其为义也，有与夺焉，有褒贬焉，有鉴诫焉，有讽刺焉。其为贯穿者深矣，其为网罗者密矣，其所商略者远矣，其所发明者多矣。"绝非过当之词。是书之于后学，乃蚕丛开山之作。黄庭坚以之媲美于《文心雕龙》，盖《史通》之于史，犹之《雕龙》之于文，《雕龙》为言文者所不能外，而《史通》则言史者所不能外也。

夫以良史之才，历居史职，揆之恒理，必能得遂其志，而事乃有大谬不然者焉。知几自武后朝以迄中宗之世，三为史臣，再入东观，际遇之隆，方之马融、张华，自谓过之。虽然，孰意身司史职，而美志不酬。其学不行于当时，此《史通》之所由作也。故自叙曰："嗟乎。虽任当其职，而吾道不行。见用于时，而美志不遂。郁怏孤愤，无以寄怀。必寝而不言，嘿而无述，又恐没世之后，谁知予者。故退而私撰《史通》，以见其志。"知几躬为史臣，若能本其职见，勒而为史，遂其平生之志，为快当何如者。其道既未见行，于是退而著作，出其所见，贻之后人，使其平生之学，虽不能行之于当时，或可施之于异代也。

知几之于史，殆有天授。总角之时，即具史识。有所论议，便自不凡。其后读书益博，言悟日多。徒惜流俗之士，难与为言。自云："余初好文笔，颇获誉于当时。晚谈史传，遂减价于知己。"曲高和寡，千古同悲。至以"言议见许，道术相知，所有榷扬，得尽怀抱"者，惟其友徐坚等数人而已。议论既违流俗，而置身于当日之史馆，则其佗傺失志，抑郁无聊，有断然矣。

其时之史馆，使之不能独行其志者，一为监修之弊，一为史官之滥。史官以大臣统领者，谓之监修国史。《史通·忤时篇》言其职责曰："夫言监者，盖总领之义耳。如创纪编年，则年有断限；草传叙事，则事有丰约，或可略而不略，或应书而不书，此刊削之务也。属词比事，劳逸宜均，挥铅奋墨，勤惰须等。某表某篇，付之此职。某传某志，归之彼官，此铨配之理也。斯并宜明立科条，审定区域。傥人思自勉，则书可立成。"监修国史之称，肇于北齐。而史局设领，则昉自东晋。《史通·辨职篇》曰："案《晋起居注》，载康帝诏，盛称著述任重，理藉亲贤，遂以武陵王领秘书监。"指挥之责，加诸贵臣，历南北朝，相沿无改。入后监修者众，号令不一，众喙纷拏，其弊甚深。《忤时篇》曰："顷史官注记，多取禀监修。杨令公则云必须直词，宗尚书则云宜多隐恶。十羊九牧，其令难行，一国三公，适从何在。"此当日之实象，诚难乎其为史官矣。纵令监修得人，此弊已无可免，况其人又皆阘茸无识者乎。知几言其时之监局者曰："凡居斯职者，必恩幸贵臣，凡庸贱品，饱食安步，坐啸画诺，若斯而已矣。"欲令知几屈居其下，禀其成命，听其指授，其不势同枘凿，岂可得软。

次则史官失选，使知几欲行其志，亦势有所不能。史职之滥，由来尚矣。晋华峤之言佐著作郎曰："此职闲廪重，贵势多争之，不暇求其才。"（《晋书·阎缵传》）宋何承天年老撰国史，诸佐并名家年少（见《宋书》本传）。北齐谚云："上车不落则著作，体中何如则秘书。"（《颜氏家训·劝学篇》）竟以春秋事业，付之纨绔少年，罪戾之深，孰逾于此。职闲廪重，迄唐犹然。贵势奔竞者多，此为其时史官选滥之一因。《史通·史官建置篇》曰："暨皇家之建国也，乃别置史馆，通籍禁门。西京则与鸾渚为邻，东都则与凤池相接。而馆宇华丽，酒馔丰厚，得厕其流者，实一时之美事。"此言史官享受之优厚也。其言史职之滥，则曰："近代趋竞之士，尤喜居于史职。至于措辞下笔者，十无二三焉。既而书成缮写，则署名同献，爵赏既行，则攘袂争受。遂使是非无准，真伪相杂，生则厚诬当时，死则致惑来代。"唯其若此，洁身自好之士，多不愿拜史职，由是"江左以不乐为谣"，"洛中以不闲为说"矣（二语见《辨职篇》）。史官之滥，亦由监局者之非人。《辨职篇》曰："夫人既不知善之为善，则亦不知恶之为恶。故凡所引进，皆非其才。或以势利见升，或以干祈取擢。"所可憾者，当日之史官，或则无所缀辑，或则载笔讹舛，虽失职至此，竟为王法纠弹所不及。知几尝嘅乎言之曰："彼史曹者，崇扃峻宇，深附九重。虽地处禁中，而人同方外。可以养拙，可以藏愚，绣衣直指所不能绳，强项申威所不能及，斯固素餐之窟宅，尸禄之渊薮也。"（《辨职篇》）知几每伤史体乖违，思有所匡正，辄为同官所笑讪，监司所禁阻，于此，《自叙篇》尝言之矣。《史通·邑里篇》有实例曰："时修国史，予被配纂李义琰传，琰家于魏州昌乐，已经三代，因云义琰魏州昌乐人也。监修者大笑，以为深乖史体。遂依李氏旧望，改为陇西成纪人。"（见注）即此一事，足概其余。所言虽止监修，实则史官莫不若此，史官监修，固一丘之貉也，知几厕列其间，独醒众醉，可为扼腕。

　　知几不能行其所学，固属不幸，惟是其道果行，即未必更撰《史通》。盖古人之意,以为行之上也,言之下也。因其徒托空言,不如见诸行事。设使其理想得所附丽,必不欲更为一书以述其理想。是故《史通》之学不行,而后有《史通》之作,此则不幸中之大幸也。

二、史学之体系

《史通》,言史之作也。语其统系,博大无伦。兹就研寻所得,条为四目而叙述之。

(一)论史著之体裁

《史通》论史著之体裁者,有六家二体二篇,而本纪、世家、列传、表、历书志、论赞、序例、序传八篇,皆论二体中之纪传体者也。知几谓史体有六,曰尚书家,记言体也;曰春秋家,记事体也;曰左传家,编年体也;曰国语家,国别体也;曰史记家,通古纪传体也;曰汉书家,断代纪传体也。后世通行者,惟编年及断代纪传二体而已。何则良以记言之体,止可行之上古。后世文献大备,不宜摹拟古法,剪弃事实,致使年月失序,爵里难详,而贻是非改辄,理涉守株之讥。记事之体,史迁已纳之于纪传体中。《六家篇》曰:"至太史公著《史记》,始以天子为本纪。考其宗旨,如法《春秋》。"自是《春秋》记事之体,未能独立行于后世矣。列国分立之时,即有国别之史。《国语》《国策》,其滥觞也。司马彪继之有《九州春秋》之作。自是以还,此宗遂替。因是后为国别之史者,或则规模班马,或则议拟荀(悦)袁(宏),不流于纪传体,即流于编年体矣。其步伍《史记》,通叙历代者,则多劳而无功。盖以时近者易为功,代远者难为力,而其所包,年月遐长,广聚旧记,无补缺残,时采杂言,滋其芜累。学者以其事罕异闻,语饶重出,遂尔宁习旧书,怠窥新录。此体不行,良有以也。

愚谓六家之说，疑有未安。其可存者，实止四家。盖史之所记，言事相间，徒言而事不具，直乃史料而已，不得云史，是记言一体，未尝立也。至若记事一体，自古既无不记事之史，又岂可以记事名体乎。考知几致误之由，盖起于"左史记言，右史记事"之说耳。章实斋尝论之曰："《记》曰：左史记言，右史记动。其职不见于《周官》，其书不传于后世，殆礼家之想文欤。后儒不察，而以《尚书》分属记言，《春秋》分属记事，则失之甚也。夫《春秋》不能舍传而空存其事目，则左氏所记之言，不啻千万矣。《尚书·典谟》之篇，记事而言亦具焉。《训诰》之篇，记言而事亦见焉。古人事见于言，言以为事，未尝分事言为二物也。刘知几以二典、贡、范诸篇之错出，转讥《尚书》义例之不纯，毋乃因后世之空言，而疑古人之实事乎。"（《文史通义·书教篇》）其言深中肯綮，愿告具眼读者。

杜预之序《春秋》也，言其以事系日，以日系月，言春以包夏，举秋以兼冬。年有四时，故错举以为所记之名。是则《春秋》命名之由，在其记事之以编年，故编年之史，应祖《春秋》。春秋一家，既表编年，则左传家亦自不能成立。至此史体四家，其名实乃与刘说小异。四家者，一曰春秋家，编年体也；二曰国语家，国别体也；三曰史记家，通古纪传体也；四曰汉书家，断代纪传体也。

知几所云后世通行之编年、纪传二体，两者互有利病，《史通·二体篇》辨之颇明。其意谓编年之优点有二，一曰易考同时之事，所谓"中国外夷，同年共世，莫不备载其事，形于目前。"一曰避免复沓之记，所谓"理尽一言，语无重出"。语其所失，即便贤德之士而迹在沉冥者，终不得彰其名氏，显其言行，为可惜耳。纪传体之优点，在网罗该备，巨细靡遗。所谓"纪以包举大纲，传以委曲细事，表以谱列年爵，志以总括遗漏"。而其所失，则在"同为一事，分在数篇，断续相离，前后屡出"。大抵编年之所利，适纪传之所病，而纪传之所长，亦即编年之所短。二者相互为用，不可偏废。其后宋袁枢之纪事本末体出,史体参而为三,此则知几所不及知也。实则编年本末二体之精意,已纳于纪传一体之中。本纪,编年体也;书志,本末体也。合之止一,离立为三,于此足以觇纪传一体之命意周至矣。

编年之体,系日月而为次,列岁时以相续,绪无杂出,所守至约。纪传之体,门类甚繁,所宜商榷者多,是以《史通》有上述《本纪》等八篇之作。兹分叙如后。

甲、本纪

史之本纪,乃全书纲领。故《本纪篇》曰:"盖纪者,纲纪庶品,网罗万物。考篇目之大者,其莫过于此乎。"《二体篇》亦曰:"纪以包举大纲。"至言纪之体例,《本纪篇》则曰:"盖纪之为体,犹《春秋》之经,系日月以成岁时,书君上以显国统。"又曰:"纪者既以编年为主,唯叙天子一人。有大事可书者,则见之于年月,其书事委曲,付之列传。"综上所述,凡有三事,一曰纪事编年,盖本纪取法《春秋》,编年最为要义。故《列传篇》曰:"纪者,编年也。"二曰纪用君年。所谓"书君上以显国统"。凡非用其纪元,而假他人之年者,虽纪实传。三曰唯叙国之大事。杂载琐事,都涉传体。区划既分,是非乃定。持此以衡一切本纪,则真伪立判矣。

乙、世家

司马迁之记东周诸侯,各国自用其年。其编次之体,与本纪不殊,为欲抑彼诸侯,因之名为世家。此知几所言世家一词创设之故(见《世家篇》)。寻世家之要,不在其为诸侯之史,而在其自纪其年。汉之侯王,并未建年,故《史记》之列汉世家,知几讥其未违随时之义。周之封建,未得复行,史家之从班舍马,亦立世家,亦时势使然也。

丙、列传

《列传篇》曰:"纪者,编年也。传者,列事也。"又曰:"列事者,列人臣之行状。"又曰："传以释纪。"《编次篇》曰："寻夫本纪所书，资传乃显。"《六家篇》曰："纪以包举大端，传以委曲细事。"故传者备列人臣之行状，所以释纪者也。《列传篇》所言传之种类，于单传、合传之外，有寄传、附出二种。寄传"寄在他篇，为其标冠"，皆别在传头者也。其附见传中者曰附出。《列传篇》未言附传，此千虑之一失。《编次篇》云："孟坚每一姓有传，多附出余亲。"下文以向歆父子传之附楚元王为言，则其所谓附出，意指附传，非《列传篇》之所谓附出也。列传之作，后史过滥，知几每致深嘅。《杂识篇》曰："其有才德阙如，而位宦通显，史臣载笔，必为立传。其所纪也，止具其生前历官，殁后赠谥，若斯而已矣。虽其间伸以状迹，粗陈一二，么么恒事，曾何足观。"此类行状，人罕齿及，故知几以为言行如有可崇，虽附出他篇，亦常为人所乐道，庸何伤乎。

丁、表历

知几以为国史之有表，成其烦费，其说颇为后人所非。夫表之为用大矣。清朱彝尊言史表之用曰："或年经而国纬，或国经而年纬，或主地，或主时，或主世系，事微不具者，录而见之。"（万斯同《历代史表序》）盖表之为用，使"事微不具者，录而见之"。读之者得以节力省时，开卷昭然，此其所以为快也。又浦起龙曰："揆之史法，参以时宜，亲若宗房，贵如宰执，传有所不登，名未可竟没，胥以表括之，亦严密得中之一道。"（《史通通释·表历篇》按语）是则表之所载，传亦有所不登，更不得以烦芜重沓嗤之矣。惟是知几之于史表，亦非认其全无可取。在彼之意，其可存者，惟有列国年表，故于崔鸿之《十六国春秋》，美其表历（见《表历篇》）。盖以列国分立，有表则诸国分年一时尽见，最便学者。《史通》外篇《杂说》云："观太史公之创表也……燕越万里，而径寸之内，犬牙可接，昭穆九代，而方尺之中，雁行有序，使读者举目可详。"则于表之功用知之甚审。评者往往举此以说《表历篇》，谓其前后相违，似非深知知几之意者。盖知几之所诋诃，非表之本身，乃斥史家不善为利用之耳。故其于列国年表，则以为可存，诸侯年表，则以为烦费，班书之古今人表，则以为尤无取焉。

戊、书志

《书志篇》之言书志曰："纪传之外，有所不尽，只字片文，于斯备录，语其通博，信作者之渊海也。"其称道也如此。诸志之中，知几于天文、艺文、五行三志，以为"妄入编次，虚张部帙"，而"事应可书，宜别标题"者，尚有都邑、氏族、方物三志云。以为二文五行诸志，纵不悉从芟除，载笔亦宜改辙。以言天文志，天体古今无殊，所宜置而不记，惟当代之天变，如彗孛、氛祲、薄食、晦明之类，乃可入志耳。艺文志足以辨章学术，考镜源流，知几见不及此，肆其诋諆，史议之难，于此可见。渠认必欲存此，则宜唯取当时撰者。盖时代愈后，载籍益多，倘不毕录近籍，则后志汗漫，无复止境矣。至五行志，旧载颇多诬妄，知几辞而辟之。盖志五行者之弊，诚如其所谓"前事已往，后来追证，课彼虚说，成此游词"，甚无谓也。

己、论赞

《论赞篇》曰："夫论者，所以辨疑惑，释凝滞。"史论之命意在此。然篇终一论之端，自《史记》而开，由是理有非要，而强生其文。后之作者，进而私徇笔端，苟炫文彩，深失设论之旨矣。知几言史论之善者，在"事无重出，文省可知"。盖事非重出，藉补纪传之遗；文省可知，庶免烦芜之累。"辨疑惑，释凝滞"，就作论之目的言。"事无重出，文省可知"，就作论之方法言。而方法之中，一者侧重内容，一者侧重形式，可谓表里兼顾。赞之为体，《史记》《汉书》皆置序传之后，范书乃分缀于各篇。知几以为合在一篇，"条贯有序，历然可阅"，分则"篇目相离，断绝失次"矣。后来赞语，实等赘疣，知几曰："夫每卷立论，其烦已多，而嗣论以赞，为黩弥甚。"以其多录纪传之言，所异唯加文饰而已，故云尔也。

庚、序例

浦起龙曰："此所谓序，皆篇序，非总序。其所谓例，则兼序中附出之例，及总立发凡之例。"（《序例篇》按语）知几之意，马班之序，叙明篇旨，犹有经序之遗。蔚宗以降，遗弃史才，矜炫文彩，累屋重架，曾无足观。其言例也，曰："国无法则上下靡定，史无例则是非莫准。"例之用意在此。为史例者，最忌文不准例，故知几曰："凡例既立，当与纪传相符。"序贵简质，例贵严明也。

辛、序传

知几言后史序传之失者，计有三事。一为远溯源流。追记远祖，有类家乘。一为故事夸尚。扬才露己，盱衡自伐，片善微能，不惮覼述。一为冒承望族。盖寒族荜门，一朝暴贵，谄祭非鬼，妄承先哲，亦六朝以降俗尚门第使然也。

知几于《载言篇》言，表志之外，宜别立一书部所载为制册章表及诗颂论著之类（诗如讽谏诗，颂如出师颂，论著如过秦论、封禅书，皆原载列传，今兹离立）。此论万不可行，浦起龙已摘其谬矣。其言曰："使此册果立，几与挚虞流别同科，即刘于《载文篇》亦言非复史书，更成文集，不且自矛乎。"

（二）论作史之方法

《史通》之论作史方法者，可分取材、叙述、编纂三项言之。

甲、取材

中古以降，载籍日多，史家征引固易，而其别择转难，不可不慎也。取材之宜深诫者，就《史通·采撰篇》所言，一为怪诞小说。诸如海客乘槎，姮娥奔月，王乔凫履，左慈羊鸣之类，皆事涉子虚，在所必屏。次为诬蔑之词。或以私嫌而横施谤议，或以偏党而故作流言，空穴来风，未可轻信。次之为偏狭志乘。或欲矜其州里，或欲谤其氏族，语多失真，宜加研核。复次为讹误传闻。初以视听壤隔而乱泾渭，继以穿凿附会而生异同，练其得失，事在史家。凡此所言,颠仆不破。所可议者,夫询诸故老,摭拾遗闻,亦史家取材之一道,有足多者。而知几以为刍荛之言,不可凭信,未免有惩噎之弊耳。

至于官牍之文,词多虚妄。《史通·载文篇》言其五失。一曰,虚设之文。如禅让文所载礼仪,并未实行,是为虚设。二曰,厚颜之文。如诰檄之词,多自矜夸,是为厚颜。三曰,假手之文。诏诰出自词人,浮华损实,是为假手。四曰,自戾之文。如帝王鉴识,前后相违,则两诏所言自相矛盾,是为自戾。五曰,一概之文。人事屡改,文理无易,是为一概。凡此五失之文,悉从刊落,乃得"去邪从正之理,捐华摭实之义"。知几以为史家所宜采录者,当以"言成轨则,为世龟鉴"为准,此乃"禁淫之堤防,持雅之管辖"也。

史流杂著,可供参考者多。《史通·杂述篇》所列,为类有十。偏记,小录,逸事,琐言,郡书,家史,别传,杂记,地理书,都邑簿是也。就中琐言、家史二者,可顾名思义。余者之性质,请加诠释。偏记乃当世之时事,小录乃知旧之传记,逸事足补史缺,郡书乃记乡贤,别传列忠贞之言行,杂记志怪异之事迹,地理书即郡国志,都邑簿即京师志。史家若能慎择兼采,斯可免夫固陋之讥矣。

乙、叙述

就《史通·叙事篇》所言,史家叙事之准则有三。一曰,简要。《叙事篇》曰:"夫国史之美者,以叙事为工,而叙事之工者,以简要为主。"欲语夫此,其道维何。同篇曰:"盖叙事之体,其别有四。有直纪其才行者,有唯书其事迹者,有因言语而可知者,有假赞论而自见者。"叙事之时,四者皆不相须,有一于此,无需其他。若记同一之人,同一之事,四者毕书,则叠床架屋,为累实多,乖夫简要之义矣。次之,其纪事录言,皆宜省句省字。即知几所谓叙事求省之二流。《史通·浮词篇》曰:"夫词寡者出一言而已周,才芜者资数句而方浃。"盖才有高下之殊,故文有简烦之别。史家之文,每绌于才，难乎简要。知几尝录其文，其有烦者，皆以笔点其上，成为点烦一篇。或有史家，过于求简，而事义多□者，矫枉过正，亦无足取。故《史通·书事篇》曰："夫纪事之体，欲简而且详，疏而不漏。若烦则尽取，省则多捐，此乃忘折中之宜，失均平之理。"若何而能烦简适当，求其折中，则运用之妙，存乎一心矣。此外有附加子注之法，亦与文之简炼相关。《史通·补注篇》曰："虽志存该博，而才缺伦叙，除烦则意有所吝，毕载则言有所妨，遂乃定彼榛楛列为子注。"此虽行文求简之一道，而知几以为唯"才缺伦叙"者为之，意颇少之也。二曰，用晦。为文之道，显晦不同。何谓显晦？《叙事篇》曰："显也者，繁词缛说，理尽于篇中。晦也者，省字约文，事溢于句外。"用晦之道，则以"略小存大，举重明轻"为言。文之晦显，益关才分。尚简则文如其事，用晦则事溢于文。尚简固难，用晦尤难。三曰，质实。夫文过其实，乃史之所忌也。史家之于史文，有文饰其字句者，有文饰其意义者，其为失实则一。文饰字句者，雕缋满眼，繁缛淫丽。知几论之曰："夫以饰彼轻薄之句，而编为史籍之文，无异加粉黛于壮夫，服绮纨于高士者矣。"（《论赞篇》）亦以史主质实，非汉代词赋可比。字句之文饰，多模拟古语。《阙事篇》所谓"事不类古，改从雅言"，"假托古词，翻易今语"。六朝史家，正坐此病，大为知几所非。古史多载口语，莫不多其雅正。徒以常人之情，贵远贱近，乃如《言语篇》所云"已古者即谓其文，犹今者乃惊其质"。其弊也，"今古以之不纯，真伪由其相乱"（《言语篇》），而学者不足以"考时俗之不同，察古今之有异"（《叙事篇》）矣。其文饰意义者，如《浮词篇》所云："《魏书》称登国以鸟名官，则云好尚淳朴，远师少皞。述道武结婚蕃落，则曰招携荒服，追慕汉高。"是其显例。远违质实之义，殊非史家所应尔。

　　三者之外，复有因袭与摸拟二事，亦为史家叙述之道，不可不论。史家之记事也，其义例未必尽为独创，其因袭前人者有之。惟因袭之要,在不忘随时之义。故《史通·因习篇》曰:"夫事有贸迁,而言无变革,此所谓胶柱而调瑟,刻船以求剑也。"其有沿用成文,固属史家常事,惟是时代不同,前人书之则然,而后代因之则误,是则因之为义,不可不详也。就《因习篇》所举诸例考之,因之一事,有当因而不因者,此不因之非也。有不当因而因者,此因之非也。不当因而因者之中,又有前人已误而误因之者,及有前人未误因之而误者。前人之误,有出自有意,有出自无意,皆史所不当因。因与不因,其在史家之识事详审乎。次之,史家叙事,其书法笔法有出乎摸拟者。《史通·摸拟篇》曰:"盖摸拟之体,厥途有二。一曰,貌同而心异。二曰,貌异而心同。"又曰:"盖貌异而心同者,摸拟之上也。貌同而心异者,摸拟之下也。"其所谓貌同而心异,乃形似而神非。貌异而心同,乃形非而神似。其间优劣判然,无待辞辩也。

以上系就叙述之方法言,今进而言叙述之对象。史家书事之体,《史通·书事篇》列举八目。荀悦先立五志,知几广以三科。悦云:"立典有五志焉。一曰,达道义。二曰,彰法式。三曰,通古今。四曰,著功勋。五曰,表贤能。"知几所增为叙沿革,明罪恶,旌怪异。其言曰:"何者,礼仪用舍,节文升降则书之。君臣邪僻,国家丧乱则书之。幽明感应,祸福萌兆则书之。"自今日视之,旌怪异一目,可从沙汰,刘氏之言,拘于时也。叙沿革,就制度言。明罪恶,就人物言。著功勋,表贤能,所以示后。明罪恶,所以诫世。故《人物篇》曰:"夫人之生也,有贤不肖焉。若乃其恶可以诫世,其善可以示后,而死之日,名无得而闻焉,是谁之过欤,盖史官之责也。"惟是微功片善之人,未可示劝,则阙之无伤。不才肖小之徒,不足示诫,宜弃而勿录。若亦搜彼行事,裁为专传,适足成史文之芜滥也已。

史文叙记,所可商榷者,尚有二事。一为称谓,一为邑里。两者分详《史通·称谓篇》及《邑里篇》。史之称谓,宜将意者,首为号谥。列国并立之时，史家以一国为正统，其记余国，多有没其号谥，深失史家存实之义。至于庙号，祖有功而宗有德，其后僻王庸主，亦号祖宗，知几以为史臣载削，宜予辨明。若每有所书，必存庙号，不足"申劝沮之义，杜渝滥之源"也。次为追加之号谥。倘有帝号徒加，人望不惬，则每书其人，惟云皇之祖考而已。称谓之中，于号谥之外，则为讳名。名之或讳或书，自有恒例。若天子而称讳，匹夫而不名，淫乱之臣而隐其讳，正朔之君而呼其名，知几谓皆史家之失也。以言邑里，知几之意，以为邑里之书，应从实录。地名改易，尤贵原委详明。惟自东晋以后，迄南北朝，南渡侨人，悉非土断，系名本乡，因以成俗。史家为人作传，咸书旧里，若从实录，转以成噬。史体之失，莫此为甚。此邑里书法乖违之一因也。复有缘于门第观念者，《邑里篇》曰："且自世重高门，人轻寒族，竞以姓望所出，邑里相矜。"充其所至，长虚冒贯籍之风。同篇曰："爰及近古，其言多伪，至于碑颂所勒，茅土定名，虚引他邦，冒为己邑。"而史家竟不核实，因仍其谬，此邑里书法乖违之又一因也。

丙、编纂

编纂首重编次，而编次之难，当属纪传一体。盖编年"以日月为远近，年世为前后"，"雁行鱼贯，皎然可寻"。而纪传为体，"错综成篇，区分类聚"，则有"统体不一，名目相违"者矣（见《编次篇》）。知几所言编次之体，余详为区分，计得三事。一曰，入类宜审。纪传之体，凡具纪传表志四类。何者宜纪，宜传，何者宜表，宜志，自有一至当之理，寓乎其间。史家之于史料也，宜因其固然，纳于其类。《编次篇》之非史迁以龟策为传，以其宜志而误入于传也。循此类推，则宜纪而传，若《后汉书》之《更始传》，宜传而纪，若《史记》之《项羽本纪》，宜传而表，若《汉书》之《古今人表》，皆入类未审，而见讥于知几者也。二曰，合传宜审。传之为体，述者多方，惟二人以上同传者，编次之间，大费斟酌。寻同传之例，一为行事相关，一为品汇相同。《列传篇》曰："如二人行事，首尾相随，则有一传兼书，包括令尽。"若陈余、张耳二人分传，则同为一事，两传兼书，将不胜其烦，故宜合传。此行事之相关者也。《史通·品藻篇》曰："史氏自迁固作传，始以品汇相从。"韩老同传，即属此类。以品汇相从者，求其的当盖难。韩老合篇，见讥班汉。就知几而言，于此亦无定论。《列传篇》谓为"益得其伦"，而《编次篇》则目为舛谬，亦由人之品汇，求其具体必同，不可多得。合而为传，读之者目时有见仁见智之异也。又一传之中，所载附传，亦宜慎审。若《楚元传》后，附载向歆之子，知几责其编次失伦。盖向歆事迹尤异，宜以类离立。且其与楚元也，时代既属相悬，族属又复疏远，合为一录，可议者多也。三曰，次第宜审。纪传表志，宜有适当之次第。《编次篇》尝摘《国志·二牧传》之失，谓宜首纪先主，不可先标二牧，比之高光。此纪传编次之失者也。以言表志之编次，知几不主二者介乎纪传之间，语见《编次篇》。

史家编纂，于求编次有序之外，尚须求题目之适当，与断限之分明。题目云者，指史之总名与篇目。《题目篇》所云不系时月而号曰春秋，芜累甚多而标之以略（如鱼豢《魏略》），此总名之失也。马迁传载皇后，乃以外戚命章，班固表列古人，而以古今为目。此篇目之失也。范晔以降，列传题目加详，而知几非之。谓其烦碎乃类俗之文案孔目，药草经方，殊属左见。又谓"读者研寻，篇终自晓，何必开帙解带，便令昭然满目"。殊不知开帙昭然，最便读者，何得以此少之。善乎浦起龙之言曰："柳州有言，每读古人一传，数纸已后，再三申卷，复观姓氏，旋又废失。钝器正多患此。题目加详，宜勿深责也。"次之，断代之史，首重断限，但历史之演进，绵延无间，未可划分。亦犹抽刀断水，水自长流，无由截而为二。史设断限，本极勉强。事有所本，皆非无因而至，故于一代之始须叙事之渊源，此不得谓为逾限。《断限篇》曰"正其疆里，开其首端。因有沿革，遂相交互。事势当然，非为滥轶"，即此意耳。过此以往，便为越轶。明彼断限，权衡得中，是在史家之深识。编纂既重断限，则其取材用叙述之时，亟宜加意于此，自不待言矣。

（三）论史家之修养

知几尝言："史有三长，才学识，世罕兼之，故史才少。夫有学无才，犹愚贾操金，不能殖货。有才无学，犹巧匠无楩柟斧斤，弗能成室。"（《唐书》本传）章实斋释之曰："非识无以断其义，非才无以善其文，非学无以练其事，三者固各有所近也。其中固有似之而非者也。记诵以为学也，辞采以为才也，击断以为识也，非良史之才学识也。"（《文史通义·史德篇》）

六朝以降，误以文士之才视为史才，即实斋所谓"辞采以为才"也。《史通·核才篇》曰："自世重文藻，词宗丽淫，于是沮诵失路，灵均当轴。每西省虚职，东观仁才，凡所拜授，必推文士。遂使握管怀铅，多无铨综之识；连章累牍，罕逢微婉之言。而举俗共以为能，当时莫之敢侮。"唯其若此，故所成之史，乃有如《叙事篇》所云："其立言也，或虚加练饰，轻事雕彩，或体兼赋颂，词类俳优。文非文，史非史。"知几患时弊之深，此《核才篇》之不可不作也。

取材之别其真伪，论事之明其是非，衡人之辨其善恶，非有史识不为功。知几之言史识，特重随时之义，故其言编纂也，则讥史迁之立汉世家曰："虽得画一之宜，讵识随时之义。"其言修辞也，则诋苏绰之摹拟《尚书》曰："陷于矫枉过正之失，乖夫适俗随时之义。"（《史通·外篇》）至言记事也亦然。其记邑里，不主取其旧号，施之于今，亦深重随时之义者也。

才学识三者，以学最为根本。《杂述篇》曰："学者有（疑当作宜）博闻旧事，多识其物，若不窥别录不讨异书，专治周孔之章句，直守迁固之纪传，亦何能自致于此乎。"史家言学，当识夫此。

盖才者就史文之表达纂组而言，识者就史家之取材断事而言，而学者又所以培其才而益其识者也。高攀龙曰："人不患无才,识进则才进……皆得之于学也。"(《明儒学案》卷五十八)其言信然。章实斋认三者犹不足尽史家之长,更广以史德一目。氏之言曰:"能具史识者,必具史德。德者何,谓著书者之心术也。"实则知几之书言史德者多矣。谓其未揭史德之名则可,谓其不重史德之实则非也。知几言史之功用曰:"史之为用也,记功司过,彰善瘅恶,得失一朝,荣辱千载。"(《曲笔篇》)又曰:"史之为务,申以劝诫,树之风声。"(《直书篇》)故直书善恶,为史家无上责任。《唐书》本传载其言曰"善恶必书,使骄君贼臣知惧,此为无可加者",此非实斋之所谓史德也耶?故于《曲笔篇》中,谓自古史臣,未尝以曲词获罪,遂使爱憎由己,难得实录,力主人君宜加惩革。《直书篇》复于南董之不避强御,韦(昭)崔(浩)之无所阿容,备致发扬,旌其良直。其评史家则曰:"史之为务,厥途有三焉。何则?彰善贬恶,不避强御,若晋之董狐,齐之南史,此其上也。编次勒成,郁为不朽,若鲁之丘明,汉之子长,此其次也。高才博学,名重一时,若周之史佚,楚之倚相,此其下也。"(《辨职篇》)又曰:"盖左丘明、司马迁,君子之史。吴均、魏收,小人之史也。"(《杂识篇》)又曰:"史者,固当以好善为主,嫉恶为次。若司马迁、班叔皮,史之好善者也。晋董狐、齐南史,史之嫉恶者也。"(同篇)观其所云,无不以史德为先。史家之修养,盖以此为尤要焉。不然,虽有才学识,而用之不以其道,适足使人间增益几许秽史,善无所劝,恶无所诫,史之功用云乎哉。

(四)论读史之鉴别

《史通·鉴识》、《探赜》二篇,乃言史之鉴别者也。作史固难,鉴史亦复不易。其所以然者,知几以为一在史文浩博,索隐为难。一在读者凡庸,探赜无力。此所以有"欲求铨核得中,其在千载一遇"之叹也。

　　鉴史之病，凡有数端。有衡以成见者，有诠释谬误者，有立言无据者，其于史家，有文饰其非者，有妄加以罪者，皆知几所谓"乖作者之深旨，误生人之后学"（《探赜篇》）者也。知几之时，本成见以论史者，一为以卷帙之多寡论优劣，一为以文词之华素定甲乙。知几于此，力施弹射。《二体篇》云："晋世干宝著书，乃盛誉丘明，而深抑子长。其义云能以三十卷之约，括囊二百四十年之事，靡有遗也。"《鉴识篇》云："王充著书，既甲班而乙马，张辅持论，又劣固而优迁。"此皆以卷帙之多寡而论优劣者也。此说知几于《史通·烦省篇》斥之。言记事之有详略，或缘于地理之通塞，或缘于时代之远近，所谓"国阻隔者，记载不详。年浅近者，撰录不备"。以此而论优劣，其亦不违于事理矣。然则史之详略，若何而始关优劣乎。知几曰："夫论史之烦省者，但当求其事有妄载，苦于榛芜，言有阙书，伤于简略，斯则可矣。必量世事之厚薄，限篇第以多少，理则不然。"洵为笃论。《叙事篇》曰："夫识宝者稀，知音盖寡。近有裴子野《宋略》，王劭《齐志》，此二家者，并长于叙事，无愧古人。而世之议者，皆雷同誉裴，而共诋王氏。夫江左事雅，裴笔所以专工。中原迹秽，王文由其屡鄙。且几原务饰虚辞，君懋志存实录，此美恶所以为异也。"又《言语篇》曰："世之议者，咸以北朝众作，《周史》为工。盖赏其记言之体，多同于古故也。夫以枉饰虚言，都捐实事，便号以良直，师其模楷，是则董狐南史，举目可求，班固华峤，比肩皆是者矣。"此皆以文词之华素定甲乙，而见嗤于知几者也。至若诠释谬误，立言无据，其于作者，饰非妄罪诸例，皆见《探赜篇》，可覆按也。夫失作者之指归，有所扬抑，为咎已多，至若居心矫妄，任意低昂，则罪何可恕。余谓才学识德四者，作史者无之，固不足以成书，而鉴史者无之，又岂足以持论乎。

三、学术上之贡献

知几在学术上之贡献,首推史学。其于史学也,辨其指归,殚其体统,勒为专著,前无古人。综其功绩,一曰,开发新议,启导后人。一曰,评论诸史,有裨考订。浦起龙著《史通通释》书云:"刘氏开发史例,后史不能易者,十得六七。"浦氏于《史通·自叙篇》后列举之曰:"自其以编年纪传辨涂辙也,而二体之式定。自其以《史记》《汉书》昭去取也,而断代之例行。自其斥《秦纪》于未帝之先也,而开创无冒越之篇。自其拟世家以随时所适也,而载记有变通之义。自其论后妃称纪或寄外戚皆非也,而传首始正。自其论篇赞复衍,更增铭体尤赘也,而骈韵都捐。自其力排班志之《五行》也,而灾祥屏谶纬之芜。自其痛诋魏收之标题也,而称谓绝诞妄之目。自其以书地因习为失实也,而邑里一遵时制。自其以叙事烦饰为深诫也,而琐噱半落刊章。约举数端,后史可覆。"其言除二体一节可议之外,余均确凿,无可复言。亦有知几创议,后人因之而加以变通者。如《书志篇》主增立三志,虽不行于后之正史,然郑樵《通志》,二十略中,首叙氏族。杜佑《通典》,食货门内,即详土贡。至于都邑通志,别立一略。氏族之记载,简略则无所用之,欲求委备,而国史又未可胜载。至章实斋始主列于方志,其言曰:"谱牒之书,藏之于家,易于散乱。尽入国史,又惧繁多。"(《和州志·氏族表序例》上)载之方志,殊合折中之宜。章氏之取法《史通》,可谓能识变通之义者矣。《禹贡》一篇,列载土贡,知几之立方物志,盖取法《尚书》。此议既唱,杜佑、马端临之徒,竞载土贡。后之治经济史者,足资考证,为益实多,于此亦足以见知几之史识矣。以上所云,皆其开发新议,启导后人者也。知几之书,于其时诸史,多所评论。所言得失，辄中窾窍，益人识见，宁有既乎。至其立论，皆有所本，原书亡佚，其事多赖刘说而存。如《魏书》元帝牛金之子，牛继马后之说，始于沈约《宋书》之妄。《宋书》拓跋之祖出自李陵之说，始于崔浩《国书》之妄。不有知几之书，何可知其妄诞所自（见外篇《杂说》）。亦有史书，后人擅加篡改，得刘书而窥其庐山真面者。如《叙事篇》云："翼犍道武原讳，伯起革以他语。"今《魏书》不讳，可知《魏书》文字，已为后人增损矣。又如《宋书》编次，书志原在传后，今书之志，仍介纪传之间，可知《宋书》编次，已为后人更易矣。自余可供考证之处甚多。且其所评之史，大半皆已失传。今藉知几之言，犹可见其仿佛。吉光片羽，弥足珍惜。有裨考订，可胜道哉。

《史通》虽为言史之作，惟其所表现知几之思想者，实不仅史学一端，即知几亦尝自言之曰："夫其书虽以史为主，而余波所及，上穷王道，下掞人伦，总括万殊，包吞千有。"其自叙也如此，亦史迁所谓"究天人之际，通古今之变"者也。考其有功学术，上述史学之外，其尤要者，尚有二事，可得而言。一曰怀疑之精神。汉儒递禀师承，笃守家法，流风所扇，失之迂拘。其于经传，未敢轻疑，皆恪守旧闻，而无所同异，以致性灵湮没，理智消沉。至若王充之肆诋前非，问孔刺孟，殆为特例矣。魏晋以还，稍持异议。其能昌言旧记之失真，经典之或谬，若知几者，自属罕觏。识之者谓其别具只眼，不识者谓其工诃古人。《史通》疑古，惑经诸篇，于《尚书》《春秋》《论语》，靡不指摘所失，无所顾忌。其于古史，多所致疑。尧舜之禅让，盖本讹传；商周之盛德，殆多虚美。《疑古篇》中，已发此意。崔东壁之勇于疑古，知几实已导夫先路，谨守求真之义，甘犯侮圣之嫌，亦可以风百世矣。至其疑旧史记载之失实者，《暗惑》一篇，历举其事。其散见他篇者有之，未遑枚举。夫善疑者，工于思辨，事之真伪，烛照无遗。其于迷信禨祥之言，自在粪除之列。董仲舒之谈天人合一，刘子政之论洪范五行，以纬释经，牵强附会。班志五行，多所征引。知几鄙其诬妄，说详《书志》等篇。于此不欲盲从，诚具真知灼见。史称其"据明锐视"，信有征焉。学能该博，鉴自精审。则其所疑，自搉要审。浮讹既去，真理自彰。学术之能日进无已者以此。若夫思而不学，妄有所疑，务为怪谈，自矜新异，贻误当时，转欺来世，则非惟无功于学术，抑亦知几之罪人也矣。

二曰，论文之主张。《载文篇》曰："文之将史，其流一也。"《核才篇》复曰："史者，当时之文也。然朴散淳销，时移世异。文之与史，较然异辙。"盖文史二者，本自同流。骈体既盛，遂尔异揆。虽然，骈俪之文，不过文之一体。骈俪之外，尚自有文。史之与文殊者，仅谓骈俪之文。是则舍骈俪而言，文史二者，固未尝异辙。故知几论史笔之文，亦即论文笔之文，其言史家叙事之道，有志为文者，不可不奉为圭臬矣。汉重词赋，已肇骈文之端。有晋以降，历南北朝，流宕忘归，不知纪极。其词绮丽，其声淫靡。文胜于质，理伏于辞。学者竞一韵之奇，争一字之巧，斫肺镂肝，捐本逐末。虽明达如颜之推者，亦云："时俗如此，安能独违？"（《颜氏家训·文章篇》）浇漓之习，从可知矣。其后周太祖欲革其弊，因魏帝祭庙，群臣毕至，乃命苏绰为大诰奏行之。其文语准尚书，史云："自是之后，文笔皆依此体。"（《北周书·苏绰传》）浮华之习初捐，摹古之风转盛，以此易彼，其弊尤甚，亦文学之厄运也。知几于文，不主淫丽。盖骈体末流，为病甚深。《叙事篇》曰："其为文也，大抵编字不只，捶句皆双。修短取均，奇偶相配。故应以一言蔽之者，辄足为二言。应以三句成文者，必分为四句。弥漫重沓，不知所裁。"雕饰之风，流弊至此。其于词赋，尤所抵排。《载文篇》曰"若马卿之《子虚》《上林》，扬雄之《甘泉》《羽猎》，班固《两都》，马融《广成》，喻过其体，词没其义。繁华而失实，流宕而忘返，无裨劝奖，有长奸诈"，是其证也。至若摹古之风，亦为知几所不取。《史通》外篇论苏绰之文曰："案绰文虽去彼淫丽，存兹典实，而陷于矫枉过正之失，乖夫适俗随时之义，苟记言若是，则其谬逾多。"知几论文，以适俗随时为言，最具通识。若身当汉魏，而语必周秦，伪修混沌，失彼天然矣。初唐文风，继轨六朝。故老杜有"王杨卢骆当时体，轻薄为文哂未休"之句。知几目击其弊，既嫌雕饰之丧真，又惧摹古之损实，去泰去甚，求其折衷，其为文之准则乎。后此韩愈之倡古文，既扫六朝金粉之气，亦不以佶屈聱牙，艰涩费解为工。尝言文无难易，唯其是尔。其所谓古文也如此。退之论文之见，知几早已得其三昧，阐发无遗。世之论文者，不可不知也。

三十二年九月二十八日完稿

（原载《思想与时代》1944 年第 30 期）

钱穆

钱穆(1895—1990),国学大师,1943 年任教于浙江大学史地
学系。

中国今日所需要之新史学与新史学家
——本文敬悼故友张荫麟先生

历史乃人事之记载,故史学亦为一种人事之研究。惟历史所
载人事,虽若限于过去,而按实殊不然。人事必有持续性,有持续
数年之久者,亦有持续数十年数百年乃至数千年以上者。既有持
续,即有变动。当其尚在持续、变动之中,即不得遽目之谓过去。
且人事惟其有持续,故方其端绪初生,即有必然之将来随以俱至,
严格言之,亦不得尽目今日以下者为未来。请举实事言之。当前
之对日抗战,其事持续已逾五年,然不得谓今日以前五年内事俱属
过去也。当知此等事皆尚现在,皆在持续与变动中,绝未过去。今
日中日战事尚未到最后决定之阶段,吾侪即绝不当认为首都已沦
陷,平津、沪杭、武汉、广州已丧失,五年来战事已失败,此等虽若为
过去之事实,而此事实未过去,实尚现在,而正在不断演变进展中。
此不得遽目今日以前为已属过去之说也。而今日以下,亦不得尽
谓之未来,因其已有将来之必然性,虽未来而实已来。吾侪当知今
日以后中日战事仍必持续,并必持续一相当之年月,绝非旬日间所
能决,此虽至愚者亦知之。其事之有绝对把握,较之过去更为坚
强。首都沦陷虽属过去事,然其事尚在变动中,绝非永成沦陷,然
则过去事转无把握,以尚在变动中也。至谓此后半年、数月内中日

仍必在战争局面下相持，则此事绝对真确，亦绝对可信。故知虽为未来事，而实有极坚强之把握，可信其将来之必然，则不得全认其为未来。当民二十六年"七七"事变初起，中日双方稍有识者均知必演成一中日长期战争，"七七"仅属此一事件之端绪，此一事件早已于"七七"之变全身涌现。若谓只"七七"一天乃属现在，其下即属未来，即当归之渺茫不可知之域，其人当为狂惑之流。故知就人事论之，大体上自有其起迄，自始至终，自有其必然之持续与可能之演变。惟其有必然之持续，故未来者等于已来。惟其有可能之演变，故已往者实尚未往。换辞言之，过去者尚未去，未来者亦已来。就人事言之，必有其时间上之宽度。人事之现在性，绝非如普通所想，过去者已过去，未来者尚未来，而现在则在刹那刹那之间刻刻转换，刻刻消失。此等观念，惟排除一切人事，冥坐观心，或排除一切人事，凝神注视时钟针摆之移转乃有之，此可谓之心理上之时间感或物理上之时间感。若就事理言之，则绝不然。事理上之现在必有宽度，其事愈大，持续性愈久，变动性愈多，其现在之宽度亦愈广。即如中国抗战，其事现在已逾五足年，绝不能谓其刹那刹那全成过去，全归消失。今再就此推进一层言之，中日战事亦不得谓其起于民二十六年之"七七"。当知自民二十年"九一八"以来，其事端绪已见，此不待深识洞鉴之士，亦可预瞩中日战局之必然性。其事早已逐步展开，惟昧者不之察，必待事变之愈演愈著乃觉耳。如此再推前言之，当知中日抗争，其事亦不待于民二十年之"九一八"事件，今为省却文字累赘，径可谓中日相争，其事远始于甲午之役，而甲午之役尚复有其前因，当知甲午一役，中国虽败，日本虽胜，然不得谓其事已属过去，甲午一役之胜败，仅为中日两邦开始斗争之第一幕，其事必有持续，而于持续中又必有变动，故绝不当竟目日本为胜者，中国为败者。旅顺、大连之割让，台湾之吞并，东四省之丧失，亦与平津、京沪、武汉、粤广之占领，同在持续演变之中。同为一现今尚存在之事变之一部分,不得径目之为过去,其事实尚活跃而现在。而中日抗争,亦绝不能在今日煞然遽止,而仍必有其必然之将来。则此中日战争一大历史事件之有其活跃之现在性者至少当近及百年之久。举此一例,始知人事乃由过去穿透现在而直达将来,过去与将来凝成一片,而共成其为一有宽度之现在,研究历史者,实即研究此一有宽度之现在事件也。其事活跃现在,而且已直透而达将来,岂得谓历史只属于过去人事?

今再就此更进一步论之,当知中日抗争虽为百年来之一事件,而目前活跃现在之事件,则尚有不尽限于百年之间者。如东西文化势力之相互接触而发生交涉,此又一事件也。就其某一性质论之,中日抗争亦可消纳融化东西文化接触而发生交涉之过程中而认为仅属于彼事件之一节。而此东西文化势力相接触而生交涉之一大历史事件,则其端绪之涌现已不止三百年之久,而其事尚活跃而现在,为人类当前一大事件,而此事仍有其必然之持续与演变。此一事件之活跃之现在性,较之前论中日抗争更为宽阔,更为持久,而其全历程之可能的变动亦更大。吾侪研究历史,实即研究此一活跃现在之事件,惟此事件之现在性既甚宽阔,故研究此一事件者,势必回瞻数百年之前,远眺数百年之后,乃克胜任。否则若仅目历史研究为只限于人事之已往者,则其人与骨既已朽矣,其事亦如烟消云散,不复存在于天壤之间,吾侪何必耗此闲心血为陈死人算旧账,为许子之不惮烦?

今再推进一步论之,则所谓历史事件之活跃而现在,其事复有不尽限于三百年之久者。姑随意想偶及,再举数例言之。如中国人之南洋移殖,中国西南与东北之开发,中国西北部之经济衰替,此等事件,继续演进,皆不止三百年之久,其事皆远在东西文化势力相互接触以前早已开端发轫,而持续迄于今日,尚未见其停歇。

然则历史如千丝万缕，长条垂揖，各自有其端末，亦各自有其体状。同时又相互牵搭，经纬交织，而成一整幅。其间有长条，亦有短缕。如辛亥革命，其事虽属过去而实未过去，此乃一长丝，将绵延永恒，影响于中国民族历史之将来者，缦无穷竭。如洪宪称帝，其事则只成为一短缕，只为经纬交错中一衭褡，其在历史事变中，仅属昙花一现，其仅有之消极妨害性，终将随历史大浪冲刷渐尽，而无所谓积极之持续。故凡一历史事件，莫不有其相当之持续性，而其间复有积极消极之分。积极者，乃此历史大流之主潮；消极者，乃此历史大流之漩洑。更有泡沫浪花，虽亦历史大流之一相，而实无当于大体。然则为吾中国历史之主要大流者系何？曰：此必为吾国家民族文化之绵历与发皇，吾国家民族文化之奋斗与争存，舍此皆不足以当历史之主流。此一事活跃现在，而姑自有文字记载以来，辜较言之，亦已持续及于五千年之久，而继此以往，仍必继续演进，继续不失其活跃之现在性。研究历史者，苟得此总纲，则千条万缕，纵经横纬，无不入扣。故研究历史者，其最要宗旨，厥为研究此当前活跃现在一大事，直上直下，无过去无将来而一囊括尽，非此则不足以语夫历史研究之终极意义而克胜任愉快者。

今再转辞申说。历史乃一时间性的学问。而历史上之时间性，则与心理、物理上之时间不同。如循钟上针尖，一分一秒，历历移转，此一秒以前为无穷之过去，此一秒以后为无穷之将来，仅此针尖目前所指乃属现在，而针尖又息息不停，目视所指而所指已移，一秒之间，仍可划分，推极言之，势必更无现在。世界只有过去与未来两大片，上无端，下无底，现在则晃荡移动，更无着落。譬之一纸，黑白相半，白属过去，黑为未来，黑白之间，若有一线判其际限，此为现在，实则纸上只有黑白，黑白以外更无他线。则世间亦当如是，只有过去未来，别无现在。再以内心默观相证，念念相续，而亦念念不停，前念倏去，后念倏来，前后念际，别无空隙可驻一现在。方认此念现在，而此念早成过去，一如钟上针尖，刻刻移动，刻刻转变，前推后拥，转瞬同归消灭。然此等皆超乎事外，始有此象。若一落事业，则性质复为不同。事业莫不有其相当宽度之现在，不得割裂划分，如钟行一秒，心转一念，而实为一有距离之进行。在此进行中，有持续，亦有变动，而自有其起讫，而成为一事业，或为一生命。历史正为一大事业，一大生命。故历史上之过去非过去，而历史上之未来非未来，历史学者当凝合过去未来为一大现在，而后始克当历史研究之任务。然由此再深入一层论之，历史上之过去非过去而依然现在，历史上之未来非未来而亦俨然现在，则过去尚未去，未来早已来，过去与未来将如两大厚铁板交压在现在之上，岂不将使现在丝毫动抬不得，历史成一十分命定之怪局乎？曰：此又不然。若就超乎事为之时间言之，则现在刹那即逝，诚有不可控搏之感。若就本乎事为之时间言之，则现在有无限量之宽度，吾侪正可在此无限量宽度之现在中不断努力以把握将来而改变过去，以完成其理想与完美之现在。此何以言之，请再举实事为证。若谓中日已往冲突全成过去，则过去不可改，此如钟针一移，时不再来，前一秒之光阴即永久消失。心念一转，前一念亦如空华，瞬息逝去，万马难追。如此则不仅朝鲜、台湾、东四省尽成敌境，即南京、沪杭、平津、武汉、粤广亦永属沦陷。惟其不然，故事虽过而未过，犹可改变。所谓改变过去者，其实即改变将来。此将来与过去，实同一现在也。故将来虽若不可知，而早已全身涌现，俨然现在，如是吾侪始得着手将其改变。否则如后念未起，永不知所念是何，又如何着手用力？故凡历史上之事变，扼要言之，乃尽属一种改变过去与改变将来之事业也。若不能改变过去，复不能改变将来，则人类历史将永远如水之流，如花之放，成一自然景象，复何历史可言，故历史实为人类事业之不断改进，而绝非命定。研究历史即谓之乃研究如何改进现在人事之一种学问，亦无不可。

今请再设一譬以喻吾意。作者曾将此文大旨于某大学作一公开之讲演，讲演亦乃人生中一事业，此一事业亦自有首尾起讫与其宽度之现在。莅场听讲者，虽在事前，早知讲者为谁，讲题系何，讲演过程当历几何时，此则事虽未来，尽可前知。若论所讲内容，则听者非通贯前后，不能遽晓。若中途入席羼听一二语即行离去，将茫然不知所讲之何义。当知一番讲演乃整个一现在，不可分割。岂可谓前半时所讲已属过去，后半时所讲者则尚未来。实则其事乃全体涌现，不过自有其时间上之宽度以为其持续与变动之地而已。若将一篇演讲，一分一秒割裂，即失去演讲之意义。即将所讲某语，一字一声割裂，亦将失去此一语之意义。今独于全部讲演中羼听一语，又于全语中羼听一字，即就此字此语自谓明得全部所讲宗旨，岂不大谬。同样言之，若其人对"七七"以来中日战争全未理会，只看今日报纸，便谓了解目前战局，其谬妄直与听一语一字自谓已知全篇演辞者正相等耳。今之谋国是论时局者，皆于以往历史绝不晓了，彼其意特谓历史乃前人陈迹，与己不涉，而不悟其犹听讲演只闻一语一字便妄加评衡测度，则宜乎其多戾也。

割截前后，只就一语一字衡量全讲，其为无当，固已显矣。若其人只听半截讲演，即离席他去，此亦未必能知得全讲大意。不仅不知得全讲，抑且其所听前半截，亦尚在动荡变化中，苟非听彻下半截，将仍不明其究竟□义之所在。此则如读中日战史者，若仅看至今日为止，亦安知此次战争之究竟如何结束乎？古语云："盖棺论定。"此谓人之一生非到终极，即不易判其真相。历史事件亦各有一终极，若非彻底研寻，只认得过去，便谓一成不变，则是震于项王之破邯郸而不知其有垓下之围也。然若就大题目大纲领看之，则历史事件之较大较有关系者莫不活跃现在，莫不各有其将来，莫不如神龙之见首不见尾。然则研究历史断不在记忆过去，而在了解现在把握将来，其理自显。故谓过去为一成不变者误矣，而谓将来茫无把捉者则亦误。当知将来可以改定过去，而过去亦可控制将来。此如听演讲人，虽听前半截，虽未彻底领略后半截，然此后半截讲演辞之路子倾向则大体自可预知。其实过去事模糊不清者甚多，听一小时讲演岂能从头到尾，语语记得，字字勿忘。未来事清楚有把握者亦甚多。听人讲演，所讲尚在此，而所听已可越而至彼，故所听有早于所讲而呈现于听众之脑际者。若听前言绝不知后语，此必讲者漫无章则，首尾衡决，听者非索然寡味，即蒙然欲睡。过去不能包孕未来，过去不能控制未来，则此过去便成死绝，便成寂灭，亦便与历史无关。人之一生，以前种种早经忘却者不知几何，以后种种可以预料者亦不知几何。故谓过去必可知，未来必不可知者，亦妄也。然则过去有可知有不可知，未来亦然，亦有可知有不可知，过去与未来相互拥抱，相互渗透，而其机括则操之于现在。而现在则绝非一瞬息一刹那，即过去即未来皆在此现在之宽度中。必领略此意，乃始于历史研究得有神悟，得有妙契。

将欲于历史研究得神悟妙契，则必先训练其心智，习为一种综合贯通之看法。请再就内心默观之一事论之。若仅就心相变化分别体玩，则前念后念倏起倏灭，刹那刹那各归寂尽。然若就心相变化综合而通看之，则心包性情，自有条贯，并非念念无常，而乃生生不息。念念无常者，前念后念，各自独立，不相渗透，不相融贯。生生不息者，前后念际自有生机，融通贯注。儒释之辨，即在于此。孟子论牛山之木，亦就去来今三境，融会综合，识取其生机而晓了其前后之变化。若分别割裂，使去来今三界各各凝定，即各各隔绝，生机已窒塞，实相亦解体，此去来今三世，便全成虚空，渺无着落。即如人之一身，若呼吸，若血行循环，若消化排泄，若细胞新陈代谢，苟不从其人全体生命综合融通看之，亦莫非刹那刹那各自起灭，各自寂尽。然就生命全体看，则起灭中有生命贯注，寂尽中有生机常在。读史当悟此意。否则秦皇汉帝唐宗明祖何一非归灭尽？然此亦如一呼吸一循环，就民族生命全程观之，此乃生生不息中一过程，此过程尚活跃现在，岂得谓是过去之陈迹。故于空间诸相不能融贯，即于时间诸相亦难通透。此所讲之"新史学"，昔人未尝不悟此意。司马迁所谓"通天人之故，明古今之变"，此即融贯空间诸相，通透时间诸相而综合一视之，故曰："述往事，思来者。"惟昔人虽有此意而未尝以今世语道达之，今则姑以名号相假借，曰此"新史学"也。史学殊无新旧，真有得于史学者，则未有不能融贯空间相，通透时间相而综合一视之者。亦必能如此而后于史学真有得，亦未必能如此而后于世事真有补。

今日吾国人所需之新史学，必有合于上之所论列，其事不烦深论。而本此推说，则今日所需之新史学家，其人必具下开诸条件。一者其人于世事现实有极恳切之关怀者。继则其人又能明于察往，勇于迎来，不拘拘于世事现实者。三则其人必于天界、物界、人界诸凡世间诸事相各科学智识有相当晓了者。四则其人必具哲学头脑，能融会贯通而抽得时空诸事态相互间之经纬条理者。而后可当于司马氏所谓"明天人之故，通古今之变"，而后始可以成其"一家之言"，否则记注之官，无当于史学之大任。孔子曰"焉知来者之不如今"，姑悬此说以待之云尔。

故友张君荫麟，始相识在民国二十三年春夏间。时余与张君方共有志为通史之学。当谓张君天才英发，年力方富，又博通中西文哲诸科，学既博治，而复关怀时事，不甘仅仅为记注考订而止。然则中国新史学大业，殆将于张君之身完成之。岂期天不假年，溘然长逝。此数年来,强寇压境,蹙吾半国,黉舍播迁,学殖荒落。老者壮者无所长进,少者弱者丧其瞻依,张君独奋志潜精,日就月将,吾见其进,未见其止。明星遽坠,长夜失照,眺前瞩后,岂胜悼怆。特草此文以当追念,而斯人不作,安得复相与一畅论之。然后生可畏,焉知来者之不如今,是所望于诵斯文而有慕于张君者。

三十一年十一月二十二日属稿于成都北郊之赖院

（原载《思想与时代》1943 年第 18 期）

《新亚学报》发刊词

　　此数十年来，中国学术界，不断有一争议，若追溯渊源，亦可谓仍是汉宋之争之变相。一方面高抬考据，轻视义理。其最先口号，厥为以科学方法整理国故，继之有窄而深的研究之提倡。此派重视专门，并主张为学术而学术。反之者，提倡通学，遂有通才与专家之争。又主明体达用，谓学术将以济世。因此菲薄考据，谓学术最高标帜，乃当属于义理之探究。

　　此两派，虽不见有坚明之壁垒与分野，而显然有此争议，则事实不可掩。今试平心探究，考据之学，承袭清代经学遗矩，殆为不可厚非。苟成学立说，而不重明据确证，终无以达共是而立于不可破。空言义理，是非之争，势将转为意见与意气，当知意见不即是知识，意气不足为权衡。惟考据乃证定知识之法门，为评判是非之准的。考据之学，又乌可得而菲薄之？

　　抑且学问广博，如大海不见其涯涘，人之才性既殊，聪明有限，又兼年力短促，材料搜集，亦多限制。若求兼通博涉，此非尽人可期。学术分工，各务专门，其必趋于窄而深之一途，亦情势所难免。

　　至于学术之于时务，其事可相通而不必尽相合。时事之变，瞬息异状。即以此三四十年言，变化多端，几难回想。若必以追随时变为学的，曲学阿世哗众取宠者勿论，而学术探究，必积年岁，时务需要，迫在当前。其事如夸父与日竞走，心意浅露，程功急促，不仅害学术，亦将害时务。转不如两各分离，使潜心学术，一旦有所成就，转可多方沾溉，宏济时艰。则为学术而学术，其事又何可议？

　　然学术与时代脱节，事终不美。此数十年来，国内思想潮流乃及一切实务推进，其事乃操纵于报章与杂志期刊，大学讲堂以及研究院，作高深学术探讨者，皆不能有领导思想之力量，并亦无此抱负。转若隐退事外，腾身云雾，一国众群在回惶迷惘之中，惊扰震荡之际，而学术界游心膜外，不仅无所主张建白，抑若此等无足厝意，遂使学者如坚瓠之不可食，此岂社会之所望于学术界者？

　　而且见树不见林，竞钻牛角尖，能入而不能出。所谓窄而深之研究，既乏一种高瞻远瞩，总揽并包之识度与气魄，为之发踪指示，其窄深所得，往往与世事渺不相关。即在承平之世，已难免玩物丧志之讥，何论时局艰危，思想彷徨无主，群言庞杂，不见有所折衷，而学术界曾不能有所贡献。所谓为学术而学术，以专家绝业自居，以窄而深之研究自期，以考据明确自诩，壁垒清严，门墙峻峭，自成风气，若不食人间烟火。纵谓其心可安，而对世情之期望与责难，要亦无以自解。

　　夫考据之价值，亦当就其对象而判。清学初兴，最先理论，则曰经学即理学也，又曰：训诂明而后义理明。其所悬以为考据之对象者，仍在义理。厥后颓波日下，始散而为音韵训诂，降而为校勘辑逸，为饾饤琐碎，为烦称博引。而昧失本原，忽忘大体，人人从事于造零件，作螺丝钉，整个机器，乃不知其构造装置与运用。论其考据方法，或操而愈熟，运而益精。然究其所获，则不得不谓愈后而价值愈低。此数十年来，所谓以科学方法整理国故，其最先旨义，亦将对中国已有传统历史文化，作彻底之解剖与检查，以求重新估定一切价值。所悬对象，较之晚明清初，若更博大高深。而惟学无本源，识不周至。盘根错节，置而不问。宏纲巨目，弃而不顾。寻其枝叶，较其铢两，至今不逮五十年，流弊所极，孰为关心于学问之大体，孰为措意于民物之大伦？各据一隅，道术已裂。细碎相逐，乃至互不相通。仅曰上穷碧落下黄泉，动手动脚找材料。其考据所得，纵谓尽科学方法之能事，纵谓达客观精神之极诣，然无奈其内无邃深之旨义，外乏旁通之涂辙，则为考据而考据，其貌则是，其情已非，亦实有可资非难之疵病也。

窃谓上述两派之争议，平心论之，亦是各有立场，各有见地，合则两美，分则两损。欲为中国此后学术开新风气，辟新路向，必当兼综上述两趋势，而会通博综，以冶之于一炉。而兹事体大，清儒自道咸以下，如阮元、陈澧，早有此意，而终无大力负之以趋。因循迄今，时局日艰，而学术堕地且尽。今日而欲从事于此，较之道咸阮、陈之时，其艰巨深微，又增万倍。然而七年之病，求三年之艾，其道又舍此无从。

尝试论之，必先有学问而后有知识，必先有知识而后有理论。学问如下种，理论犹之结实。不经学问而自谓有知识，其知识终不可靠。不先有知识，而自负有理论，其理论终不可恃。犹之不先下种，遽求开花结果，世间宁有此事？此乃学术虚实之辨，而今日学术界大病，则正在于虚而不实。所以陷此大病，亦由时代需要，群求有思想，有理论，俾一时得所领导而向往，思想无出路，成为时代呼声，而学术界无此大力，学术与时代脱节，于是一般新进，多鄙薄学问知识，而高谈思想理论。不悟其思想理论之仅为一人一时之意见，乃不由博深之知识来。其所讲知识，皆浅尝速化，道听途说，左右采获，不由诚笃之学问来。若真求学问，则必遵轨道，重师法，求系统，务专门，而后始可谓之真学问。有真学问，始有真知识，有真知识，始得有真思想与真理论。而从事学问，必下真功夫，沉潜之久，乃不期而上达于不自知，此不可刻日而求，躁心以赴。此一种学风之养成，在今日乃若非易事。

其次当知，考据仅为从事学问之一方法，学问已入门，遇有疑难，必通考据，然此乃学问有得以后事，非始学入门事。学者自创新解，自标新得，必凭考据资人共信，考据诚所当重。然不当即以考据代学问。

晚近学术界，因尊考据，又盛倡怀疑之说。古人亦言，尽信书不如无书，又曰：学必会疑始有进。然疑之所起，起于两信而不能决。学者之始事，在信不在疑。所谓笃信好学是也。信者必具虚心，乃能虚己从人。如治一家思想，首当先虚己心，就其思想为思想，由其门户，沿其蹊径。彼如何思入，如何转出，我则一如其所由入而入，所由出而出。此一家思想之先后深浅，层次曲折，我必虚心，一如彼意而求。迨其表里精粗，无不通透，所谓心知其意。此始于信奉彼一家思想，故悬为学问对象也。我因学于彼而始得之己，遂知思想当如何运用，又对此一家思想之深细曲折处，皆有真知灼见。此为我之由学问而得知识也。然则即言学尚义理思想，岂不仍是实事求是，有考有据，为一种客观之知识乎？

惟为学不当姝姝于一先生之言，彼一家之思想，我已研穷，又循次转治别一家。我之研治别一家，其所抱虚心，亦如研治前一家。不以前一害后一，此之谓博学好问，此之谓广收并蓄。而或两家思想各不同，或相违背，然则谁是而谁非乎？我当谁从而谁违乎？于是于我心始有疑。故疑先起于信，起于两信而不能决。如此之疑，始谓之好学会疑。故即治思想，亦当知考据。我若笃信一家，述而不作，此亦一种考据也。若兼采两家，折衷异同，会而通之，此亦一种考据也。凡此皆虚心实学之所得。

今之言怀疑者，先抱一不信心，其实对外不信，即是对己自信。故其读书，如踞堂皇而判阶下之囚，其心先不虚，先已高自位置，傲视一切，则如何肯耐心细心向彼学问？学问不深，如何有真训练、真能力、真知识？因此其运思构想，乃不肯承认向来自有成规，其本身思想，精疏矛盾，乃不自晓。其批判各家，一凭己意，高下在心，而实非各家思想真实如此。彼先未有广博明白之知识为其自己所持理论作后盾。彼之思想与理论，乃未经学问而即臻早熟，彼乃以自信代会疑，以批判代学问。彼以为思想与理论，可以如脱辔之马，不复受驾驭控勒，而可以逞驰骋之自由。以如此之学风，则鄙斥考据，事无足怪。

然有病此之学者，曰：我知实事求是耳，我知考据而已耳。一若考据即尽学问之能事。凡遇运思持论，讲求义理，皆目为空洞主观，谓非学问中事。然如此者，其先亦不能虚心学问。书籍只当是一堆材料，已不成为一种学问之对象。一若手中把握有科学方法，即是无上工具。凭此无上工具，对付此一堆材料，即可成为专门绝业。遂一意于材料中找罅缝，寻破绽，觅间隙，一若凡书尽不足信，苟遇可信处，即是不值学问处，即是无从下功夫处。故其工夫着意处，尽在找前人之罅缝与破绽与间隙。最好是书有不可信，否则觅人间未见书，此所谓未经发现之新材料。因谓必有新材料，始有新学问。此乃以考据代学问，以钻隙觅间寻罅缝找漏洞代求知识。其所求为自己之知识者，在求知别人之罅缝漏洞而止。然此绝非由于虚心内不足而始有意从事于学问之正轨。彼其心术已非，而学术随之。遂若一堆材料，一项方法，拈得一题目，证成一破绽，即是大发现，大学问。此其从事学问之本无甚深旨义，其所潜心考据之必无甚大关系，亦不问可知。是安所得谓实事求是，又安可得谓客观之精神？然则主张学问必重义理，必当通今达用，不当在故纸堆中专务考据，其所弹讥，又何可非？

故学问必先通晓前人之大体，必当知前人所已知，必先对此门类之知识有宽博成系统之认识。然后可以进而为窄而深之研讨，可以继续发现前人所未知，乃始有事于考据，乃始谓之为学术而学术。如是者，可以守先而待后，学术传统可以不中绝，知识实得可以不失坠。此必先有下学工夫，必先对学问有一种更深更真切之旨义，故能不厌虚心博涉。循而久之，其心中泛起有新问题，此始为值得考据之真问题，而此项问题与考据，切未存心必求其为窄而深，而自见其为窄而深。初未自负于成专家，而终不免其成为一专家。此乃由下学而上达，上达不可期必，我之实下工夫处在学问，我之确有了解处是知识，我之在学问与知识之不断进程中而遇有疑难，于是不得不运用我解决此项疑难之考据与思想。其由考据与思想之所得，则成为一种理论，此种理论，则可以前无古人，然此乃上达以后事，必以待之一时杰出之能者。然苟能真从事于下学，又焉知我之必不为一杰出之能者乎？人一能之，己十之。人百能之，己千之。博学之，审问之，慎思之，明辨之，而后笃行之。专就学术言，学者著书立说，不问其为思想家，或为考据家，凡其确有创见新得，而发乎其所不得不发，言乎其所不得不言，是亦笃行之事也。

凡人用心，必有所从入。学问非以争奇炫博，非以斗胜而沽名。求以明道，求以济世，博古通今，明体达用，此真学问从入之大道。然循此而入，可以引而愈远，穷而愈深，乃不见其涯涘所至。乃贵于自就才性，自限专业，此岂初学存心，即当悬此标的，深闭拒固，而谓莫与易乎？通学在前，专精在后，先其大体，缓其小节，任何一门学问，莫不皆然，此乃学问之常轨正道。孰先传焉，孰后倦焉，有始有卒者，其惟圣人乎。学问有始条理，有终条理，必金声而玉振之。中人以上，可以语上，中人以下，不可以语上。今之学者，不论主义理思想，或主考据，莫不诏初学以中人之上。莫不从事于终条理，因此有义理，有考据，而其实则无学问，无知识。筑基不广，单线直上，即其不广之基，初未坚筑，倾陷倒塌，可立而待。苟风气变而学术正，则此两途，本可合辙，故其事若难而并不难。最先当于心术入微处，端其趋向。迨其进入学问，则途辙不可不正。古今中外，学业成就，与夫成就之大小，胥不由此而判。故最先必诱导学者以虚心真切从事学问，必督责学者以大体必备之知识。其次始能自运思想，自寻考据，孜孜于为学术而学术，以趋向于专门成业之一境。其最后造诣，乃有博大深通，登高四顾，豁然开朗，于专门中发挥出绝大义理，罗列出绝大考据。彼其所得，又且不限于彼之所专业。如是之学，乃为天壤间所不可少，其为为学术而学术乎？其为以学术济时艰乎？到此皆可不论，而此固非初学之骤企。则曷不为循循善诱，而必先悬举此至高之标的，使人高心空腹，游谈无根，为无本源之夸大乎？

故论学术，必先及于心术与风气，即此便具绝大义理，经得起绝大考据。学问本自会通，何必自筑垣墙，各相分隔乎？

抑且更有进者，此数十年来，国内学风，崇拜西方之心理，激涨弥已，循至凡及义理，必奉西方为准则。一若中西学术，分疆割席，俨如泾渭之清浊相异，又若熏莸之不同器。治中学者，谨愿自守，若谓中国学术，已无义理可谈，惟堪作考据之材料。其捍而肆者，则恣情谩骂，若谓中学不绝，则西学不流。西学不流，则中国之在天壤间，将绝不可再立足。彼不悟西学言义理，亦复多歧，有古今之别焉，有国族之别焉，有宗派之别焉，有门类之别焉。治西学者，亦当循考据途径。当知一学说，一义理，其兴起而臻于成立，各有传统，各有背景，各有据点，各有立场，复有立说者之个性相异、时代不同。若果细心考据，便知西方言义理，固亦非建诸天地而不悖，推之四海而皆准。何得孤引片言只辞，遽尊为金科玉律。而中国旧有义理，宁无与西方有可以相通处？宁无对本国国情民俗，有其独特妥当融洽处？宁无可以推陈出新，依然当保存而光大处？而治中学者，相戒不敢顾及于此，一意以一堆材料、一项考据为满足。故鄙言义理者，其实则尊奉西方人义理为莫可违异耳。盛言考据者，其实则蔑视本国传统，仅谓是一堆材料，仅堪寻隙蹈瑕，作为其所谓科学方法者一种试验与练习耳。此种风气，言之尤堪痛心。

今欲矫其偏蔽，则仍当考据义理并重，中学西学，以平等法，融之一炉。当知言西方义理之说者,亦当守考据家法,才知其所尊某项义理之真边际、真性质。言中学以考据为能事者,亦当先扩大心胸,必知考据之终极,仍当以义理为归宿,始知其所当考据之真意义,与真价值。如此则义理考据,固可相济,而中学西学,亦可相通,又何事乎出主入奴,轩此轾彼,必先立一牢不可破之壁障以自限乎?

本所同人,学问无可自恃,知识无以自信,自创设新亚研究所,每为此事,时相研讨。上之所述,将勉奉以为诏示将来学者之方向与准绳。自谓差免门户之见,或有涂辙可遵。至于自所窥寻建白,偶有述作,固未敢谓能符其所欲赴。惟心向往之,虽不能至,亦曰有意乎此云焉尔。兹值学报创始,姑述其所平素讨论者,以求并世通人之教益焉。

(原载《新亚学报》1955 年第 1 期)

吴定良

吴定良(1893—1969),人类学家,1946—1952年任教于浙江大学史地学系、人类学系。

人类学之意义与范围

各国人类学者,因学派与观点之不同,对于人类学之解说,意见纷歧,莫衷一是。赫维德(E. L. Hewitt)教授在《美国人类学》杂志(*American Anthropologist*,1907)上发表论文,谓:"欲得十位人类学者,对人类,有一致确切之定义,极为难能。"吾人细阅近数百年来人类学之文献,比较各家人类学之解说,其言诚不诬也。

开创人类学者之解说,姑不溯论,自法国人类学大师白乐嘉(Pual Broca,1824—1880)氏起。百余年来,人类学者辈出。各学人所举之定义繁多,兹就其中重要者,分述数则,藉资比较。

一、白乐嘉:氏之解释人类学,颇为赅要,其定义谓"人类学者,乃研究人类自然史之科学,探讨整个人群,并分析其内容,以及与其他自然界之关系"。

二、赫胥黎(T. H. Huxley):氏谓"人类学为动物学之一部门,专以'人'为研究之对象,与民族学之关系,甚为密切,用以探讨古今人群特性之演变与分布,并及其生存之起因与条件"。

三、华莱士(A. R. Wallace):氏谓"人类学者,由体质与德智三方面,以研究人类本身之科学;并探索人类与下等动物,社会以及宇宙界之各项关系"。

四、笃弼纳(P. Topinard):氏谓"人类学者乃自然史之一部门。为研究人与人种之科学，其对象包括人类体质、社会及人与自然界之关系"。

五、白林顿（D. G. Brinton）：氏谓"人类学者为动物之一部门，专以研究人之身心特性，人类起源与混合，环境之影响，演变之程序与限制，人种之分支与分类，以及种族间之相互联系"。

六、高尔登（F. Galton）：氏谓"人类学者，乃研究人之身心，与其族类过去起因及将来趋势之学科"。

七、马丁（R. Martin）：氏谓"人类学者，乃研究人群在空间与时间发展之自然史也"。

八、佛罗韦（W. H. Flower）：氏谓"人类学包罗至广，以整个人群为对象，研究其源渊及人与其他自然界之关系"。

九、贺姆斯（W. H. Holmes）：氏谓"人类学包括两主要部分，一则以生物学方法，研究人之本质，一则讨论人类身心各种活动之表现，前者名曰人体学（Somatology），后者名曰民族学或文化人类学"。

十、特克华兹（W. L. H. Duckworth）：氏谓"人类学者为人之自然史，不仅当研究其身体构造，智力与其功能，并须追溯人类社会之起源，以及各民族间科学与文艺之发展，故人类学为一综合性之科学"。

十一、韦士勒（C. Wissler）：氏谓"人类学者乃研究人之科学，包括全部人类社会活动所表现之各项问题"。

十二、马林洛斯奇（B. Malinowski）：氏谓"人类学者，乃研究人类本身及其在各种发展程序中文化之科学，其讨论问题，包括人类躯体、种族差异、文明发展、社会构造以及对于环境之心灵反应等"。

十三、马列德（R. R. Marett）：谓"人类学者根据演进观念，以探讨全部人类之生活史。对于各时代各地域之民族，身心两方面，皆须加以研究"。

近百余年来，各国人类学者对于斯学之解释，虽未能枚举。然就上述诸定义，已可见欧美各专家对于斯学之意义，意见未尽一致，推其原因，盖有二焉。

（A）人类学之涵义，有广狭之别，大陆派所谓人类学者，系狭义的。专指人之体质部分而言，即英美派所谓体质人类学者是也。他如研究各民族之演进程序，文化现状，及叙述各民族体质特征、物质与精神内容者，则以民族学（Ethnologie）与民族志（Ethnographie）两名词代表之。英美派所谓人类学，系广义的。包括体制与文化两部分，有时民族志、史前学、语言学等亦可归纳于内。故各专家竟见之分歧，实由于采用名词之不同。

（B）人类学者由于出身与训练之不同，对于人类学之观点，亦不无差别。由生物科学或医学出身者，往往侧重人体本身之研究；由社会科学出身者，则恒注重人类社会之活动与文化之研究。如白乐嘉、赫胥黎诸氏之人类学定义偏重体制方面，而韦士勒、马林洛斯奇与马列德等，则偏重社会方面。

参照各家之意见，与近代人类学之发展，较完备人类学之定义，则当包括下列诸观念。

（A）人类学为综合性之独立科学。过去学者，如赫胥黎、白林顿等，恒视人类学为动物学之一部门，此种见解，未免过狭。或又以人类学与生物及社会科学有密切联系，故视人类学为上述科学之总称，则又未免过泛。近数百年来，人类学之范围扩大，著述浩繁，其性质因而明显确定。在体质方面，虽与解剖、生理、胚胎、病理、心理等学息息相关；而在文化方面，则与社会、语言、史地等科有密切之联系。但因研究目的、取材性质与探讨方法之迥异，人类学久已成为一种独立科学。且他种科学为研究个人或某个民族之生活过程，性质特殊。人类学则研究全部人类之生活过程，性质较为普遍。故人类学与上述学科,虽互有贡献,而不相统属。

(B)人类学为比较性之学科。马丁氏解释人类学为研究人群在空间与时间发展之自然史,含有比较之意。科学上之比较法有二:一为空间比较,一为时间比较,例如吾人如何自胚胎时变为胎儿、婴儿、儿童、青年、成年以至老死;如何自人猿演进至近代人类;如何自原始人演进至进化人,此皆时间性纵的比较。地球上各民族无论其为原始、半开化或进化种族,但讨论其体质与其文化特征时,皆可用同一方法,相提并论,此谓空间性横的比较。上述诸问题,非他种有关科目所能尽其能事,而为人类学所独具之方法始能解决者。

(C)人类学为研究人类全部发展史之学科。白乐嘉、笃弼纳、马丁诸氏解释人类学,谓人类学为研究人类自然史之学科。斯言固然,然人类心灵之发展过程与社会活动史,亦当在研讨之列。且所谓全部发展史者,不仅追溯人类之过去起源及现在状况,并须进而探求吾人将来之演变及改进诸问题。

关于人类学之范围,欧美学者意见亦不一致。兹将人类学之重要分科法,依次分述,以为讨论之根据。

一、白乐嘉:氏分人类学为三大类。一为动物人类学,研究人在自然界之位置;二为叙述人类学,比较种族间体质与生理之差别;三为普通人类学,包括与种族有关之解剖、生理、心理、病理、生命统计、遗传学上各问题。

二、笃弼纳:氏在其所著《普通人类学之原理》书中(1885 年出版),将人类学分为两类。一为人类学本身(Anthroplogy proper),二为民族人类学。前者根据形态、生物、病理诸观点,研究人类渊源与演变诸问题,后者则讨论各民族间史前与有史以来之文化,及其自然环境、食物、工业、风俗、言语、宗教、艺术、文学、制度、思想及道德诸问题。后者又可分为民族学、社会学、史前考古学等。心理学则可隶属前后二者。

三、梅森(O. T. Mason)：氏分人类学为二大类。一为组织的人类学，专讨论人之本质问题；一为功能人类学，研究人之行为及活动。后者与笃弼纳氏所谓民族人类学吻合。

四、泰罗(E. B. Tylor)：氏分人类学为下列六类。一为人在自然界位置之研究，二为人种起源问题，三为人种分类问题，四为史前人类学，五为语言学，六为文化发展之研究。

五、白林顿：氏分人类学为四。一为人体学或称为体质与实验的人类学；二为民族学，或称为历史与分析的人类学；三为民族志，或称为地理与叙述的人类学；四为考古学。

六、伏克斯(A. L. Fox)：氏分人类学为五。一为原史考古学，二为史前考古学，三为语言学，四为比较解剖学与心理学，五为民族学。

七、濮韦尔(J. W. Powell)：氏分人类学为三类。一为人类学，二为心理学，三为民族学，后者包括考古学，而民族志乃用以叙述民族学材料之学科。

八、马基(J. W. Me Gee)：将人类学分为两大类。一为体质人类学，包括人体学、人种学、心理学与人脑研究等；二为人文学，与白林顿氏所谓民族学符合。

九、闵罗(R. Munro)：闵氏分人类学为六类。一为民族学，二为语言学，三为比较组织学，四为化石人类学，五为工艺学，六为史前考古学等。

十、康纳斯屈里(G. Canestrini)：分人类学为两类，一为人类学之本身，研究人之自然史与种族之变异；二为民族志，根据历史社会观点，以研究民族学材料。

十一、裴因森(K. Bahnson)：氏将人类学与民族学、民族志对立，前者研究人类之自然史，后者则研究社会史。

十二、戴立迦（J. Deniker）：氏将人类学与民族学、民族志分为两独立之科目，后者由人类社会所表现之各种现象，以叙述各民族之特征。

十三、文德里智（M. Winternitz）：氏将人类学分为三类。一为人体学，二为考古学，三为民族学，乃研究世界各民族文化之发展与文化产物之科学。氏之意见，二三两类，在理论上，不易区分，为便于研究计，姑分三类。

十四、马丁：氏分人类学为二类。一为体质人类学，或人种形态学，或人体学，包括解剖学、生理学、病理学等有关问题，以及化石人类学、比较人类学等；二为民族学，包括考古学与民族志。

十五、伦箕（J. Lange）：氏分人类学为三类。一为体质，二为心理，三为历史人类学，后者专探索人类之起源、由来、演进及分布情形诸问题，与民族学之范围有关。

十六、哈登与葛地斯（A. C. Haddon and P. Geddes）：两氏分人类学为三类。一为体质人类学，包括人种志及系统人类学与人种分类等科；二为民族学，包括民族志、考古学、工艺学等科；三为心理学，专以研究民族心理为范围。

十七、斯屈芮兹（C. H. Stratz）：氏分人类学为二主要科目，即人类学本身与民族志。

综上所述，人类学之范围，多数人类学者主张分为两大类：一为体质人类学，或人体学，二为民族学或民族志，或二者兼列，如笃弼纳、梅森、康纳斯屈里、马基、裴因森、戴立迦、马丁与斯屈芮兹等所采用者。虽名词互异，而其内容，则无甚出入。文德里智氏主张以考古学成为一类与上述二者并列，颇有理由。而濮韦尔、伦箕与哈登、葛地斯等，拟将心理学另立一类，归入于人类学以内。然心理学之范围至广，与人类学有密切关系者，仅种族心理、社会心理与心理测验等部分。或以民族志另立一类（如康纳斯屈里与斯屈芮兹两氏所主张)而与体质人类学或民族学并论者,然民族志为叙述性质,论及体质与文化特征时,则各取材于上述两类,并无单独成类之必要。他如伏克斯分人类学为五类,泰罗与闵罗两氏分为六类者,未免分析过细,反致失当。

按人类学之内容、性质以及近代发展之趋势,人类学之意义,须为广义的,盖体质与文化两部分互有密切之关系,均应包括于人类学研究之范围内,而不能如裴因森与戴立迦两氏之意见,将人类学与民族学或民族志二者对立,以致意义混淆,因后者之内容,实为广义人类学之一部分也。诸氏之分类法,以文德里智氏之三分法——即将人类学分成体质人类、民族学与考古学三类——最为合理。虽三者研究之方法、材料,各有其特殊性,然其研究之对象,皆为人及人类之活动也。

体质人类学之分科,包括人体测量学、化石人类学、人种志、种族心理学、人类遗传学、优生学、人体解剖、生理、胚胎与病理等科(关于人种比较方面);民族学之分科,包括民族志、工艺学、语言学、民俗学、神话学、宗教学、民族地理学、社会心理学与社会学(关于组织与制度方面)等科;考古学包括史前学、原史考古学、历史考古学、古代艺术与建筑等科。此三类之各科,互有关系,虽经分门别类,实则未能划然分界也。他如普通解剖学、生理学、胚胎学、病理学、社会学、政治学、经济学、地质学、历史与地理等,则为人类学之有关科目,而非直接隶属者。

(原载《思想与时代》1947 年第 45 期)

徐规

徐规（1920—2010），宋史学家，1945 年起任教于浙江大学史地学系、浙江师范学院历史系、杭州大学历史系。

《仰素集自序》（节选）
——谈义理、考据、文章

学习和研究中国史必须练好三个方面的基本功。清代前期姚鼐说："余尝论学问之事有三端焉，曰义理也，考证也，文章也。"（《惜抱轩文集》卷四《述庵文钞序》）同时，章学诚也有类似的说法（见《章学诚遗书》卷九《答沈枫墀论学》）。我在多年治史的过程中，深感这一说法确为颠扑不破的真理，行之有效的指针。

"义理"类似今天所称理论，主要指的是哲学修养。哲学修养关系到是否具有正确的史观和科学的方法论问题。我们要运用正确的立场、观点和方法来观察并解决问题。我们治史要重视理论学习，主要是努力学习辩证唯物主义与历史唯物主义；其次，也需要了解中国传统哲学和外国哲学的一般知识。学习理论又必须和中国历史实际相结合。张荫麟师早年留学美国时，在《与张其昀书》（1933 年 3 月 7 日）中说："国史为弟志业，年来治哲学，治社会学，无非为此种工作之预备。从哲学冀得超放之博观与方法之自觉，从社会学冀明人事之理法。"（《张荫麟文集》，台北，1956 年）可见其对理论学习的重视。

这里，举出关于人口理论问题来说明：

早在战国中期，商鞅就已经提出了人口与土地必须在数量上保持平衡的论点。他说："民过地则国功寡而兵力少，地过民则山

泽财物不为用。"(《商君书·算地第六》)

战国末期,韩非又提出了人口增长与生活资料分配的关系问题。他在《五蠹》篇中说：

> 古者,丈夫不耕,草木之实足食也；妇人不织,禽兽之皮足衣也。不事力而养足,人民少而财有馀,故民不争。是以厚赏不行,重罚不用,而民自治。今人有五子不为多,子又有五子,大父未死而有二十五孙。是以人民众而货财寡,事力劳而供养薄,故民争。虽倍赏累罚而不免于乱。(《韩非子》卷一九)

在这里,韩非已经把人口问题和社会治乱密切联系起来加以考察,这是很有价值的创见。

到了明朝万历后期,徐光启(1562—1633)明确地提出"人口按照一定周期翻番"的观点。他说："生人之事,大抵三十年而加一倍,自非有大兵革则不得减。"(《农政全书》卷四《田制·玄扈先生井田考》)这个论点比英国马尔萨斯(1766—1834)关于"人口每二十五年增加一倍"的说法(1798年发表)早了将近二百年。徐光启的说法是根据明代皇室丽属籍的人口增加速率而得出的。这个论点从未引起后人的注目。

清乾隆年间,洪亮吉(1746—1809)针对当时人口大量增加的现实,又明确地提出人口繁殖率超过生活资料增长率的看法。在他所撰的《意言》中有《治平》《生计》两篇文章论述这个问题。他说："言其户口,则视三十年以前增五倍焉,视六十年以前增十倍焉,视百年、百数十年以前不啻增二十倍焉。"致使"田与屋之数常处其不足,而户与口之数常处其有馀"(《治平篇》)。这一说法在清代也没有受到人们的关注。直到民国十五年(1926)一月,年方弱冠的青年大学生张荫麟在《东方杂志》第23卷第2号上刊布了《洪亮吉及其人口论》一文,详细地推荐和阐发了洪氏的人口论。张师认为洪氏的人口论(1794年提出)与马尔萨斯的人口论相类似,只是解决问题的办法不同,而时间尚稍早四年。可是学术界只熟悉马氏人口论,而对洪氏人口论则一无所知。1983 年出版的《竺可桢日记》(1949 年 3 月 25 日、4 月 9 日及 5 月 18 日条)记及他本人曾先后在杭州和上海读到张先生这篇论文和洪亮吉的《意言》,并将《意言》中的《治平》一节译成英文,准备寄往英国剑桥大学发表云云。竺师的《日记》在中华人民共和国成立后 34 年才出版,以前很少有人提及洪氏人口论。马氏人口论的主要错误在于,他鼓吹战争、瘟疫、繁重劳动、贫困和饥荒是减少人口使之与生活资料相适应的决定性因素。就我国实际情况而言,人口增长过快,确实会给国家和社会带来许多困难问题。

本世纪 50 年代,北京大学校长马寅初先生(1882—1982)也提出要限制人口增长过快的建议。1955 年,全国人民代表大会开会时,马先生在浙江小组会上作了《关于控制人口与科学研究》的发言,得到竺可桢、邵力子、王国松等先生的赞成和支持,也有人反对。1959 年 6 月,马先生又在全国人民代表大会上作了《新人口论》的发言。次年,《新人口论》遭到批判与围攻,马先生被撤去北京大学校长的职务(见《竺可桢日记》第 4 册第 419 页,1960 年 4 月 1 日)。这是由于当时思想界没有运用辩证唯物主义的观点来研究和分析问题,也就是说没有做到全面地、历史地分析问题,而是片面地、机械地、教条地对待这一复杂的社会问题,终于酿成今天难以下咽的苦果。南宋永嘉事功学派的代表叶适(1150—1223)曾说:"不深于古,无以见后;不监于后,无以明前。"(《习学记言序目》卷九)旨哉斯言!

"考证"或称"考据",就是要学会鉴别材料、考订史实的方法。治史必须求真,即要把事实搞清楚。历史资料浩如烟海,真伪杂陈,非下一番去伪存真的功夫不可。只有搞好这个工作,才有条件写出"信史",才能经得起时间的考验;虚假的历史(伪史)终会被时代所淘汰。北宋司马光（1019—1086）撰《资治通鉴》，先作"丛目"（即按时间顺序列出事目，在各事目之下分注实录、国史、杂史、笔记、文集等史料）。丛目既成，乃修"长编"（将各事目之下所列史料尽数检出一阅，经过鉴别取舍写成的通鉴初稿，或称"草卷"）。经过上述两番功夫，最后才写定《资治通鉴》。南宋李焘、李心传等人就是继承这个办法编写史书的。我们认为要把历史学提高到像地质学、生物学那样具有较高的科学性，除了掌握正确的史观外，必须要有准确的史料。张荫麟师也是"以考据起家的，他首先发表的文章就是考据的文章，即以他全部发表的文章而论，也有三分之二以上是属于考据的"（谢幼伟《张荫麟先生言行录》，载《张荫麟文集》）。

下面试以宋代史事二则来说明。

关于宋太祖"杯酒释兵权"的说法，从北宋中期开始流传，直到现代绝大多数史家都深信勿疑。在中国通史课本里，在专门史学论文里，皆加以叙述。据说宋太祖在即位的第二年就是建隆二年（961）七月初，某一天的晚上宴请禁军宿将，说服他们把兵权交出来。次日，这些宿将立刻奏请罢去军职，于是宋太祖得以顺利解决了"收兵权"问题。

事实究竟如何？宋太祖建隆二年，当时北宋中央政权尚未巩固，统一中国的军事行动还没有开始（第四年即乾德元年才开始），似乎不可能实行一次大规模的收兵权行动。这个历史上有名的"杯酒释兵权"事件，恐怕是传说，是一则富有戏剧性的故事而已。

从现存的书籍中考查，最早记载此事的是仁宗初年的丁谓（966—1037）《谈录》（他的女婿潘汝士编写的）和王曾（978—1038）《笔录》。比他俩迟半个世纪的司马光从他的前辈庞籍（988—1063）那里听到"杯酒释兵权"故事，也把它记录在《涑水记闻》卷一中。

到了南宋前期,比司马光晚了一百年的李焘(1115—1184)认为"杯酒释兵权"是宋初最大事件之一,深以史书未加记载为憾,因此在其所撰《续资治通鉴长编》太祖建隆二年七月条追书了这件事。内容主要根据《涑水记闻》,并参考了《谈录》《笔录》两书,更把时间定在建隆二年七月初。但其中仍有不少矛盾。如建隆二年六月初二日,宋太祖的母亲杜太后病逝,在国丧期间,朝廷不作乐,不宴饮,而李焘所考定"杯酒释兵权"事件恰恰发生于此时,恐难解释得通。我又考察了各种资料,发觉时代愈后,记载愈详,而且这些记载中的年代、事情经过都有很多抵牾,尤其令人费解的是:这样一件大事,在北宋官修的《太祖实录》和《三朝国史》中,未见只字。元代末年,根据上述两部官修史书编写的《宋史·太祖纪》,对此事也不着点墨。如果真有这件值得当代称颂的大事,即王曾所谓"前称[东汉]光武能保全功臣,不是过也"云云,《实录》《国史》是不会不书的。

通过以上考证,我以为千百年来沿袭至今的"杯酒释兵权"说,因出处不明,疑点甚多,在未取得确证之前,似不宜引用,否则容易使宋初收兵权的措施简单化、戏剧化,背离历史事实。

又如关于王小波、李顺起义事件。宋太宗淳化年间,在四川爆发了一次规模较大的王小波、李顺起义。他们提出"均贫富"的战斗口号,并在起义进程中具体加以贯彻。对于这次农民起义的背景、经过及其历史意义,荫麟师曾有详尽而精辟的论述(见《清华学报》第12卷第2期,1937年4月)。近时有关这次起义的论著,实以此文开其先河。

本世纪五、六十年代,有关这方面的著述,汗牛充栋,成果累累,不过也有失误或夸大之处。如有些史家根据武英殿本《宋史·刘师道传》:

　　川、陕豪民多旁户,以小民役属者为佃客,使之如奴隶,家

> 或数十户，凡租调庸敛，悉佃客承之。时有言李顺之乱，皆旁户鸠集，请释旁户为三耆长迭主之，畴（规按：通酬）岁劳则授以官。诏师道使两川议其事。师道以为迭使主领则争忿滋多，署以名级又重增扰害，廷奏非便，卒罢之。

认为其中有"请释旁户"字样，便不顾上下文的意思，断言经过王小波、李顺起义，四川旁户获得了释放，"旁户这一称呼从此也永不出现了"。

又"释旁户"，百衲本《宋史·刘师道传》作"择旁户"，中华书局新点校本同。然影印宋残本《太宗皇帝实录》卷七八有关此事的记载却说：

> 至道二年八月丙寅，诏制置剑南、峡路诸州旁户。先是，巴蜀民以财力相君，每富人家役属至数千户，小民岁输租庸，亦甚以为便。上言者以为蜀川兆乱，职豪民啸聚旁户之由也。遂下诏令州县检责，俾乡豪更相统驭，三年能肃静寇盗、民庶安堵者，并以其豪署州县职以劝之。遣职方员外郎时载、监察御史刘师道乘传赍诏书谕旨。既而，载等复奏："旁户素役属豪家民，皆相承数世，一旦更以他帅领之，恐人心遂扰，因有他变。"上然之，其事遂寝。（《宋会要辑稿》刑法二之五同）

在《太宗实录》《宋会要》两部史书中，根本没有释放旁户（即佃客）的记载，只是宋廷企图改变旁户世代役属于某一豪家的旧局面，以便政府对旁户加强控制而已。颇疑《刘师道传》中的"请择旁户为三耆长迭主之"为"请择豪户为三耆长迭主之"的误夺，盖"豪"与"旁"因字形近似而易误。又《刘师道传》谓："凡租调庸敛，悉佃客承之。"似乎旁户要代豪家向政府纳税服役。而《太宗实录》和《宋会要》却说："每富人家役属至数千户，小民岁输租庸，亦甚以为便。"似乎旁户只是向豪家交租服役。一说"李顺之乱，皆旁户鸠集",即是旁户聚众起义;一说"蜀川兆乱,职豪民啸聚旁户之由也",即是豪民带领旁户起事。上述问题必须进一步加以考订。

搞考证犹如老吏断狱,一定要有坚强、充备的证据,最好能取得反证。不能单用默证,说史书上没有记载这件事,就轻率断定必为虚假。这是很危险的方法。荫麟师曾撰《评近人对于中国古史之讨论》一文,对此事有精辟的论述(见《学衡》第 40 期,1925 年 4 月;后被收入顾颉刚主编的《古史辨》第 2 册)。

"文章"或称"词章",指的要提高文字表达能力。孔子云:"言之无文,行而不远。"(《左传·襄公二十五年》)荫麟师也认为:"理想之历史须具二条件:(1)正确充备之资料;(2)忠实之艺术的表现。"(《论历史学之过去与未来》,原载《学衡》第 62 期,1928 年 3 月,已收入《张荫麟文集》)要使自己研究成果传播广阔,影响深远,必须具备较好的文学修养。

"五四"运动前后,多数学者的文章写得很好,即使理工科的专家也不例外。如近代气象学泰斗竺可桢师(1890—1974)就是一个典型的例子。他晚年写的《物候学》一书,单就文章而论,也不愧为第一流作品。荫麟师著的《中国史纲》(上古篇),整个结构独具匠心,选择少数节目为主题,以说故事的方式来叙述;篇章之间,联系紧密,天衣无缝。文辞优雅,锐思驰骤,使人一展卷不复能自休。"他连写考证文章也讲究修辞炼句,有些篇章的文笔,如《甲午中国海军战迹考》(载《清华学报》第 10 卷第 1 期,1935 年 1 月)更是灵动而富神彩,决不类一般考据文字的烦琐枯燥。"(许冠三《新史学九十年》上册,第 58 页,香港中文大学出版社 1986 年版)

想写好文章,务必要选读、熟读一些名家的力作,如《左传》《史记》《资治通鉴》《水浒》《红楼》《聊斋》,以及唐宋古文、唐宋诗词、宋明话本和"五四"新文学的优秀作品。要多写短文,多同师友商略,勤加修改。据南北宋之际人何薳说:"欧阳文忠公(修)作文既毕,贴之墙壁，坐卧观之，改正尽善，方出以示人。"（《春渚纪闻》卷七《作文不惮屡改》）又南宋理学大师朱熹也说，有人曾买到欧阳修的《醉翁亭记》这篇散文的草稿，其开端原是列叙滁州城外"四面皆山，凡数十字"，后来统统删去，只剩下"环滁皆山也"五个字。朱熹赞叹这番修改，是"修改到妙处"（《朱子语类》卷一三九《论文上》）。又据南宋前期人沈作喆说，欧阳修晚年在一个寒冷的夜间，尝亲自修改平生所撰文稿已过半夜，妻子薛夫人劝他道："此己所作，安用再三阅？宁畏先生嗔邪？"欧阳修笑着回答："不畏先生嗔，却怕后生笑！"（《寓简》卷八）这说明即使像欧阳修那样大文豪，在写作上也是一丝不苟、用心良苦的。

综上所述，治史的基本功有三个方面，义理、考证、文章。唐朝刘知几也说史家须具有才、学、识三长。清初计六奇说："落笔惊人，才也；博极群书，学也；论断千古，识也。"（《明季南略》卷一六《跋》）所谓"才"是指文字表达能力，能写一手好文章；"学"是指占有史料和考证史实的功夫，即学问既要广博，又需专精；"识"是指见解，要有较高的理论修养。三者，是史家密不可分的必要修养。这些都是古今众多学者的一致看法。张荫麟师是切实地遵循上述途径治学的，这使他年纪轻轻三十多岁时，就成为一位造诣甚深的名史家。

（徐规：《仰素集》，杭州大学出版社1999年版）